Além das coincidências

MARTIN PLIMMER
& BRIAN KING

Além das coincidências

HISTÓRIAS DE COINCIDÊNCIAS FASCINANTES
E O MISTÉRIO E A MATEMÁTICA QUE
ESTÃO POR TRÁS DELAS

Tradução
ALEXANDRE MARTINS

Relume Dumará

Título original: Beyond coincidence
© Copyright 2004: Icon Books Ltd., Canadá

© Copyright 2005: Martin Plimmer e Brian King
Direitos cedidos para esta edição à
EDITORA RELUME LTDA.
Rua Nova Jerusalém, 345 – Bonsucesso
CEP 21042-235 – Rio de Janeiro, RJ
Tel. (21)2564-6869 – Fax (21)2560-1183
www.relumedumara.com.br

A RELUME DUMARÁ É UMA EMPRESA EDIOURO PUBLICAÇÕES

Revisão
Maria Helena Huebra

Editoração
Dilmo Milheiros

Capa
Marcelo Martinez

CIP-Brasil. Catalogação-na-fonte.
Sindicato Nacional dos Editores de Livros, RJ.

P783a	Plimmer, Martin
	Além das coincidências / Martin Plimmer & Brian King ; tradução Alexandre Martins. – Rio de Janeiro : Relume Dumará, 2005
	Tradução de: Beyond coincidence
	ISBN 85-7316-419-0
	1. Curiosidades e maravilhas. 2. Coincidência. I. King, Brian.
05-3370	CDD 031.02
	CDU 030

Todos os direitos reservados. A reprodução não-autorizada desta publicação, por qualquer meio, seja ela total ou parcial, constitui violação da Lei nº 5.988.

À memória de Peter Rodford, que, coincidentemente, ensinou a nós dois.

Agradecimentos

Nós não somos os primeiros a seguir a trilha das coincidências – e não seremos os últimos.

Obrigado a todos aqueles que vieram antes de nós e cujos caminhos brilhantes percorremos quando vasculhávamos o universo de infinitas possibilidades. Agradecimentos especiais a superinvestigadores da coincidência, os autores Ken Anderson e Alan Vaughan, e ao Anjo da Biblioteca, que nos visitou tanto quanto os visitou.

Obrigado também ao matemático Ian Stewart, aos psicólogos Chris French e Richard Wiseman, ao escritor John Walsh, ao comediante Arnold Brown, à dupla Kit and the Widow, ao paranormal Craig Hamilton-Parker, ao biólogo Rupert Sheldrake, ao pesquisador Pat Harris, à montanhista Christina Richard e ao advogado David Barron. Obrigado à nossa santa agente Louise Greenberg e à editora olho-de-águia Ruth Nelson.

Obrigado a todos aqueles que foram espertos o bastante para perceber quando seu universo pessoal se dobrou sobre si mesmo e que registraram os detalhes para a posteridade, e a Sue Carpenter por reunir e nos dar acesso a tantos de seus relatos.

Um obrigado especial a Nick Baker e Viv Black, da Testbed Productions, por intermédio de quem produzimos a série original da Radio 4 *Beyond Coincidence* que inspirou este livro.

E, finalmente, obrigado às nossas favoritas – as duas Laura Buxtons, cujos balões explodiram no rosto daqueles que negam que a coincidência, qualquer que seja seu significado, ou falta de significado, seja encantadora, assombrosa, maliciosa e infinitamente divertida.

Sumário

Parte 1
A coincidência sob o microscópio 13

Capítulo 1 – O SIM cósmico! 15

Capítulo 2 – Por que amamos a coincidência 27

Capítulo 3 – Este é um mundo pequeno –
Coincidência e cultura 49

Capítulo 4 – Este é um universo multidimensional
pequeno – Coincidência e ciência 65

Capítulo 5 – Coincidência no banco dos réus 81

Capítulo 6 – Sorte ou coincidência? 97

Capítulo 7 – A coincidência faz sentido? 121

Parte 2
Coincidência à solta 135

1. Um mundo pequeno 137

2. Um mundo pequeno demais 149

3. Bom encontrar você aqui 155

4. Achados e perdidos 161

5. A vida imita a arte 167

6. Acontecimentos oportunos 179

7. Feitiços e maldições 187

8. A história se repete 197

9. Ecos 203

10. Nomes 215

11. Vidas paralelas 223

12. Boa sorte 239

13. Datas, números e números errados 253

14. Coincidências psíquicas? 265

15. Lançamento de bebês e bolas de golfe 271

16. Apócrifa 277

A coincidência final 285

"Qualquer coincidência", disse Miss Marple para si mesma, "sempre merece atenção. Você poderá descartá-la mais tarde se for apenas uma coincidência".

Agatha Christie

PARTE 1
A coincidência sob o microscópio

CAPÍTULO 1

O SIM cósmico!

Eu sei que nós já nos vimos.
Vamos ver. Eu tenho certeza de que iremos encontrar coisas em comum – a começar pelas coisas grandes: idioma, raça, nacionalidade, gênero, cor da porta de entrada, a preferência pela culinária italiana, o desejo de pular em poças d'água... Este livro!

Depois iremos buscar os detalhes: lugares que ambos visitamos, momentos em que quase nos encontramos, acontecimentos em que estivemos separados apenas por pessoas que não conhecemos, pessoas que temos em comum...

Quanto mais procurarmos, mais encontraremos. Depois de algum tempo, iremos descobrir que vivemos na mesma cidade, ou freqüentamos a mesma escola, nascemos no mesmo hospital, tivemos o mesmo contador, o mesmo sonho... Talvez tenhamos viajado juntos em um ônibus de Londres – talvez tenhamos nos esbarrado em um ônibus!

A idéia provoca um arrepio. Por quê? Isso significa alguma coisa? Não objetivamente. Afinal, nós esbarramos em estranhos em ônibus toda semana e isso não provoca um arrepio.

Mas agora nós já não somos estranhos. E agora, conhecendo um ao outro, vemos que sempre conhecemos um ao outro. Se após este encontro nos tornarmos amigos, iremos pensar que na verdade aqueles encontros anteriores e quase encontros foram significativos. Vamos chamá-los de coincidências, mas iremos achar que eles são mais que isso. O truque de ser pessoal é da natureza da coincidência. Sempre é particular, sempre subjetivo, sempre tem a ver com a gente. O destino nos escolheu. Você e eu. É essa característica especial que nos dá arrepios.

Todos fazemos isso, especialmente se queremos gostar um do outro. Nós revistamos um ao outro procurando ligações. Nós somos como atletas de nado sincronizado em busca de um modelo. Nós sentimos prazer nas conexões, e nós somos uma espécie altamente conectada. Se fosse possível mapear todas as atividades humanas, traçando linhas entre amigos e parentes, partidas e chegadas, mensagens enviadas e recebidas, desejos e objetos, logo haveria uma rede planetária de linhas, cada vez mais densa, com trilhos de intercessões.

Cada intercessão é uma associação esperando para ser percebida como uma coincidência, seja por seu próprio valor ou quando uma outra linha de intercessão passa por ela. A coincidência é vulgar. Está em toda parte. Mas nós só temos consciência daquelas intercessões que têm significado para nós. Paul Kammerer, um biólogo austríaco do início do século XX, disse que essas são manifestações de uma unidade cósmica muito maior, uma força tão poderosa quanto a gravidade, mas que atua seletivamente, aproximando as coisas por afinidade. Nós só percebemos seus pontos altos, que são como as ondulações na superfície de um lago.

Exatamente como é essa força que afeta a todos nós, não sabemos. Os palpites incluem uma inteligência universal superior, deuses e alienígenas (tanto maliciosos quanto benignos), um campo psicomagnético, a capacidade de controle de nossos próprios pensamentos ou um sistema universal de universos paralelos funcionando em dimensões diferentes das nossas. É fácil dizer, difícil de compreender e impossível de provar.

De volta à terra, tudo o que a maioria de nós tem consciência quando percebe uma coincidência é que ela provoca arrepios. Pode ser apenas um tremor da imaginação, mas quanto mais improvável a coincidência, maior a sensação de que dedos invisíveis estão se movimentando nos bastidores.

Coincidências inesperadas envolvendo acontecimentos ou objetos materiais – como dar de encontro com um velho amigo em uma cidade estrangeira ou encontrar em um bazar de quinquilharias um brinquedo que você tinha quando era criança – podem perturbar até o mais cético de uma forma difícil de definir.

O que há nas coincidências que arrebata a emoção? É o *frisson* de ser tocado por algo que está fora de você. É a idéia de ter sido escolhido. Em dado momento você está enrolado com o caos cotidiano, tentando encontrar um telefone que toca ou subir as escadas de um ônibus com um carrinho de bebê, e no instante seguinte você está em um vazio de claridade, em que todas as coisas disparatadas – acontecimentos, objetos, seus próprios processos mentais – parecem levar ao mesmo fim. Por um segundo desaparece a suspeita de que você é pequeno e insignificante e de que o Universo é arbitrário e aterrorizante. Você é parte de um grande SIM cósmico!!!

Foram feitas pesquisas indicando que as pessoas que mais percebem as coincidências tendem a ser mais confiantes e mais à vontade na vida. Cada coincidência que elas experimentam – mesmo as menores – confirma o seu otimismo. Elas sabem que acontecerão coisas com elas, que em algum lugar em um sebo de Guadalupe provavelmente está o último exemplar autografado do único romance do pai, que em um apartamento de Hong Kong, esperando ser encontrada, provavelmente vive a irmã sobre a qual elas não foram informadas, que o anel com sinete que elas perderam na Holanda está exatamente agora no fundo do Zuyder Zee esperando para ser pescado pelo anzol de um pescador perplexo. Elas estão sempre alertas às coincidências, certas de que a qualquer momento, na rifa das infinitas possibilidades, seu número da sorte será anunciado. Para essas pessoas, o mundo realmente é um lugar pequeno.

Vamos pensar por um segundo naquele livro em Guadalupe. Vamos dizer que ele foi escrito pelo meu pai. Se você passar por ele quando estiver dando uma olhada nos livros, não pensará nada dele; afinal, livrarias de qualidade estão cheias de livros raros – é da sua natureza. Mas se eu encontrasse aquele livro, abrisse-o e reconhecesse a assinatura de meu pai falecido, descuidadamente rabiscada ali quando ele era um homem mais jovem que eu, tendo a seus pés o mundo e todas as suas muitas possibilidades, a experiência seria carregada de um significado pungente. Eu teria dificuldade de explicar qual exatamente seria, embora meu mundo se tornasse muito diferente do que ele era apenas alguns instantes antes. Eu talvez precisasse me sentar.

Laurens van der Post diz em seu livro *Jung and the Story of Our Time* (sobre Carl Jung, o psicólogo suíço que definiu o conceito de sincronicidade): "Para mim, instintivamente, as coincidências nunca foram vãs, mas tão significativas, eu iria descobrir, quanto tinham sido para Jung. Eu sempre tive um pressentimento de que as coincidências são uma manifestação da lei da vida da qual estamos inadequadamente conscientes (...) [as coincidências], no que diz respeito à nossa vida curta, infelizmente não são passíveis de definição plena, e ainda assim, por mais parcial que seja o significado que conseguimos extrair delas, nós as ignoramos, colocando-nos em perigo."

Nós sabemos que as coincidências são acontecimentos, objetos e pensamentos reunidos pelo vento – uma questão de puro acaso –, mas como elas têm um efeito tão íntimo nós achamos que elas são mais que isso. Quando a coincidência tem um efeito tão profundo em nossas vidas, quem irá dizer que nós estamos errados? Veja o que aconteceu com Margaret Muir:

Durante a guerra, quando vivia no Cairo, Margaret Muir fez amizade com um soldado que estava estacionado lá. Era uma daquelas amizades que poderiam facilmente ter se tornado algo mais, mas ambos eram casados, então decidiram que não passaria disso. Depois da guerra eles só se viam a cada dois anos, durante o almoço no Guard's Club, para se manterem a par da vida um do outro. Eles ainda sentiam atração um pelo outro, mas na época ambos já tinham famílias.

Quatorze anos se passaram e os encontros se tornaram cada vez menos freqüentes. Certo dia Margaret sentiu uma grande necessidade de telefonar para o amigo. Ela não o via há muito tempo, mas decidiu que aquilo provavelmente não era sensato. Então resolveu se ocupar com as palavras cruzadas do Daily Express. O desejo de telefonar para o amigo não saiu de sua cabeça.

Uma das primeiras charadas que ela resolveu foi: "onde

árvore e cascalho se encontram." A resposta era ASHORE *(na praia). Isso a fez parar: o nome do seu amigo era Ash. Ela se esticou na direção do telefone, mas mais uma vez resistiu ao impulso.*

A charada seguinte era um anagrama da palavra ashore: *"problemas de voz, anagrama de seis letras." Quando ela encontrou a resposta –* HOARSE *(rouco) – o desejo de telefonar para o amigo se tornou irresistível. Ele pegou o telefone e discou para seu escritório. A secretária atendeu: "Lamento, mas o sr. Ash morreu há dois anos." Margaret ficou abalada com a notícia, mas, precisando de mais informações, discou o número de um amigo comum. "Sim", ele disse. "Deveríamos ter contado a você. Ele tinha câncer de garganta. Antes de morrer ficou cada vez mais rouco."*

Margaret achou a experiência impressionante, como não poderia deixar de ser. Ela é uma mulher racional e ainda não encontrou uma explicação. "Aos 70 anos de idade, isso ainda continua a me perturbar", diz ela.

Um cético negaria o significado da experiência de Margaret com as palavras cruzadas. Ele diria que foi por puro acaso que as charadas daquele dia se referissem a alguma coisa de sua vida. Diria que ela tinha escolhido, entre milhares de elementos que afetavam a sua vida naquele momento, os dois que ecoavam uma idéia que claramente a estava obcecando. E as outras charadas do jogo – o que elas tinham a ver com o problema do seu amigo? E se ela tivesse se decidido a fazer o jogo de bridge? Isso também teria dito algo a ela?

O cético pode estar certo, mas não pode negar o poder da experiência. E, de qualquer forma, ele não está prestando atenção ao que é importante. A coincidência das palavras cruzadas de Margaret pode não ter sido proposital, no sentido de que alguém ou algo a orquestrou, mas certamente foi significativa. Isso resultou em ela descobrir sobre a morte do amigo, por exemplo, e fez com que se sentisse ligada a ele, apesar das barreiras do tempo e da distância.

Há um outro fato curioso: a coincidência também faz sentido para o leitor. O motivo pelo qual reagimos positivamente a relatos de coincidências, sempre ansiosos para dar-lhes o benefício da dúvida, é porque eles dão ótimas histórias. Têm um toque de mito e conto de fadas, com suas dramáticas mudanças de sorte, seus acontecimentos de vida e morte espetaculares e seus muitos objetos encantados e preocupações: charadas de palavras cruzadas, elos, chaves, endereços, números e datas. Há neles uma qualidade ritualística, em função de seus roteiros complexos: as histórias, as características dos personagens e os processos de raciocínio que precisam ser estabelecidos e explicados na seqüência correta para que o clímax da coincidência possa ser apreciado. Uma boa história de coincidência tem a *gravitas* de um drama grego, com a diferença de que é verdade.

Nós, os autores deste livro, estivemos muito conscientes dessa qualidade enquanto escrevíamos. Então não economizamos histórias. Há quase duzentas na segunda parte e outras espalhadas ao longo do livro. Algumas são antigos clássicos que não poderíamos deixar de fora (e que, como os mitos, prosperam ao serem recontadas); muitas são contadas aqui pela primeira vez.

Carl Jung chamava as coincidências de "atos de criação no tempo". O grande poder das histórias e as catarses emocionais e transformações que elas provocam em algumas das pessoas submetidas a elas são uma prova disso.

Todos os escritores têm um acordo de trabalho com a coincidência. Poucos romancistas são orgulhosos demais para não inserir uma coincidência dramática de modo a temperar uma trama desbotada. Sem a coincidência as comédias seriam mortalmente sérias. A alegoria e a metáfora funcionam unindo duas idéias normalmente desconexas de modo a levar o leitor a ver de modo diferente algo que ele achava que conhecia. Quando Stephen Spender descreve postes de eletricidade cruzando um vale como sendo "puros como gigantescas garotas nuas sem segredos", ele está utilizando a força visual de algo inteiramente não relacionado a postes, de modo a chocar o leitor com uma espécie de vulgaridade espalhafatosa e grosseira. Estritamente falando, as metáforas não são coincidências, já que são criações humanas, mas operam o mesmo truque: fundir entidades não relacionadas para produzir uma revelação.

Um entrevistador certa vez perguntou ao escritor Isaac Bashevis Singer como ele conseguia trabalhar em um escritório tão bagunçado quanto o seu. O entrevistador nunca tinha visto um lugar tão superlotado e confuso. Cada prateleira do aposento estava ocupada por montanhas instáveis de papéis e livros empilhados uns sobre os outros. Era perfeito, disse Singer. Sempre que ele precisava de inspiração, uma pilha de papéis caía de uma prateleira e algo flutuava até o chão, dando a ele uma idéia.

Há um tipo de coincidência pela qual todos os escritores têm grande respeito. Ela se manifesta quando você está pesquisando algum assunto, e fatos relevantes surgem onde quer que você olhe. Carl Jung chamou a isso de Anjo da Biblioteca, e à noite escritores agradecidos fazem oferendas a ele nas prateleiras.

Quando Martin Plimmer estava fazendo pesquisas para este livro, começou a procurar informações sobre neutrinos – partículas tão pequenas que os cientistas nunca conseguiram ver. Ele estava interessado em conhecer as formas pelas quais nós podemos nos conectar não apenas uns com os outros, mas também com o mundo físico e o Universo além. Os neutrinos, que se originam nas estrelas e banham a Terra constantemente, pareciam indicar uma forma de intimidade universal, já que passam por nós, e então pela terra abaixo de nós, sem obedecer aos sinais, movendo-se rapidamente através do espaço vazio dos átomos como se não houvesse nada ali. Martin nunca tinha ouvido falar em neutrinos, mas logo o ar estava cheio deles.

Ele abriu um jornal ao acaso e lá estava uma reportagem sobre pesquisas acerca de neutrinos. Um romance que estava lendo trazia uma interessante teoria sobre neutrinos. Quando ligou a televisão, o ex-presidente Bill Clinton estava falando sobre eles em um discurso. Quando olhou para a ponta do seu dedo, um bilhão deles estava passando por ali a cada segundo. Curioso como nunca antes tinha se dado conta deles. Era como se todo o mundo tivesse sabor de neutrino.

Mais uma vez, você pode dizer que tudo isso sempre está aí esperando para ser percebido, parte da avalanche de informações que todos os dias soterra nossos sentidos sobrecarregados. Nossa atenção é seletiva; nós vemos apenas aquilo que nos preocupa no momento. Naquela semana, os neutrinos eram importantes, então os neutrinos estavam por toda parte. O mundo parecia estar ligado na obsessão de Martin no momento, e o mecanismo de busca dos deuses estava sugerindo idéias, ligações e informação.

Nada dessa teoria sobre o efeito da avalanche de informações se aplicava à romancista e historiadora *dame* Rebecca West quando ela estava procurando uma referência específica nas transcrições dos julgamentos de Nuremberg. Ela tinha ido à biblioteca do Royal Institute of International Affairs com esse objetivo e ficou horrorizada ao encontrar centenas de volumes de material. Pior ainda, eles não estavam indexados de uma forma que permitisse a ela procurar o seu item. Após horas folheando os volumes em vão, ela explicou seu desespero a um bibliotecário que passava.

"Eu não consigo encontrar", disse ela. "Não há nenhuma pista." Irritada, retirou um volume da prateleira. "Pode estar em qualquer um destes." Ela abriu o livro e lá estava o trecho de que necessitava.

Seria bom pensar que ali estava em ação algo mais instável que o acaso. Aquele item queria ser localizado? A sua mente, com a concentração certa de energia, tinha "lido" em qual volume ele estava? Ou o Anjo da Biblioteca deu a ela uma mãozinha? O que quer que a tenha ajudado, distribui as suas bênçãos com imparcialidade: para Rebecca West, uma transcrição de sessão de um julgamento de assassinos em massa; para um pescador muçulmano de Zanzibar ansioso por provas da grandeza de Deus, um peixe com as antigas palavras árabes para "Não há outro Deus que não Alá" claramente discerníveis no desenho de seu rabo.

Se as coincidências se reúnem em torno de preocupações, imagine como elas caem para satisfazê-lo quando o objeto é a própria coincidência. A origem deste livro é a série de cinco programas, *Beyond Coincidence*, produzida pela Testbed Productions para a Radio 4 da BBC. Mal tínhamos começado a fazer as pesquisas e tantas coincidências começaram a aparecer ao nosso redor que começamos a achar que estávamos sendo caçados. Jornais caíam abertos em relatos de coincidências, pessoas que poderiam nos ajudar eram interrompidas pelos nossos telefonemas no momento em que escreviam sobre coincidência (ou foi o que elas nos disseram, mas então elas também estavam no negócio da coincidência).

Certo dia, quando retornávamos de Portsmouth após termos entrevistado uma mulher que fazia pesquisas psíquicas, saímos da estrada para almoçar em um *pub*. De repente Martin começou a falar sobre o *design* de um carro que ele tinha visto em Londres. Isso foi estranho, porque, ao contrário de todos os outros homens, Martin não se interessa por carros. Ele normalmente não consegue diferenciar um modelo de outro; ele mal consegue se lembrar da marca do seu próprio carro. Daquela vez, ele estava tão impressionado com o carro que fez uma anotação mental da marca. Era um Audi.

"E se você pudesse comprar, gostaria de ter um carro destes?", perguntou Brian.

"Bem, sim. Eu acho que sim", disse Martin, pensando sobre a nova idéia.

"Então eu sei exatamente para onde você deve ir", disse Brian, apontando para a janela às costas de Martin. Do outro lado, em frente ao *pub*, havia uma loja chamada Martin's Audis.

No início do trabalho de pesquisa Martin leu o famoso livro de Arthur Koestler, *The Roots of Coincidence*, de 1972. Primeiramente ele preparou um banho quente. Acontece que naquela época ele estava se desfazendo de antigos discos de vinil que não escutava havia anos. Ele estava tocando aqueles discos sistematicamente para descobrir se havia alguma coisa que merecesse ser guardada. No momento em que foi para a banheira com o sr. Koestler, Mickey Jupp, um artista pouco conhecido do *Southend*, começou a cantar ao fundo.

E ali estava Martin, saindo das profundezas de suas experiências científicas com fenômenos paranormais, prestes a verificar se existia algo chamado telepatia. As primeiras pesquisas tinham sido feitas na Rússia por um cientista chamado Bechterer, que, temendo que as autoridades considerassem suas pesquisas frívolas demais, disfarçou o componente telepatia chamando-a de "rádio biológico". Martin mal tinha acabado de ler a frase e no outro quarto Mickey Jupp cantou as palavras "rádio da natureza". Era uma canção sobre telepatia entre amantes: "Você não precisa me dizer, porque eu já sei. Eu ouvi as notícias no Rádio da Natureza."

Se Martin fosse um antigo grego teria visto isso como um bom augúrio. Na verdade, foi o que ele acabou fazendo. É bom quando dois fragmentos de fenômenos semelhantes apertam as mãos em seu banheiro, especialmente quando avaliaram tão bem a sua disposição.

Mais tarde, Martin e Brian estavam fazendo entrevistas aleatórias na rua. A sexta pessoa abordada por acaso tinha dedicado sua vida a festejar e registrar a coincidência. Naquele momento, isso não parecia de modo algum estranho. Coincidências? Vamos chamá-las quando quisermos! Talvez nós devêssemos estar concentrando nossos poderes em ganhar na loteria.

Até aqui muito bem. Nós tendíamos a pensar nas coincidências como tendo boas intenções, embora, como nem acontecimentos aleatórios nem as ações dos deuses (dependendo do seu ponto de vista) são necessariamente amigáveis, não haja motivo para que elas devam ser tão limitadas. Claro que coincidências infelizes acontecem o tempo todo.

Se uma mulher urinasse em sua mala porque ela se parecia com a do seu marido infiel (você fez uma careta, mas isso aconteceu), você iria se sentir como se tivesse sido apanhado em uma farsa real de Brian Rix.

E se você fosse a única pessoa em uma multidão de espectadores a ser atingido no olho por uma bola de críquete perdida, iria se considerar muito azarado, especialmente se exatamente quando estava pensando se seria possível esquecer aquilo, fosse novamente atingido. Como todas as mais interessantes histórias de coincidências, esta parece inventada, mas não foi o que pareceu a Paddy Gardner, que assistia a Andrew Symons rebater para o Gloucestershire na partida contra o Sussex em junho de 1995 (ele depois levou flores para ela). Paddy deve ter se sentido como a vítima de uma maldosa brincadeira cósmica, embora pelo menos tivesse uma boa história para contar.

Se todos os passageiros de um Jumbo 747 por acaso tivessem colocado uma pequena bigorna em sua bagagem de mão, o efeito não seria benéfico para nenhum deles, e provavelmente eles também não seriam capazes de contar sua história, embora o restante de nós ficasse fascinado ao ler em um jornal, em um romance ou assistir a isso em um filme. O padrão da coincidência nos cativa, mesmo quando envolve contratempos ou tragédia, e mesmo quando vítimas de coincidências ruins podem ter a sensação de estarem sendo incluídas ou escolhidas. Algumas vezes é melhor sermos percebidos, mesmo que soframos com isso, do que ignorados.

Nós incluímos neste livro histórias de sorte e histórias de azar, histórias engraçadas, histórias tristes, histórias violentas e românticas. Nós amamos tanto a coincidência que prevalece uma suposição equivocada de que se uma história contem uma delas ela é, por definição, interessante. Talvez livros sobre coincidências tenham sido escritos tendo em mente esse princípio frouxo. Pode ser verdade, mas além de rever algumas poucas histórias clássicas como a previsão do *Titanic* e as semelhanças entre Lincoln e Kennedy (arrepio), trabalhamos duro para encontrar histórias que são interessantes em si mesmas. Descartamos muitas histórias que diziam: "Eu viajei para a Tailândia nas férias de verão e encontrei uma mulher que ia à escola com meu irmão em Anglesey!" Por outro lado, se incluímos a estranha, é porque a mulher usava batom púrpura ou valia a pena.

Desfrute do livro. Você vai gostar, já que partilhamos um interesse por coincidências. Talvez a gente se esbarre um dia desses.

Mas, novamente falando de modo realista, talvez não, porque, a despeito de todos os arrepios, nós precisamos ser realistas, senão ficaremos sentados em casa o dia inteiro esperando que maravilhosas barras de ouro caiam de aviões mal trancados em nosso gramado. É muito bom ser parte do grande SIM cósmico. Mas a vida segue em frente. Como diz o comediante Arnold Brown: "É um mundo pequeno, mas você não gostaria de ter de pintá-lo."

CAPÍTULO 2

Por que amamos a coincidência

A sra. Willard se trancou do lado de fora de casa em Berkeley, Califórnia. Ela já estava há dez minutos tentando encontrar uma forma de entrar quando o carteiro chegou com uma carta para ela. Na carta havia uma chave da sua porta da frente. Ela tinha sido enviada pelo seu irmão, Watson Wyman, que tinha passado uma temporada com ela recentemente e levara a chave extra com ele para Seattle, Washington.

A maioria de nós já se trancou do lado de fora de casa uma vez ou outra. Muitos de nós já receberam uma chave pelo correio em uma carta. Muito poucos de nós tiveram as duas coisas com um *timing* tão perfeito. Como se sentiria se isso tivesse acontecido com você? Provavelmente muito especial. Lá está você, tentando lidar com um problema indesejado e constrangedor, quando de repente, como mágica, a solução é entregue a você em uma bandeja ou, neste caso, em uma carta. O desfecho é tão elegante e perfeitamente concebido que faz a angústia do começo valer a pena. E que história para contar aos amigos!

As coincidências podem brotar a qualquer momento. Quando este capítulo estava sendo escrito, a Radio 4 estava transmitindo uma entrevista com o diretor da BBC Proms, Nicholas Kenyon. Ele estava comentando a decisão do maestro Sir Simon Rattle de reiniciar um concerto por ter sido perturbado pelo telefone celular de uma pessoa da platéia. A entrevista foi então interrompida pelo próprio telefone celular de Nicholas Kenyon. A coincidência pode ser deliciosamente irônica.

Todo o mundo ama coincidências. Nós nos encantamos com seu padrão e sua ordem – sua simetria. Podemos ate mesmo nos viciar nela, procurando-a nos lugares mais improváveis. Quanto mais improvável uma coincidência, mais nos deliciamos com ela.

E quanto mais marcante a coincidência, maior a sensação de que ela deve fazer algum sentido. As coincidências sugerem alguma espécie de controle. Como se uma mão divina estivesse em ação – limpando o caos de nossas vidas complicadas.

Para muitas pessoas, essas experiências muito pessoais de sincronicidade, ou coincidência significativa, podem chegar à fronteira do religioso. Uma grande pesquisa realizada nos Estados Unidos em 1990 consistiu em pedir às pessoas que descrevessem experiências espirituais ou de cunho religioso que tinham experimentado. Uma grande maioria citou "coincidências extraordinárias".

Stephen Hladkyj passou vários anos estudando coincidências experimentadas por colegas estudantes na Universidade de Manitoba. Descobriu que os estudantes de primeiro ano da universidade que tinham experimentado "uma grande dose de sincronicidade" ou estavam alertas à sincronicidade ou a coincidências significativas em suas vidas, também tinham uma alta cotação em uma avaliação pessoal de saúde psicológica e geralmente tinham se adaptado melhor ao primeiro ano de universidade.

Ele concluiu que as pessoas que estão atentas à coincidência em suas vidas – principalmente coincidências pessoais – tendem a encarar o universo como um lugar amigável, organizado e receptivo e, conseqüentemente, costumam desenvolver uma sensação geral de bem-estar. Ao que parece, a coincidência faz bem à gente.

Nos dá um delicioso *frisson* de prazer saber que um balão solto por uma Laura Buxton, de dez anos de idade, em seu jardim pousou 220 quilômetros depois, no jardim de uma outra Laura Buxton de dez anos de idade. Quando coincidências como essas acontecem é como se as pessoas e os lugares, o tempo e os acontecimentos tivessem sido coreografados de uma forma que desafia as leis da probabilidade.

Se fôssemos observadores distantes de Marte a história não teria qualquer significado. Uma garotinha solta um balão. Algum tempo depois ele cai em um jardim em outro lugar e é apanhado por outra garotinha. Nada de excepcional nisso. Afinal, as crianças gostam de balões, e balões sobem e descem. Mas, visto de uma perspectiva terrestre, e particularmente do ponto de vista das duas Lauras, isso ganha um significado inteiramente diferente. Isso provoca um arrepio na coluna. É porque é pessoal, sabe. É muito pessoal.

O fato de que as protagonistas desta história são garotinhas acrescenta mais pungência, mas a coincidência teria sido igualmente extraordinária se tivessem sido velhos, milionárias ou mesmo marcianos. A coincidência não faz distinção de classe, religião ou credo. Ela acontece com todos nós, quem quer que sejamos, no que quer que acreditemos. Estamos todos sujeitos ao abraço dessa rede. Ao axioma de que há apenas duas coisas certas na vida, morte e impostos, precisa ser acrescentada uma terceira – a coincidência.

Mesmo após a morte, a coincidência pode atacar.

Charles Francis Coghlan, um dos maiores atores shakespearianos de seu tempo, nasceu na ilha Prince Edward, costa leste do Canadá, em 1841.

Coghlan morreu subitamente no dia 27 de novembro de 1899 após uma doença fulminante, quando se apresentava na cidade portuária de Galveston, no Texas, sudoeste dos Estados Unidos. A distância era grande demais para trasladar o seu corpo de volta para casa, então ele foi colocado em um caixão revestido de chumbo em um túmulo de granito no cemitério local.

No dia 8 de setembro de 1900 um grande furacão atingiu Galveston – lançando enormes ondas contra o cemitério e arrancando túmulos. O caixão de Coghlan foi arrastado para o mar.

Ele flutuou até o Golfo do México, então seguiu pela costa da Flórida até o Atlântico, onde a corrente do golfo o apanhou e o levou para o norte.

Em outubro de 1908, pescadores da ilha Prince Edward viram uma grande caixa corroída pelo tempo flutuando na costa. Após nove anos e 5.500 quilômetros, o corpo de Charles Coghlan tinha voltado para casa. Seus concidadãos o enterraram no cemitério da igreja onde ele tinha sido batizado.

Coincidências do tipo que ocorreram a Charles Coghlan ou à sortuda dama da chave, a sra. Lowell, são extremamente atraentes para nós. Elas falam à nossa necessidade inata de ordem e padrões. Elas nos fazem sentir menos pequenos e insignificantes e o Universo menos terrível e sem sentido. Mesmo o cético mais endurecido pode encontrar consolo na mais modesta das coincidências. Nossa preferência, naturalmente, tende a ser pelas coincidências benignas – principalmente quando somos nós os alvos da boa sorte. Mas mesmo as coincidências malignas são interessantes para nós – desde que elas sejam vistas à distância.

Jabez Spicer, de Leyden, Massachussetts, foi morto com dois tiros em um ataque a um arsenal no dia 25 de janeiro de 1787, durante a Rebelião de Shays. Ele estava vestindo o casaco que seu irmão Daniel usava quando também tinha sido morto com dois tiros no dia 5 de março de 1784.

As balas que mataram Jabez Spicer passaram através dos buracos feitos pelas balas que tinham matado seu irmão Daniel três anos antes.

Quando a coincidência joga o azar na soleira da nossa porta pelo menos temos o consolo de sentir que merecemos uma atenção especial do destino. Contudo, normalmente as coincidências são modestas, não ameaçadoras e felizes. Quando levamos o cachorro para passear no parque e encontramos uma outra pessoa com um cachorro idêntico – com o mesmo nome – isso ilumina um pouco o nosso dia.

Quantas vezes você já não esteve pensando em uma pessoa e quando o telefone toca é ela? Isso não produz um *frisson* de prazer, uma sensação de calor? Quando coisas assim acontecem, freqüentemente concluímos que fomos abençoados com o dom da percepção extra-sensorial ou que participamos de alguma espécie de conexão psíquica. Não gostamos de achar que isso não é mais do que as leis do acaso e da probabilidade em funcionamento. Achamos que esses acontecimentos transcendem as leis físicas, estão além da coincidência, além do normal – de fato, são paranormais. Uma explicação mais racional seria muito tola, muito sem sentido.

É muito mais interessante acreditar que as coincidências, particularmente os acontecimentos mais improváveis, são de alguma forma predeterminados, guiados por uma força unificadora universal que nós ainda não conseguimos compreender. Se não Deus, então talvez nós tenhamos o poder de aproximar semelhantes. Serão as coincidências, talvez, um vislumbre de nossos poderes psíquicos latentes, algo semelhante à telepatia, à clarividência e à premonição?

Nosso fascínio tanto pela coincidência quanto pelo paranormal se juntam em nossa paixão pelos horóscopos. Mesmo pessoas que se definem como completos céticos já foram flagradas conferindo disfarçadamente os seus horóscopos.

Isso começou há milhares de anos, quando nossos distantes ancestrais não conseguiram compreender que um eclipse solar – durante o qual o dia dramaticamente se transformou em noite – era nada mais do que a coincidência do alinhamento de uma bola de gás e uma bola de pedra.

Inevitavelmente, esses acontecimentos coincidiram com acontecimentos na Terra. Ao longo dos tempos, cronistas registraram como eclipses e conjunções planetárias coincidiram com fomes, terremotos, erupções vulcânicas, grandes derrotas ou vitórias militares e mortes de imperadores e reis.

O fascínio por essas coincidências acabou se consolidando no negócio da previsão. O mais famoso do ramo, o astrólogo e médico francês do século XVI Nostradamus, transformou seu estudo das estrelas e dos horóscopos em um catálogo de profecias dramáticas mas inescrutáveis. Alguns atribuem a ele ter antecipado a Revolução Francesa e a Primeira Guerra Mundial. Alegações mais recentes de que Nostradamus teria previsto com precisão os ataques terroristas de 11 de setembro às torres gêmeas do World Trade Center em Nova York foram apresentadas como uma lenda urbana.

> Em 1987, o jornalista e astrólogo Dennis Elwell chegou às manchetes após ter alertado para um possível desastre marítimo – apenas alguns dias antes que 188 pessoas morressem no naufrágio do ferryboat Herald of Free Enterprise, em Zeebrugge.
> Elwell explica as provas astrológicas que levaram ao seu alerta. "Tecnicamente, o eclipse solar de março de 1987 estava aumentando a temperatura de uma quadratura entre Júpiter e Netuno, planetas que, quando atuam em conjunto, indicam tanto viagem marítima quanto grandes barcos. Eclipses dão grande destaque às questões importantes, e costumam ser associados a má sorte, embora resultados positivos também sejam possíveis."
> Elwell enviou cartas idênticas a duas companhias marítimas, alertando-as para o risco potencial. A carta dizia: "A ênfase é no inesperado e na destruição. Embora eu não esteja no negócio de previsões, não me surpreenderia que, no final, horários de partida fossem perturbados por algum motivo inesperado. Mas há a possibilidade de acontecimentos mais dramáticos, como explosões."
> Apenas nove dias após a companhia P&O ter respondido que os seus procedimentos eram planejados de modo "a lidar com o inesperado de qualquer tipo", seu navio, o Herald of Free Enterprise, naufragou.

A precisão de Elwell foi dramática e tragicamente acurada. Mas foi apenas coincidência? Nós nunca ouvimos falar sobre todas as previsões psíquicas que se mostram erradas, os desastres antecipados que teimosamente deixam de acontecer. Talvez não haja nenhuma; embora isso pareça um pouco improvável. Talvez os erros sejam silenciosamente varridos para baixo do tapete.

E quantas previsões impressionantes são reveladas apenas depois dos acontecimentos previstos? Previsões retrospectivas!

Previsões menos espetaculares ocupam nossos jornais e revistas todos os dias nos horóscopos. Mas qual é a probabilidade de que os famosos astrólogos encarregados sejam capazes de prever sorte ou azar em nossas vidas?

"Acreditemos" ou não em astrologia, a maioria de nós extrai prazer dos horóscopos. Quando as previsões parecem se tornar realidade, é difícil não parar e pensar.

No dia 25 de agosto de 2003, três diferentes horóscopos de jornais de circulação nacional ofereceram um grande número de conselhos às pessoas nascidas entre 21 de março e 19 de abril, sob o signo de Áries. No *Sun*, Mystic Meg prometia a chegada de dinheiro há muito esperado, um novo tipo de força interna que iria ajudar nas "escolhas amorosas" e a solução para um mistério familiar; no *Daily Mirror*, Jonathan Cainer previa a descoberta e liberação de um "verdadeiro poder escondido" que iria abrir maravilhosas possibilidades; e no *Daily Mail* Peter Watson prevenia que o alinhamento de Júpiter e Urano poderia provocar mudanças em relação a um compromisso que tinha se tornado um fardo. Ele alertava: "Você está permitindo que medos imaginários o levem a tentar com tal intensidade fazer tudo perfeito que não sobra tempo para as coisas de que você gosta. Faça alguma coisa a respeito."

O que tudo isso significa? E o que os arianos deveriam concluir se qualquer uma dessas previsões se tornar realidade? Aqueles que acreditam no poder profético dos horóscopos os utilizam para os guiar através de crises em suas vidas. Outros descartam quaisquer aparentes correlações entre previsão e acontecimentos como sendo simples coincidência. Devemos descartar previsões acuradas como sendo produto de puro acaso ou está acontecendo alguma coisa mais interessante? Nossas vidas já estão escritas nas estrelas? Há um gabarito para nossas vidas nos planetas?

Nosso fascínio histórico pelos horóscopos seria legitimado se fosse possível provar cientificamente que a partir do nascimento nossas vidas estão inextricavelmente ligadas aos movimentos e às interações dos planetas e que, portanto, as coincidências entre previsões e acontecimentos subseqüentes são significativas. Os astrólogos dizem que são, mas é isso que paga as suas contas. Que tal um astrólogo transformado em cientista? Pat Harris está conduzindo na Universidade de Southampton um projeto de pesquisa relativo, entre outras coisas, ao possível impacto dos planetas na gravidez e no nascimento. Ela insiste em que não "acredita" em astrologia, está simplesmente interessada em estudá-la cientificamente para definir se as coincidências associadas à justaposição dos planetas podem ser atribuídas a qualquer outra coisa que não ao puro acaso.

Após estudar os signos de diversas grávidas ela é capaz de dizer que há uma forte relação entre a influência de Júpiter, uma gravidez bem-sucedida e nascimentos saudáveis.

Mas como Júpiter pode levar ao nascimento saudável de uma criança?

"Eu não posso dizer que isso acontece. Até agora só podemos falar sobre relação – ou sincronicidade, como Jung a chamaria. Quando alguma coisa acontece no céu, alguma coisa acontece na Terra. Isso parece estar correlacionado, mas não sabemos se uma coisa leva à outra."

O astrofísico Peter Seymour, da Universidade de Plymouth, foi mais longe e tentou chegar a uma teoria de como os planetas podem ter um impacto físico no destino do homem.

Seymour vê o sistema solar como uma rede intrincada de campos magnéticos e ressonâncias. O Sol, a Lua e os planetas transmitem seus efeitos a nós por intermédio de sinais magnéticos. Ele destaca que o magnetismo sabidamente afeta os ciclos biológicos de várias criaturas na Terra, incluindo os humanos.

Os planetas, ele sugere, elevam marés nos gases do Sol, produzindo manchas solares. As emissões de partículas então cruzam o espaço interplanetário, atingindo a magnetosfera da Terra, fazendo que ela ressoe como um sino. Ele acredita que os vários sinais magnéticos são então percebidos pela rede neural do feto dentro do ventre da mãe, "anunciando o nascimento da criança".

O psicólogo francês Michel Gauquelin dedicou sua vida a tentar descobrir se havia uma base científica para a astrologia. Ele realizou grandes estudos investigando relações estatísticas entre os nascimentos de médicos, políticos ou soldados famosos e conjunções específicas dos planetas. Ele descobriu, por exemplo, que um improvável percentual de professores de medicina franceses tinha nascido quando Marte e Saturno eram dominantes. Marte também se mostrou particularmente significativo nos mapas de mais de dois mil atletas de ponta.

Ele encontrou muitas outras correlações semelhantes:

Esportistas:	Marte, ausência de Lua
Militares:	Marte ou Júpiter
Atores:	Júpiter
Médicos:	Marte ou Saturno, ausência de Júpiter
Políticos:	Lua ou Júpiter
Executivos:	Marte ou Júpiter
Cientistas:	Marte ou Saturno, ausência de Júpiter
Escritores:	Lua, ausência de Marte ou Saturno
Jornalistas:	Júpiter, ausência de Saturno
Dramaturgos:	Júpiter
Pintores:	Vênus, ausência de Marte ou Saturno
Músicos:	Vênus, ausência de Marte

De modo algum todas as descobertas de Gauquelin sustentam a astrologia. Seu trabalho pioneiro com signos zodiacais não produziu provas que sustentem as alegações dos astrólogos. Por toda a vida ele enfrentou acusações da comunidade científica de que suas descobertas eram imprecisas ou mesmo fraudulentas. Em 1991 ele cometeu suicídio depois de destruir grande parte de seus dados originais.

Um fragmento de pesquisa investigativa mais recente apresentou uma possível ligação astral entre ladrões de carros e suas vítimas. Utilizando estatísticas fornecidas pela polícia de Avon e Somerset, descobriu-se que ladrões de carros e os donos dos carros que eles roubam normalmente partilham o mesmo signo solar. A inferência é de que se vocês nasceram sob o mesmo signo, partilham preferências similares, incluindo o gosto por veículos motorizados. Há dúvidas sobre o consolo que isso dá a quem recentemente foi privado de um brilhante Porsche Carrera GT novo de 250 mil libras. O que o ladrão irá buscar da próxima vez? Sua esposa?

> O astrônomo amador Peter Anderson considerava a astrologia "conversa fiada". Certo dia encontrou um jornal jogado em uma mesa, abriu-o ao acaso no horóscopo e, apesar de seu ceticismo inato, descobriu-se dando uma olhada nas previsões para o seu signo – Capricórnio. Dizia que ele receberia duas ofertas de emprego na semana seguinte. Ele deu uma risada. No dia seguinte recebeu duas ofertas de emprego...

Quanto mais observamos as coincidências em nossas vidas, mais elas nos excitam e divertem. E coincidências estranhas e inexplicáveis, previstas ou imprevistas, estão acontecendo ao redor de nós com uma freqüência muito maior do que percebemos. Costumamos perceber apenas aqueles acontecimentos que chamam a nossa atenção ou são tão impressionantes que não conseguimos deixar passar.

O escritor, viciado em heroína e assassino da esposa William S. Burroughs, acreditava que nosso caminho pela vida estava coalhado de coincidências e que todas eram significativas. Ele mantinha um registro de seus sonhos, um álbum de recortes de jornal e anotações de aparentemente tudo o que acontecia, buscando as coincidências em sua vida – e seus significados. Burroughs sugeriu que todos deveríamos aumentar nossa consciência sendo mais observadores. Aconselhava aos amigos dar uma volta no quarteirão, retornar e escrever precisamente o que tinha acontecido, com atenção especial para o que eles estavam pensando quando percebiam um sinal de trânsito, um carro passando, um estranho ou o que quer que tenha atraído a sua atenção. Ele previa que eles iriam observar que o que estavam pensando imediatamente antes de verem um sinal, por exemplo, estaria relacionado àquele sinal. "O sinal pode até mesmo completar uma frase em sua mente. Você está recebendo mensagens. Tudo está falando com você", dizia a eles. "Do meu ponto de vista, não existem coincidências."

O mistério da coincidência é sedutor. Queremos ver coincidências ao redor de nós – precisamos vê-las. Mas nosso entusiasmo pode nos fazer perder o rumo, levando a falsas visões. Uma sensação de zelo missionário pode ter estado queimando no peito da pessoa que primeiramente percebeu, e colocou na internet, as "coincidências extraordinárias" entre o clássico filme de Judy Garland, *O mágico de Oz*, e o famoso álbum de rock, *The Dark Side of the Moon*, do Pink Floyd. Tudo o que era necessário, explicava o site na rede, era tocar o álbum ao mesmo tempo em que o filme para identificar a impressionante sincronicidade. Isso sugeria que alguma espécie de força cósmica estava em ação, unificando o resultado criativo dos músicos e dos cineastas.

Foi tal o fascínio dos internautas por essa revelação que pouco depois dessa teoria da "coincidência" ter sido descrita pela primeira vez na internet as vendas do álbum do Pink Floyd dispararam e as cópias de *O mágico de Oz* desapareceram das prateleiras das locadoras.

Para que você mesmo possa conferir essas coincidências, é preciso seguir cuidadosamente algumas instruções precisas:

Antes de tudo, compre o álbum e o vídeo. Comece a tocar a música do Pink Floyd no exato instante em que o leão da Metro conclui seu terceiro e último rugido (...) "e você irá descobrir algumas coincidências muito interessantes".

Você saberá que acertou quando o primeiro acorde da música "Breath" soar ao mesmo tempo em que surgir na tela "produzido por Mervyn LeRoy", e Dorothy estiver balançando na cerca do chiqueiro quando a banda estiver cantando *"balanced on the biggest wave"* (equilibrado na maior onda).

Dorothy cai no chiqueiro ao mesmo tempo em que você ouve as palavras *"race towards an early grave"*, e a música muda ao mesmo tempo. Dorothy segura um pintinho junto ao rosto de modo carinhoso enquanto você ouve a banda cantar as palavras *"don't be afraid to care"*. Quando a banda canta *"smiles you'll give and tears you'll cry"*, o Leão e o Homem de Lata estão sorrindo e o

Espantalho está chorando. A canção "Brain Damage" começa ao mesmo tempo em que o Espantalho começa a cantar "If I only had a brain". Quando os Munchkins estão dançando após Dorothy ter chegado a Oz, a cena parece ter sido perfeitamente coreografada para a canção "Us and Them".

E assim por diante.

Para aqueles que não saíram correndo para fazer o experimento, é preciso alertar que vocês talvez achem a experiência meio frustrante – uma forma complicada e insatisfatória de gastar uma hora ou mais de sua vida. Isso comprova que o mundo está cheio de coincidências maravilhosas, exóticas e inexplicáveis? O que você acha, Toto?

Mas o simples fato de que – em uma estimativa conservadora – milhares de pessoas se deram ao trabalho de investigar esse suposto fenômeno diz muito a respeito de nossa necessidade coletiva, como espécie, de encontrar coincidências significativas em nossas vidas.

Nosso amor à coincidência parece estar inextricavelmente ligado a outra necessidade humana fundamental – compreender o sentido da existência. Nos dois casos nós parecemos desesperados por nos convencermos de que há algo mais, algo mais na coincidência e na vida, do que acaso aleatório e inesperadas descobertas felizes.

Douglas Adams se concentrou no sentido da vida em sua série altamente popular *O guia do mochileiro das estrelas*. Os romances cômicos chegam à conclusão de que a resposta para o sentido da vida, do Universo e de tudo é 42. Adams deve ter achado difícil explicar a coincidência que aconteceu com ele em uma estação de trem em Cambridge.

> *Adams entrou na lanchonete da estação e comprou um pacote de biscoitos, juntamente com um jornal, e sentou-se a uma mesa. Um estranho sentou-se, abriu o pacote de biscoitos e começou a comê-los. Obviamente havia uma confusão acerca da propriedade dos biscoitos. "Eu fiz o que qualquer inglês de sangue quente faria", diz Adams. "Eu o ignorei." Os dois ho-*

mens alternadamente retiraram biscoitos do pacote, até ele ficar vazio. Foi apenas depois que o estranho partiu que Adams se deu conta de que tinha colocado o jornal sobre seu próprio pacote idêntico de biscoitos. "Em algum lugar da Inglaterra há agora um outro homem contando exatamente a mesma história", *observou Adams*, "com a diferença de que ele não conhece o final".

Perfeitas coincidências dão histórias perfeitas – melhores que qualquer coisa que mesmo um grande contador de histórias como Douglas Adams poderia inventar.

Poucos de nós vivem o roteiro de coincidência do "duplo pacote de biscoitos". Mais comum é a experiência de inesperadamente dar de cara com o seu cunhado em um campo de nudismo. Isso acontece muito. Mas qualquer que seja o ponto em que uma experiência apareça na escala Richter das coincidências, sempre parece impressionante e muito especial para a pessoa envolvida. O Universo decidiu dedicar atenção especial a nós. Ele parece estar dizendo: "Veja o que eu posso fazer."

Nosso amor pelas coincidências não tem limites. Como se já não houvesse coincidências em número suficiente para satisfazer nossa necessidade insaciável, nós mesmos as moldamos, transformando-as elaboradamente em nossa arte e nossa literatura. Estamos apaixonados pela forma e o som, o ritmo e a rima da coincidência. Ela também nos faz rir.

Um cabritinho se afasta demais de sua mãe, despenca de um penhasco e é engolido por um grande linguado. Um pescador fisga o linguado, abre-o, e de lá salta o cabritinho. O pescador diz: "O que um garoto legal como você está fazendo em um lugar como este?"

Por que esta piada funciona: porque nós gostamos da coincidência dessas duas idéias juntas. Gostamos da surpresa de ver ou ouvir palavras utilizadas de forma inesperada. Trocadilhos são coincidências de som e significado – dois pensamentos paralelos unidos por um laço acústico. A língua inglesa, tendo sido forjada a partir do latim, do escandinavo e do francês, bem como de nosso anglo-saxão comum ou vulgar, tem um enorme número de palavras de significado semelhante ou idêntico – bem como muitas palavras que têm o mesmo som, mas significam algo inteiramente diferente. Isso torna o jogo de palavras uma coisa fácil. Por exemplo:

> *Time flies like an arrow.*
> *Fruit flies like a banana.*
> (O tempo voa como uma flecha.
> Frutas brotam como bananas.)

A coincidência está no cerne do processo criativo. A cada segundo nossas mentes fazem centenas de relações, rejeitando a maioria, reunindo elementos improváveis para descobrir se, no conjunto, significam mais do que suas partes isoladas. Essa é a relação significante a partir da qual uma idéia nasce, seja um trocadilho, uma metáfora adequada, uma rima ou um enredo implacável.

Ficamos secretamente deliciados quando um artigo no *British Journal of Urology* é escrito – e isso é verdade – por J.W. Splatt (respingo) e D. Weedon (de *weed*, relativo à eliminação), mesmo que publicamente nós afirmemos que estamos acima dessas brincadeiras infantis. A coincidência que liga os senhores Splatt e Weedon à sua profissão de modo algum é única. Basta perguntar ao cardeal Sin (pecado) de Manila ou ao ex-ministro do petróleo da Arábia Saudita Sheik Yamani. Há muitos outros exemplos.

> *O policial australiano Neil Cremen, que se regalava (por razões desconhecidas) com o apelido "o cão", foi enviado para investigar uma queixa contra um cão selvagem. Ao chegar à casa, o cão prontamente mordeu "o cão". No hospital, Cremen foi atendido por um dr. Basset. O proprietário foi levado ao tribunal e processado por Constable Barker.*

Há uma enorme satisfação com o som dessas referências juntas. Há uma sensação de completude com uma história dessas, um alívio do caos: padrões solucionados, ciclo concluído, objetivos atingidos. É isso o que nos motiva? Esmero?

Coincidências, reais ou habilmente construídas, podem nos fazer gargalhar. Esta é uma história verdadeira:

Uma mulher que pegava sol em uma lagosta inflável em Poole, Dorset, foi arrastada para o mar. Ela foi resgatada por um homem em uma dentadura inflável.

Mas esta é inventada:

Um ancião vai para o Paraíso e, sentado à mesa da recepção, está Jesus, que chama o homem e diz: "Ancião, bem-vindo ao Paraíso. Eu preciso de alguns detalhes – o senhor poderia me dizer seu nome?" O ancião responde: "Meu nome é José." E Jesus diz: "Que coincidência, quando eu estava na Terra o nome do meu pai era José." E o ancião diz: "Bem, eu tive um garoto, sabe, ele estaria agora com a sua idade." E Jesus diz: "Extraordinário... Mas eu saí de casa ainda muito jovem." E o ancião diz: "Sim, meu garoto saiu de casa quando era jovem. Ele partiu com os seus amigos, envolveu-se com magia e outras coisas místicas." E Jesus diz: "Outra coincidência – que extraordinário, foi exatamente o que aconteceu comigo. Diga-me, qual era o seu trabalho na Terra?" E o ancião diz: "Eu era carpinteiro." E Jesus diz: "Esta é uma coincidência impressionante, essa também era a profissão do meu pai (...) O senhor não acha que o senhor e eu podemos ser (...)" E o ancião diz: "Não, veja bem, meu garoto não nasceu como os garotos comuns." E Jesus diz: "Foi assim comigo." E o ancião diz: "Veja, eu reconheceria meu garoto em qualquer lugar, ele tem pequenos furos nas mãos e nos pés." E Jesus diz: "...como ESTES." E o ancião diz: "Eu não posso acreditar." E Jesus diz: "É preciso acreditar – Tantas coincidências, você deve ser meu pai terreno José." E o ancião diz: "... e você deve ser meu garoto – Pinóquio!"

Uma das mais memoráveis imagens da história do cinema mudo é a de Buster Keaton inocentemente de pé diante da fachada de uma casa que desaba. A casa cai, mas por um golpe de sorte Keaton está perfeitamente alinhado com uma janela aberta. Nosso prazer com essa aparente coincidência reflete a satisfação que temos com os verdadeiros dramas – como a mulher que escapa de ferimentos sérios quando sua chaminé despenca através do telhado, esmagando os pés da cama, segundos depois dela ter encolhido as pernas, ou do soldado salvo de um tiro disparado contra seu coração pelo medalhão de prata com o retrato de sua noiva.

A coincidência é a força motriz por trás da mais popular de todas as formas modernas de entretenimento. Onde seriados como *EastEnders* e *Coronation Street* estariam sem as chocantes coincidências que movem seus roteiros intrincados e inacreditáveis – os impressionantes encontros casuais e relacionamentos complexos? Irmãos, irmãs, tios, mães e filhos até então desconhecidos se materializam do nada, bem a tempo de solucionar dilemas ardilosos ou recuperar índices de audiência em queda. Quanto mais implausível a coincidência, mais gostamos dela.

Mas, como de hábito, a verdade costuma ser mais estranha que a ficção. Os atuais fãs de novelas acompanhariam uma trama que reproduzisse os relacionamentos verdadeiros exibidos pelo anúncio de casamento publicado em um jornal dos Estados Unidos em 1831?

> Em Saco, Maine, na véspera de Natal, pelo rev. William Jenkins, o sr. Thophilus Hutcheson com a srta. Martha Wells; o sr. Richard Hutcheson com a srta. Eliza Wells; o sr. Thomas Hutcheson com a srta. Sarah Ann Wells; o sr. Titus Hutcheson com a srta. Mary Wells; o sr. Jonathan Hutcheson com a srta. Judith Wells; o sr. Ebenezer Hutcheson com a sra. Virgina Wells e o sr. John Hutcheson com a srta. Peggy Wells.

Aliás, os fãs de novelas ficarão encantados de saber que em 1861 a sra. E. Sharples era uma fiandeira de algodão que vivia na

Coronation Street 2, em Manchester – e que também havia uma cervejaria Rover's Return, embora em uma outra região de Manchester.

A farsa depende quase que inteiramente da coincidência. *No Sex, Please, We're British* foi encenada no West End de Londres durante 16 anos, cativando a platéia com a história um tanto improvável de um funcionário de banco que recebe por engano um pacote de cartões portais indecentes. Por acaso, seu chefe é um firme ativista contra a pornografia. As conseqüências são previsíveis. A platéia de cada uma de suas 6.761 apresentações adorou cada minuto dela.

Outra ferramenta dramática popular que também se materializa na vida real e depende inteiramente da coincidência é a identidade trocada.

Há mais de seis bilhões de pessoas no mundo. A maioria delas tem um arranjo semelhante de braços, pernas e características faciais. Elas vêm em uma gama limitada de cores, alturas e compleições. Provavelmente não há nada de extraordinário em que duas pessoas possam se parecer bastante, mas nós extraímos grande prazer da coincidência quando isso acontece. Atores e atrizes construíram carreiras baseadas em terem mais do que uma vaga semelhança com a rainha, Elton John ou David Beckham. Imitadores como Rory Bremer nos encantam com sua capacidade de tanto se parecer quanto de soar com uma gama de pessoas conhecidas.

Experimentamos um *frisson* estranho e ligeiramente perturbador quando amigos dizem que conheceram alguém que é a nossa cara. "Ele tinha olhos arregalados, um corte de cabelo esquisito e postura ruim", dizem. "Eu tinha certeza de que era você."

O comediante Arnold Brown tem mais do que uma ligeira semelhança com o cantor francês Charles Aznavour. Ele conta a história de como certa vez entrou em um banco (não na sua própria agência) para descontar um cheque. A caixa telefonou para a agência de Arnold para confirmar a identidade. Ela foi informada de que ele se parecia muito com Charles Aznavour. "Então eu comecei a cantar e a convenci de que eu era Arnold Brown", explica Arnold.

A semelhança de Arnold com o cantor francês nunca criou problemas para ele – exatamente o contrário –, mas coincidências como estas podem nos colocar em maus lençóis.

A defesa do assaltante de banco era bem simples.

Sim, ele aceitava que 18 testemunhas o tivessem identificado como o homem que entrou no banco brandindo uma escopeta de cano serrado – e que saiu minutos depois com quase meio milhão de libras em espécie. (...)

"Mas eu sou completamente inocente", protestou.

"O homem que roubou o banco é meu *doppelganger*", disse ele à polícia. "Ele é a minha cara. É só uma terrível coincidência."

Essa desculpa em particular, da identidade trocada, é conhecida dos tribunais e das forças policiais de todo o mundo. Algumas vezes até é verdade.

O filme de Alfred Hitchcock *O homem errado* aborda o drama real de Manny Balestrero – um músico do Stork Club de Nova York falsamente acusado de uma série de assaltos. Ele foi preso e indiciado em 1953 após várias testemunhas terem identificado o baixista como o criminoso. Ele acabou libertado quando seu "duplo" foi detido.

A idéia de um duplo ou "*doppelganger*" é comum ao longo de toda a literatura e do teatro. O filme de Hollywood, *O talentoso Ripley*, é baseado na idéia de que a vida de alguém pode ser inteiramente tomada por um duplo, um tema que os escritores de ficção acalentaram ao longo dos anos.

Em algumas situações específicas, a fixação com esse tipo especial de coincidência na verdade pode ter uma causa fisiológica – bem no fundo do cérebro. O neurobiólogo suíço Peter Brugger, do Hospital da Universidade de Zurique, tem provas de um quadro cerebral que pode fazer os pacientes acreditar que têm um verdadeiro duplo. Esta rara desordem alucinatória é chamada de Síndrome de *Doppelganger*.

As pessoas afetadas imaginam que podem ver uma réplica exata delas mesmas. Em casos extremos a sensação é acompanhada de uma crença em que elas estão sendo gradualmente substituídas por seu *doppelganger*. Em um dos casos do dr. Brugger, um homem se sentia tão perseguido por seu duplo que deu um tiro em si mesmo para se livrar dele.

No mundo da ficção, este roteiro clássico do *doppelganger* aparece em *O duplo*, de Dostoievski, *O retrato de Dorian Gray*, de Oscar Wilde, e em diversos outros trabalhos. O dr. Brugger imagina que talvez os autores que utilizaram este recurso dramático específico pudessem, eles mesmos, estar sofrendo da Síndrome de *Doppelganger* e escrevendo a partir de suas experiências.

A coincidência tem sido um motor da literatura há séculos, e entre seus expoentes estão artesãos como Shakespeare e Dickens – que nunca hesitaram em introduzir acasos extraordinários para sustentar as suas tramas.

A tale of Two Cities, de Dickens, por exemplo, desenvolve-se em torno de sucessivas coincidências, com os personagens principais, os rivais Sydney Carton e Charles Darnay, parecendo-se um com o outro, resultando em Carton ir para a guilhotina no lugar de Darnay, e de Darnay, que se casa com a heroína, Lucie Menette, ser o sobrinho do marquês que colocou o pai dela na prisão.

A décima segunda noite, de Shakespeare, está repleta de coincidências. Viola acredita que seu irmão gêmeo Sebastian morreu. Para se proteger em um país estrangeiro, Viola finge ser um rapaz – Cesario. Mas vestida de homem ela é igualzinha a Sebastian, e quando este aparece com seu novo amigo Antonio, todos pensam que é Cesario. A bela condessa Olivia tinha se apaixonado por Cesario (não se dando conta de que "ele" é Viola), enquanto Cesario estava levando mensagens de amor do duque Orsino para Olivia. Tudo termina em um final feliz, embora excessivamente cheio de coincidências.

O escritor e crítico literário John Walsh acredita que *Macbeth* é a peça de Shakespeare que utiliza de forma mais interessante a coincidência. Macbeth recebe a garantia das três bruxas de que não deve temer nenhum homem que uma mulher tenha dado à luz... E certamente não antes que a floresta de Birnam chegue a Dunsinane. Então, Macbeth não tem preocupações. Infelizmente, fica-se sabendo que seu adversário Macduff nasceu de cesariana. Então, os soldados de Macduff se aproximam de Macbeth em

Dunsinane utilizando os ramos das árvores da floresta de Birnam como disfarce.

Diz John Walsh: "Eu imagino Macbeth se voltando, batendo na testa com a palma da mão e dizendo 'que infeliz coincidência, esta' imediatamente antes de sua cabeça ser cortada por Macduff."

Foi dito dos desenvolvimentos um tanto românticos da trama de Charlotte Brontë em *Jane Eyre* que ela "esticou o longo braço da coincidência até o ponto de deslocá-lo". O mesmo poderia ser dito de um número enorme de escritores ao longo dos séculos. Não que eles tenham sido menos bem-sucedidos por isso. Exatamente o contrário.

A coincidência é usada de forma mais comedida na ficção contemporânea. O leitor moderno mais sofisticado pode se sentir enganado ou mesmo roubado com o abuso. Não que isso tenha inibido muito James Redfield, autor de *A profecia celestina*. Apesar de sua pequena credibilidade literária, o livro se tornou um fenômeno de vendas em todo o mundo. Sua trama gira em torno da busca dos "nove *insights* fundamentais para a própria vida". O primeiro *insight*, ficamos sabendo, ocorre quando nos tornamos "plenamente conscientes da coincidência em nossas vidas". Isso se mostra pouco mais do que a justificativa para uma das tramas menos convincentes e recheadas de coincidências já concebidas. Mas o público comprador de livros de todo o mundo não pode estar errado. Nosso amor pelas coincidências não tem limites.

O autor americano Paul Auster é um entusiasmado defensor moderno da coincidência como uma ferramenta estrutural ou narrativa. Ele diz: "Nós estamos sendo continuamente moldados pelas forças da coincidência. Todas as nossas certezas acerca do mundo podem ser demolidas em um segundo. As pessoas que não gostam do meu trabalho dizem que as ligações parecem arbitrárias demais. Mas a vida é assim."

E foi assim para o escritor britânico de histórias policiais Ian Rankin – autor dos romances policiais do inspetor Rebus – quando ele foi convidado a escrever o obituário do recém-falecido romancista Anthony Powell. Powell era o autor do épico em doze volumes *A Dance to the Music of Time*, que está repleto de coincidência e sincronicidade – amigos de escola dão de cara um com o outro após quarenta anos, alguém está pensando em uma pintura imediatamente antes de ser apresentado ao artista.

Rankin tinha sido apresentado aos livros por uma amiga da universidade que deu a ele os primeiros três volumes como presente de aniversário. A morte de Powell o levou a começar a reler os livros. Ele levou os primeiros dois volumes em uma viagem a Harrogate para a conferência anual da Associação de Escritores Policiais.

"A coincidência", diz ele, "perseguiu minha carreira de escritor". Dois anos depois de ele ter publicado um romance sobre um "círculo mágico" de juízes e advogados, a polícia de Edimburgo começou a investigar uma denúncia semelhante. Um ano mais tarde, no sul da França, ele teve a idéia de uma história sobre um suposto criminoso de guerra que vivia tranqüilamente em Edimburgo, para depois descobrir que a televisão escocesa estava fazendo um documentário sobre um verdadeiro criminoso de guerra que vivia naquela cidade.

"Mais recentemente eu encontrei um cavalheiro de sobrenome Rebus que vive na Rankin Drive de Edimburgo, e um policial do quartel-general do sudeste da Escócia exatamente com o mesmo cargo e sobrenome de outro personagem de um de meus livros."

Na conferência de Harrogate, um palestrante exibiu um slide de um caminhão que tinha perdido o controle e esmagado o quarto de um bangalô. O dono do bangalô estava se sentindo mal naquele dia e passou o tempo todo na cama. Mas o telefone o fez levantar segundos antes que o caminhão derrubasse uma parede no lugar onde ele tinha estado. O telefonema era um engano.

Rankin voltou para a casa na noite de domingo e desabou no sofá, buscando o controle remoto da TV. Enquanto ele passava pelos canais, viu um rosto que reconheceu. Era uma das competidoras do programa *Who Wants to be a Millionaire?*. "Era Alistair, uma velha amiga – e ela tinha acabado de ganhar 125 mil libras."

Foi só quando resolveu ir dormir que ele colocou a última peça no quebra-cabeças da coincidência. Ele se lembrou do que sua amiga tinha feito. Anos antes, quanto eles freqüentavam a universidade juntos, Alistair tinha dado a ele de presente de aniversário os três livros de Anthony Powell...

Então, porque nós amamos as coincidências? É porque estamos intuitivamente festejando o que Arthur Koestler chamou do princípio universal de que "as coisas gostam de acontecer juntas"?

Talvez a coincidência seja fundamental para a condição humana. Ansiamos e precisamos dos padrões e ritmos e da simetria que ela oferece. Ela dá uma trégua à desordem. E talvez os nossos cérebros sejam preparados tanto para descobrir quanto para criar sincronicidade. Nós definitivamente precisamos de *doppelgangers* e de universos paralelos em que vivam Plimmers e Kings alternativos – porém mais bem-sucedidos, claro.

O matemático Ian Stewart estudou a coincidência. Sua visão científica de por que nós a amamos é mais prosaica: "Bem, ela nós dá ótimas histórias para contar no bar", diz ele.

CAPÍTULO 3

Este é um mundo pequeno – Coincidência e cultura

A coincidência da natureza mais encantadora e há mais tempo observada embalou homens sábios e crianças em uma alegre dança ao longo dos tempos por muitas e variadas explicações. É o fato de que o Sol e a Lua aparecem do mesmo tamanho em nosso céu. Hoje nós sabemos que é uma questão de perspectiva, mas só porque pessoas mais espertas nos contaram.

A primeira pessoa esperta teve muito pouco conhecimento confiável no qual se basear. O filósofo grego do século VI a.C. Heráclito estimou que o Sol tinha trinta centímetros de diâmetro. Isso faria com que sua distância da Terra fosse de cerca de 40 metros. Hoje é fácil dizer, com a ajuda de cinco minutos de buscas na internet, que Heráclito estava errado. Nós até mesmo podemos dar a ele os números: o Sol tem 1.383.740 quilômetros de diâmetro, comparado com 3.475 da Lua. O diâmetro do Sol é 400 vezes maior que o da Lua. O Sol também está 400 vezes mais distante de nós que a Lua. É essa distância relativa que faz com que os dois corpos pareçam a nós ter o mesmo tamanho.

Dada a aparente aleatoriedade do cosmo e as gigantescas distâncias envolvidas, é uma coincidência verdadeiramente marcante que de nosso ponto de vista único o Sol e a Lua pareçam iguais. Mas é apenas coincidência, por mais poderoso que seja o simbolismo do Sol e da Lua em nossas vidas e em nosso folclore como dupla complementar de opostos iguais.

O que no passado era mágico, porém, não necessariamente tem o mesmo mistério para nós hoje. Por outro lado, não estamos imunes a interpretações mágicas de coincidências recém-percebidas. De fato, as evidências sugerem que nossa tendência a optar por explicações paranormais está aumentando. Um motivo é que experimentamos muito mais coincidências do que as pessoas do passado, e a freqüência se multiplica a cada ano.

Nossos ancestrais viviam em comunidades menores que as nossas, viajavam com menos freqüência e para locais menos distantes e estavam expostos a um leque menor de experiências. As oportunidades de conexões improváveis em suas vidas eram mais limitadas. Elas percebiam a maioria das que cruzavam seu caminho, freqüentemente investindo-as de profundo significado.

O mundo moderno é ostensivamente menos supersticioso, embora também seja um lugar em que a aparente mágica seja mais provável de ocorrer. É um lugar movimentado e perturbador, que se torna cada vez mais movimentado e perturbador. Nos últimos cem anos a sociedade humana acumulou várias revoluções tecnológicas dinâmicas, cada uma das quais transformou o ritmo e o âmbito da experiência individual. Hoje temos mobilidade de massa, comunicação de massa e acesso massivo a poder computacional; e temos o inesgotável regurgitador de informações, a internet.

A máxima solene "conhece a ti mesmo", escrita sobre o templo do antigo oráculo grego de Delfos, pode ser – como sempre foi – mais respeitada em tese que na prática, mas agora pelo menos podemos saber todo o resto. Há no computador bilhões de itens de informação ao alcance dos dedos de todo mundo, ampliando nossa visão, mas não necessariamente nossa compreensão.

A orgia da informação torna mais provável a possibilidade de coincidências. A lei estatística dos grandes números afirma que se a amostra for suficientemente grande, mesmo coisas extremamente improváveis se tornam prováveis. Bem, a base de dados a que nos expomos a cada vez que viajamos ao exterior ou nos conectamos à internet é vasta. "É um mundo pequeno!", exclamamos, assim que as correlações surgem. Uma coisa é certa: quanto maior a rede mundial, menor o mundo. Hoje estamos conectados na coincidência.

Mas se nossa experiência da coincidência aumentou, nosso

conhecimento da probabilidade não seguiu o ritmo. A maioria de nós tem uma noção de matemática básica maior do que tinha o saxão médio, mas o enorme volume e a complexidade de nossa experiência da coincidência tornam mais difícil que nunca identificar o fantástico do matematicamente factível.

É por isso que o fator mais consistente das coincidências relatadas é a insistência dos observadores em dizer que elas não são de modo algum coincidências. Elas são trazidas por anjos, ou mágica, ou duendes das meias, ou seres do espaço brincando com os correios – tudo, menos puro acaso.

O problema é que o acaso não é simples. Você precisa conhecer um pouco mais de matemática para conseguir definir probabilidades. Cientistas e corretores de apostas fazem isso em suas cabeças frias, mas a maioria do restante de nós desanima com o esforço matemático e prefere confiar na intuição, que é comprovadamente fraca na avaliação de probabilidades. Os seres humanos são facilmente impressionáveis. O que parece inteiramente improvável para um ser humano freqüentemente se torna extremamente provável para o esquema cósmico das coisas. Pense no Sol e na Lua.

Ou pense nos códigos da Bíblia. De acordo com alguns relatos antigos, o Livro do Gênese da Bíblia hebraica, que teria sido ditado pelo próprio Deus, contém códigos que, se decifrados, iriam revelar muitas outras mensagens para a humanidade. Há muito tempo há um respeitável esforço de estudiosos pertencentes a remotas e empoeiradas ordens religiosas de tentar detectar ali os padrões ocultos, descontando os espaços e a pontuação no texto e tratando as letras como uma matriz regular. Inevitavelmente, dado o número das letras contidas na Bíblia e o fato de que o hebraico escrito não contém vogais, manifestaram-se nessas buscas muitos padrões de palavras coincidentes, aos quais foram atribuídos sentidos significativos.

A ciência da computação, longe de tornar este procedimento arcano ainda mais excêntrico, colocou o negócio da identificação de códigos em um outro patamar, aumentando a velocidade e a variedade de formas segundo as quais uma matriz de letras pode ser analisada. As palavras podem ser identificadas no texto para frente, para trás, verticalmente ou diagonalmente. Utilizando um procedimento chamado de espacejamento equivalente de letras, também é possível encontrar palavras formadas por letras não adjacentes, mas espalhadas pelo texto, cada letra separada pelo mesmo número de letras irrelevantes. Pesquisas por computador realizadas por um proeminente matemático israelense, o professor Eliyahu Rips, revelaram inacreditáveis exemplos de palavras com relações conceituais adjacentes umas às outras no texto, como os nomes e locais de nascimento de rabinos famosos. A descoberta do nome do presidente assassinado de Israel Yitzhak Rabin junto a uma referência à morte e um Kennedy vertical cruzando a frase "assassino que irá assassinar" pareceu sugerir uma característica profética.

Os céticos demoraram a contestar as alegações dos pesquisadores, e o livro de Michael Drosnin sobre o fenômeno, *O código da Bíblia*, vendeu milhões de exemplares. Mesmo hoje parece que poucas coisas nos excitam mais do que a perspectiva de provar a paranormalidade. Levou bastante tempo antes que outras equipes de estatísticos encontrassem falhas conceituais nas experiências extremamente rigorosas do professor Rips. Enquanto isso, Brendan McKay, professor de ciências da computação na Universidade Nacional da Austrália, utilizou o sistema de Rips para encontrar correlações proféticas de morte e presidentes assassinados em *Moby-Dick*. No final, os códigos da Bíblia demonstraram apenas que tendo um número suficiente de letras, irão surgir padrões de palavras coincidentes, e que muitas delas, com alguma interpretação e uma boa dose de excitação, parecerão fazer sentido.

Em 1967, o sociólogo Stanley Milgram previu que havia apenas seis graus de distância entre quaisquer duas pessoas no planeta. A idéia passou a fazer parte do folclore social, mas poucas pessoas se deram conta de que as tentativas de Milgram de provar isso foram malsucedidas. Recentemente, porém, outro sociólogo, Duncan J. Watts, provou com sucesso uma proposição similar. Watts atribuiu a 60 mil pessoas uma pessoa-alvo, possivelmente vivendo em outro país e certamente levando um estilo de vida diferente, e as instruiu a tentar passar uma mensagem por e-mail transmitindo-a apenas para alguém que elas conhecessem, com um pedido de repassá-la da mesma forma. Na média, foram necessários entre cinco e sete passos para que o alvo fosse encontrado.

A experiência de Watts é uma demonstração eficaz da pequenez do mundo, mas quando correlações aparentemente inacreditáveis acontecem conosco fora de uma experiência científica elas parecem fantásticas e mágicas. Há muitas razões pelas quais nós podemos *querer* que elas sejam mágicas. A melhor é resumida por Richard Dawkins, um cientista famoso por desmascarar a paranormalidade, que diz, de forma bastante generosa dado o seu ponto de vista, que nós temos um "apetite natural e louvável pelo encanto".

Esse apetite pelo encanto reacendeu a fé de Joyce Simpson em Deus. Em maio de 1991, Joyce, do condado de DeKalb, na Geórgia, viu um sinal que mudou a sua vida. Para todos os outros, era um letreiro de uma loja Pizza Hut, mas Joyce, que na época estava suficientemente desiludida com a religião para pensar em abandonar o coro da igreja, viu nele apenas salvação. Saltando de uma garfada de espaguete estava o rosto de Jesus.

Um cético diria que se você olhar suficientemente de perto e com suficiente disposição emocional, poderá ver o rosto de Deus em qualquer imagem – espaguete, pedaços de frango, rins condimentados – mas não adiantaria dizer nada disso a Joyce Simpson nem aos georgianos extasiados que fizeram filas em seus carros para ver o milagre em cartaz com os próprios olhos assim que souberam da notícia.

O encanto captura as emoções. O encanto modifica vidas. O encanto o leva a sentar e escrever a há muito adiada carta para Herbert Krantzer: "Caro Herbert. Você não vai acreditar. Eu estava lavando meu velho fusca antes de finalmente vender aquela porcaria e encontrei dentro de uma das calotas um bilhete seu de junho de 1986, me desejando uma 'longa e alegre viagem'! Você deve ter colocado isso ali no dia do meu casamento, tantos anos atrás (...)" Ele o faz se sentir especialmente abençoado quando Herbert responde para dizer como foi bom receber sua carta, especialmente porque naquele momento ele está exatamente em meio ao processo de encontrar um velho fusca para dar de presente ao filho.

O que o levou a tirar a calota, pela primeira vez em 17 anos, naquele momento específico? Para limpá-lo, dirá o cético. A descoberta da carta foi gratuita; em outras palavras, você não a encontrou *porque* poderia ser propício entrar em contato com um velho amigo naquele momento específico.

Para a maioria dos seres humanos, esta é uma interpretação bastante enganosa. É a palavra gratuito que incomoda. Ela transforma o que parecia maravilhoso em banal e sem graça. O autor da carta pode se considerar um pensador racional, mas sua mente está mais interessada em aceitar a possibilidade de que um anjo da guarda está sorrindo para ele ou que o seu relacionamento com Herbert é tão significativo que está em ação alguma espécie de telepatia. Ele preferiria adotar a posição agnóstica "quem sabe?" do que atribuir isso a mero acaso.

A gratuidade não faz justiça à experiência, especialmente quando a experiência é muito pessoal. Se certa noite um homem sonha que seu amigo Moriarty está morrendo e então acorda e é informado de que Moriarty morreu, é muito difícil resistir à idéia de que possa ser um paranormal. Assim como a idéia de que Deus enviou a ele um aviso para reduzir o ritmo ou que há universos paralelos em diferentes dimensões temporais aos quais ele pode repentinamente ter tido acesso em função da força de sua sintonia emocional com seu amigo, ou que o lado direito emocional do cérebro, que contém uma consciência intuitiva primitiva sufocada por séculos de evolução, despertou enquanto ele estava dormindo, ou que um acontecimento se processou por causa do poder motivador de seu próprio processo de pensamento (pensando bem, esqueça este)... Há uma enorme oferta desse tipo de explicações, e todas elas são mais interessantes do que o acaso arbitrário, impessoal, *gratuito*. O que as torna inteiramente irresistíveis é a forma pela qual elas envolvem emocionalmente o sonhador com o fato da morte: elas embutem uma idéia de no final ter estado presente, ou de alguma forma ter sido consultado.

O estatístico Christopher Scott calculou a probabilidade de sonhar com a morte de um amigo na noite em que isso acontece. Baseando seus cálculos em 55 milhões de pessoas vivendo em média

70 anos, e em experimentar um sonho de morte de amigo uma vez na vida, e então levando em conta a taxa nacional de óbitos de dois mil a cada 24 horas, Scott avalia que poderia haver um sonho de morte acurado na Grã-Bretanha aproximadamente a cada duas semanas. É da natureza humana se recordar apenas de histórias interessantes, portanto os sonhos acurados são amplamente relatados e freqüentemente recontados, enquanto milhões de sonhos sobre amigos à morte que no dia seguinte se revelam em recuperação são rotineiramente apagados da memória.

"Como você sabe", poderia dizer o sonhador, "que todos os sonhos que não se tornaram realidade não foram de uma qualidade inferior ao meu? Meu sonho com Moriarty tinha *autoridade*. Ele era tão real que tinha de ser verdade. Era como se os deuses estivessem interferindo nos assuntos humanos, era um *deus ex machina*!"

"Por que Zeus teria confiado em você?" – pergunta o cético.

"Bem, você sabe... Nós somos muito ligados".

"E naquela vez em que você sonhou que estava sendo caçado nu na Starbucks pela Delia Smith agitando uma clava? Isso aconteceu?"

"Não exatamente... Embora *pudesse*, claro. Seja como for, nem *todos* os meus sonhos são proféticos."

"Quantos foram?"

"Bem, tem o sonho com Moriarty... E uma vez eu sonhei que estava partindo para uma longa viagem e logo depois eu ganhei um final de semana em Paris..."

De volta à máquina de calcular. "Então... dois sonhos proféticos acurados em 36 anos... Vamos dizer que você tem três sonhos por noite... Há uma clarividência a cada 19.710 sonhos ou, colocado de outra forma..."

"Não, você está errado, espertinho, porque há algo que eu não contei a você. Nada disso – Moriarty, o sonho, sua máquina de calcular, toda a existência e cada cético que fez parte dela – existe verdadeiramente. O Universo na verdade é uma invenção de minha imaginação. Eu criei tudo. De fato, eu estou criando você exatamente agora. Faça essas contas na sua máquina!"

Você pode perceber como a coincidência desperta a imaginação. Perceba também que qualquer explicação, exceto o acaso, atribui ao observador um papel principal. Hoje em dia a maioria de nós tende a aceitar o raciocínio dos céticos, pelo menos externamente, mas particularmente nós gostamos de pelo menos flertar com a glória do papel principal que a coincidência nos concede. É um desejo natural o bastante que se encaixa perfeitamente na necessidade de uma explicação para o Universo que nos faça sentir que não somos apenas um mero punhado de poeira espacial, e sim um ator cósmico. Mesmo o mais cético matemático de probabilidades pode ser tentado a admitir essa possibilidade assustadora quando encontra uma garrafa lançada a uma praia de Madagascar contendo um bilhete dirigido a ele.

Mas se esse acontecimento é significativo, exatamente o que ele quer dizer? Ele pode apenas chutar. Ou ele pode buscar a ajuda de um conselheiro da Nova Era ou um xamã, se conseguir encontrar um que seja confiável e não dado a vôos irracionais da fantasia... Nesse ponto, dar-se conta de que ele está entrando em um uma nave espacial sobrenatural abastecida com superstição de alta octanagem, e sem um piloto habilitado, pode fazer com que ele se recorde de que é um matemático de probabilidades cético. Aqueles que trocam as evidências passíveis de verificação empírica como base para escolhas de vida importantes pela interpretação subjetiva de acontecimentos ao acaso seguem uma trilha sinuosa e perigosa, como a história tem freqüentemente demonstrado.

Há dois milênios e meio, quando Sófocles escreveu *Édipo Rei*, ninguém tinha problemas em prever o seu futuro. Eles podiam pesquisar seu destino tão facilmente quanto nós podemos pesquisar nosso histórico, e todos tinham uma linha direta com os deuses. Cloto, Láquesis e Átropos soam como integrantes dos Irmãos Marx, mas para o homem médio elas eram bastante reais, e nada engraçadas. Elas eram as três Parcas, os seres celestiais indiferentes que teciam o fio de vida atribuída a cada mortal, tomavam decisões acerca de algumas qualidades de vida (tragédia, doença etc.) e eficientemente o cortavam na data certa. Esse fio era a moira de um homem, seu quinhão. Ele não podia apagar os dados predeterminados nem podia fugir dos elementos negativos de sua moira, embora ele pudesse, se fosse tolo, tornar as coisas muito piores para si mesmo.

Cometas e outros fenômenos naturais eram augúrios óbvios; não apenas coincidências cósmicas, mas precursores de acontecimentos específicos na Terra, normalmente desastres. A queda de Jerusalém, a morte de Júlio César e a derrota dos ingleses por Guilherme, o Conquistador, teriam sido pressagiadas por cometas. A derrota do rei Harold foi marcada pelo cometa de Halley. Ele voltou em 1986, desta vez pressagiando que mal? A explosão do ônibus espacial *Challenger*? O assassinato do primeiro-ministro sueco Olof Palme? O retorno às paradas da persistente "Living Doll" de Cliff Richards?

Hoje é incomum fazer tais associações, mas uma minoria de pessoas ainda as faz. Não é difícil encontrar na internet *sites* de clarividentes estabelecendo sólidas ligações entre acontecimentos históricos e aparições de cometas que os antecederam. O astrônomo Carl Sagan, que moveu uma batalha contra a "conversa fiada e a pseudociência", disse que como a história humana é intrinsecamente infeliz, "qualquer cometa, em qualquer tempo, visto de qualquer ponto da Terra, terá a segurança de encontrar alguma tragédia pela qual possa ser responsabilizado".

Na época de Sófocles, coisas como cometas pareciam mais respeitáveis, e o oráculo era reconhecido por fornecer uma visão das deliberações das Parcas, uma espécie de *trailer* de sua vida. É possível perceber como era perigoso confiar em um sistema como esse em muitas histórias do oráculo de Delfos, em especial naquela do pobre Édipo que, se acreditarmos que o seu destino estava predeterminado, como aparentemente acreditava Sófocles, estava condenado antes mesmo de nascer. Não bastava que cada tragédia que Édipo precisasse enfrentar estivesse escrita nas estrelas, elas também tinham sido apontadas a ele antes de acontecerem por clarividentes bem-intencionadas! Por mais que ele e sua família se esforçassem para fugir ao destino, nada que eles fizessem poderia impedir que as previsões se confirmassem. De fato, foi o próprio ato de tentar escapar, também previsto pelas ardilosas imortais, que deu a partida para os acontecimentos que tinham sido previstos.

Para um cético moderno, a história de Édipo nada tem a ver com destino: diz respeito a coincidência. Foi apenas um azar muito grande. As coincidências tendem a se agrupar – qualquer estatístico dirá isso – e Édipo teve o azar de ser o ponto no qual toda a má sorte congregou aquele éon específico.

A história de Édipo é tão previsível quanto um episódio de telenovela e quase tão deprimente quanto. Seu pai, o rei Laio de Tebas, ouviu do oráculo que o menino iria crescer para assassinar o pai e desposar a mãe.

Aquela era uma resposta atipicamente inequívoca da Pítia, a sacerdotisa de Delfos que, em transes místicos, transmitia as profecias. Normalmente os pronunciamentos da Pítia tinham a forma de charadas que permitiam mais de uma interpretação, uma saída bastante comum de clarividentes, astrólogos e paranormais, tanto na época quanto agora (a previsão em branco permite a eles dizer "eu disse" qualquer que seja o desfecho). Quando o rei Creso da Lídia estava considerando a possibilidade de iniciar uma guerra com a Pérsia em 550 a.C. enviou emissários à Pítia com ricos presentes de ouro e prata, 300 cabeças de gado e uma tijela de ouro pesando um quarto de tonelada. Foi dito a eles: "Você irá destruir um grande império." Satisfeito com a previsão, Creso atacou a Pérsia e destruiu um grande império – o seu.

Não houve tal liberdade de interpretação no oráculo do rei Laio. Não importava de que forma ele tentasse vê-lo, o futuro já era bastante ruim. Laio tentou driblar o destino instruindo que o bebê fosse deixado para morrer na encosta do monte Citéron. O bebê foi salvo por um pastor e levado para Corinto, onde por uma incrível coincidência foi visto e adotado pelo rei sem filhos de Corinto, Pólibo. Édipo se transformou em um ótimo garoto, mas também ele consultou o oráculo, que prontamente repetiu que ele iria matar o pai e desposar a mãe.

Acreditando que Pólibo fosse seu pai, Édipo imediatamente deixou Corinto rumo a Tebas. No caminho ele encontrou seu verdadeiro pai em uma encruzilhada, deu início a uma discussão e o matou, em um dos poucos incidentes de violência no trânsito registrados nos textos antigos. Tudo o que restava a ele era desposar sua mãe, Jocasta, e, como se vocês não soubessem, isso devidamente se cumpriu por uma bizarra combinação de acasos.

Bastante mau. Mas fica ainda pior – Édipo e sua mãe acabaram descobrindo a terrível verdade. Jocasta se enforcou e Édipo, não querendo ver a infelicidade que tinha provocado, tirou alfinetes das roupas e com eles furou seus olhos. Édipo teria gostado de viver em uma época mais científica, embora de acordo com a lógica da história ele ainda assim não teria sido capaz de escapar de sua trágica moira. Em certo sentido, o fato de que ele tentou evitar seu destino o marcou como um "homem moderno" antes da época, com heréticas ilusões de autodeterminação. Sófocles achava que Édipo estava errado por tentar resistir ao que as divindades tinham determinado, embora de acordo com as regras nem a rebelião nem a submissão teriam afetado sua realização. A insistência rígida e desumana dos antigos em que frases soltas de oráculos e alinhamentos coincidentes de "augúrios" podiam definir acontecimentos ainda por se dar condenaram o Édipo ficcional como um perdedor pré-natal. Nem mesmo uma viagem no tempo para um futuro cético teria evitado que ele assassinasse o pai e desposasse sua mãe.

Sua história circulava havia muito tempo mesmo quando Sófocles a adotou. É interessante que um dos motivos pelo qual o escritor pode tê-la escolhido seria para reafirmar os valores e a visão do mundo representados pelos velhos deuses, diante de novas formas de pensar que estavam se desenvolvendo em algumas das democracias urbanas gregas. Aqui e ali, grupos de filósofos estavam rejeitando antigas crenças baseadas em superstições e começando a estabelecer teorias racionais da existência, baseadas em evidências empíricas – formulando, se eles o soubessem, as bases do moderno método científico.

Ainda demoraria muito antes que a ciência se tornasse o principal meio de investigar os fenômenos naturais. Até que isso acontecesse, a história daria muitos exemplos de como a superstição pode ser perigosa como mecanismo de interpretação do mundo. Talvez o mais trágico deles tenha sido o império asteca da América Central. Em 1519, quando o ambicioso aventureiro espanhol Fernão Cortez desembarcou perto de onde hoje é Veracruz e queimou seus navios, dessa forma efetivamente eliminando a rota de fuga de seu pequeno exército, os astecas controlavam uma civilização de milhões de almas que era extraordinariamente sofisticada segundo os padrões da época. Em alguns pontos óbvios ele estava atrás da Europa, mas tinha matemática, astronomia e agricultura avançadas, controlava 500 estados vassalos, tinha uma organização social eficaz e construíra cidades que rivalizavam em tamanho, arquitetura e organização com qualquer coisa que a Europa tinha a oferecer. Ainda assim, esse império foi destruído por cerca de 500 soldados espanhóis, sua população foi assassinada e escravizada, seus monumentos e cultura jogados no lixo por causa de sua incapacidade de ver uma coincidência como uma coincidência.

Cortez não tinha noção de sua sorte quando partiu para o México, mas por acaso o ano coincidia com um período do calendário asteca em tinha sido previsto que o deus Quetzacoatl retornaria pelo mar de seu exílio no Oeste. Quetzacoatl era um deus serpente que assumia outras formas. Ele foi retratado em antigas pinturas de seu retorno como tendo pele clara e algo que se parecia com uma barba – na verdade, em grande parte a forma que tinham Cortez e seus soldados.

Como todas as mais tristes histórias, a queda dos astecas tinha sido assinalada alguns anos antes por um cometa. Montezuma Xocoyotl, o último imperador dos astecas e ex-sacerdote, viu o cometa do teto de seu palácio com um mau pressentimento. Foi o primeiro de muitos outros augúrios de catástrofe iminente nos anos que se seguiram: incêndios em templos, inundações, raios e boatos de visões de pessoas de muitas cabeças andando pelas ruas.

Os astecas tinham construído seu império em aproximadamente cem anos. É impressionante que tenha durado tanto, já que a sociedade asteca era dotada de formas de superstição particularmente neuróticas. Sua grande burocracia sacerdotal (havia cinco mil sacerdotes apenas na capital, Tenochtitlan) era tão poderosa que dominava todos os aspectos da vida. A intolerância religiosa não era algo incomum no século XVI; mas poucos deuses eram tão malvados e ciumentos quanto os deuses astecas. O principal deles era Huitzilopochtli, o Deus da Guerra. Como pagamento por ter dado a luz do Sol ao mundo, Huitzilopochtli exigia sangue humano como combustível. A cada ano, de modo a pagar pela luz do dia, que em outras culturas era de graça, os astecas precisavam lançar os corações ainda pulsantes (o prato preferido do deus) de milhares de homens no altar de Huitzilopochtli. À medida que o império asteca crescia, Huitzilopochtli, cujos desejos eram interpretados pela elite sacerdotal paranóica e neurótica, exigia cada vez mais sacrifícios humanos, milhares a cada vez. As vítimas eram principalmente prisioneiros feitos nas guerras, mas como eles nunca eram suficientes, os astecas encenavam guerras especiais com seus estados vassalos que nada tinham a ver com disputa de território, contra-insurgência ou matar inimigos. Elas eram chamadas de guerras floreadas e eram combinadas como jogos de futebol; seu objetivo era obter grandes números de prisioneiros que pudessem ser utilizados como ração sacrificial para alimentar os deuses astecas. Além do óbvio custo humano, essa prática fomentou disseminado ressentimento por todo o império.

Cortez era cruel e bravo e um oportunista brilhante, sempre atento às fraquezas de seus inimigos, mas também era tão imprudente que é de espantar que ele e seus homens não tenham morrido apenas poucas semanas após desembarcar em solo asteca. Poucas expedições militares, com a possível exceção da operação britânica para resgatar as ilhas Falklands em 1982, foram concebidas com poderio humano e recursos tão inferiores, a uma distância tão remota de fontes de suprimento e com tão pouca lógica tática. Os historiadores exageraram muito o efeito debilitante que tiveram sobre os combatentes astecas a cavalaria espanhola, as espadas de aço de Toledo e as armas de fogo, mas na verdade os espanhóis tinham apenas quinze cavalos e armas de fogo do início do século XVI que sabidamente não eram nada confiáveis. Por mais mortal que fosse o aço de Toledo, os astecas eram destemidos e ferozes, e estavam combatendo em seu próprio terreno. O que é mais importante, eles eram muitos. A qualquer momento, se eles tivessem escolhido combater decisivamente seu inimigo, poderiam ter triunfado simplesmente pelo peso do número. Mas os astecas não lutaram de forma organizada até ser tarde demais. A arma mais importante de Cortez foi a sorte: a sorte do Diabo.

Enquanto Cortez seguia em frente resolutamente, Montezuma permanecia paralisado com indecisão, aterrorizado pela possibilidade de que o espanhol fosse uma encarnação da divindade Quetzacoatl em seu retorno. Cortez, que rapidamente se deu conta de como a coincidência podia ser explorada em seu benefício, negociou alianças com as tribos que tinham sido tão cruelmente exploradas pelos astecas –Tlaxcalans, Cempoalans e outras – em troca de promessas que não honrou. Então seu exército esfarrapado entrou na capital asteca à beira do lago Tenochtitlan, uma cidade que, com uma população de 300 mil pessoas, era maior que qualquer cidade européia da época. Quando chegou, Montezuma, ainda indeciso, fez com que ele e seus soldados entrassem na cidade como seus convidados, e mais tarde chegassem ao interior do próprio palácio real (apenas a guarda palaciana de Montezuma era maior em número que toda a expedição espanhola), onde os ingratos espanhóis o prenderam.

Houve outros fatores, como uma devastadora epidemia de varíola trazida pelos europeus, mas não há como fugir da conclusão de que Montezuma e seu império foram derrubados por armadilhas da imaginação: pela superstição e pelo valor atribuído por ela a sinais aleatórios, portentos e coisas que aparecem no espaço.

Diante disso, a sociedade moderna pareceria ter se afastado de uma superstição tão destrutiva. A análise científica racional é a forma moderna de avaliar e interpretar o entulho cósmico. De fato, em 1996 um asteróide recém-descoberto foi batizado de Céticus em homenagem ao Comitê para a Pesquisa Científica de Alegações de Paranormalidade (que publica a revista *The Skepical Inquirer*) e um segundo, em homenagem ao seu fundador, Paul Kurtz.

Mas apenas um ano depois dessa cerimônia, quando o cometa Halley-Bopp apareceu no céu noturno em 1997, 39 membros de uma missão religiosa chamada Heaven's Gate limparam sua casa comunal em Rancho Santa Fé, na Califórnia, colocaram idênticos tênis pretos e mochilas com distintivos de caudas de cometa e adesivos "AWAY TEAM", puseram crachás, prepararam doses de suco de maça, vodka e fenobarbital, colocaram sacos plásticos na cabeça e esperaram a morte pacientemente em suas camas. Em vídeos gravados antes do suicídio eles registraram sua crença em que o cometa era o sinal que eles estavam esperando havia tanto tempo e que eles estavam prontos a abandonar suas "cascas" e deixar o planeta em uma nave espacial enviada por seres de um "nível acima dos humanos". Não adiantava dizer a eles que era apenas uma coincidência.

Comentando a tragédia, o professor de religião da Universidade do Sul da Califórnia Robert S. Ellwood disse: "Essas pessoas vêm de um tipo de cultura dos anos 90, com todos os seus equipamentos e visões de mundo, mas elas seguiram à risca o tradicional roteiro apocalíptico: que mudanças radicais são iminentes e previstas por sinais nos céus."

Em uma sociedade que se orgulha de se basear em noções científicas racionais, 17% dos americanos alegam ter visto um fantasma, 10% dizem que se comunicaram com o diabo e quatro milhões alegam ter sido abduzidos por alienígenas. As provas de que a paranormalidade está não apenas viva e bem, mas fazendo grandes negócios, pode ser facilmente encontrada nas colunas de astrologia de todas as revistas, nos anúncios de consultas paranormais dos jornais, na popularidade do criacionismo (que sustenta que a Terra foi criada em sete dias), na contratação por grandes empresas de consultores de rabdomancia e *feng shui*... Os americanos céticos ficaram chocados em 1986 quando um júri da Filadélfia concedeu uma indenização por danos de mais de 900 mil dólares a uma mulher que alegou que seus poderes paranormais tinham sido danificados durante um exame de tomografia computadorizada na faculdade de Medicina de uma universidade. Sua queixa foi apoiada pelo depoimento "especializado" de um médico.

Nossa obstinada atração por explicações paranormais é explicada pela dra. Susan Blackmore, do departamento de psicologia das Universidades de Bath e Bristol, como uma tendência natural a tentar compreender o mundo estabelecendo ligações entre coisas como sonhos e acontecimentos, ou constelações de estrelas e nossas vidas amorosas. Coincidências são ligações *readymade*: tudo o que nos resta é classificá-las como proféticas.

Os psicólogos chamam a tentativa de ligar acontecimentos aleatórios a nossos próprios processos de pensamento de "ilusão de controle". A dra. Blackmore dá um exemplo simples que todos já experimentamos – querer que o sinal de trânsito mude quando nos aproximamos dele. Se as luzes mudam, nós nos sentimos bem, mas as pessoas freqüentemente relatam tais acontecimentos coincidentes como sendo prova de psicocinese, ou da mente acima da matéria. Em outras palavras, objetos físicos de alguma forma se reorganizaram de acordo com o pensamento na mente de alguém. Pesquisas revelaram que as pessoas que relatam ter tais poderes normalmente ignoram as oportunidades em que as luzes não mudam, se é que elas prestam atenção nelas.

"Gostamos de pensar que podemos controlar o mundo ao redor de nós observando coincidências entre nossos atos e as coisas que acontecem", diz a dra. Blackmore. "A crença em acontecimentos paranormais pode ser uma ilusão de causalidade."

Os paranormais reagem a essas críticas afirmando que a intuição humana é uma força maior do que a ciência imagina, mas ao mesmo tempo sutil e idiossincrática demais para ser submetida aos testes empíricos desejados pela ciência. "Nós somos mais poderosos do que sabemos", diz Craig Hamilton Parker, que se descreve como paranormal. "Eu meu trabalho como médium eu descobri que o estado espiritual das pessoas influencia o mundo ao redor delas. Nós podemos mudar os acontecimentos com o poder do pensamento. A mente pode influenciar a matéria. Com treinamento nós podemos tornar melhor o nosso próprio mundo e o mundo como um todo."

Ele diz que não existe algo como o acaso, apenas o desejo humano. "As coincidências não são isso, apenas a nossa consciência de que o mundo externo é na verdade um mundo interno. As coincidências sincronizam os mundos interno e externo."

Isso está certo? A ciência certamente tem uma resposta para essa pergunta.

CAPÍTULO 4

Este é um universo multidimensional pequeno – Coincidência e ciência

O autor científico Arthur Koestler chamava as coincidências de "trocadilhos do destino". O ganhador do Prêmio Nobel de física Wolfgang Pauli pensava que elas eram "os traços visíveis de um princípio não traçável". Os dois homens acreditavam que uma força misteriosa e aparentemente mágica estava em ação no Universo, impondo ordem ao caos da vida humana. Essa idéia poderosamente evocativa entra em choque direto com o ceticismo da ciência clássica. Se há alguma verdade na idéia, que surgiu de forma violenta no debate filosófico/científico dos anos 1950 ("o equivalente paranormal de uma explosão nuclear", disse um resenhista do tratado de Pauli e Carl Jung, *Sincronicidade*), então todos os tipos de fenômenos anteriormente amaldiçoados como mera coincidência, telepatia e pré-cognição voltam a se apresentar para uma séria reavaliação. Para muitas mentes racionais a idéia de coincidência significativa ainda está lá fora com os rabdomantes e os *cowboys* ectoplásmicos e não é objeto de pesquisa séria; ainda assim, a idéia de que pode haver uma ligação entre psique e matéria atraiu algumas mentes bastante poderosas.

Não são poucos os relatos anedóticos de pessoas com habilidades telepáticas especialmente poderosas. O antropólogo Laurens van der Post alegou que os bosquímanos do Kalahari sabiam quando um companheiro caçador tinha abatido uma presa a 80 quilômetros de distância. Ele disse que aqueles caçadores consideravam certo que suas famílias, que esperavam por eles na aldeia, saberiam se e quando eles estavam retornando com um cervo.

Como nós avaliamos uma história como esta? Ela não foi rigorosamente testada, claro, mas é verdade? Podia ser uma ilusão por parte dos bosquímanos, ou uma idéia falsa por parte do repórter. Rupert Sheldrake, que utiliza a história dos bosquímanos para ilustrar suas teorias sobre telepatia, acha que ela é confiável. "Essas são ferramentas de sobrevivência", diz ele, "e elas provavelmente eram comuns a todos os humanos nas sociedades primitivas". Sendo um cientista com um Ph.D. em bioquímica pela Universidade de Cambridge, Sheldrake é atípico nessas opiniões. Ele faz questão de estudar temas como telepatia, que outros cientistas descartam como sendo coincidência, dizendo que os considera mais desafiadores. "Embora [as habilidades intuitivas] tenham deixado de ser importantes para as pessoas nas sociedades modernas, elas permanecem em nós como vestígios." Ele diz que o povo menos intuitivo, ironicamente, é o acadêmico branco macho. "Mães e crianças são intuitivas, e homens de negócios, que trabalham com fatores parcialmente desconhecidos e incertos – essa é uma parcela fundamental do capitalismo".

Suas experiências para testar a possibilidade de telepatia humana são controversas na comunidade científica. Sheldrake se esforçou para avaliar se nós algumas vezes sabemos quem está ligando quando o telefone toca, e em seu livro *A sensação de estar sendo observado* ele investiga a possibilidade de as pessoas serem capazes de sentir quanto alguém está olhando para elas pelas costas. Ele sugere que incidentes de intuição como este podem ter uma influência causal invisível. "De alguma forma, nossas intenções, e nossa atenção, expandem-se para tocar aquilo para o que estamos olhando."

Palavras como "telepatia" são tabu na ciência clássica, mas Sheldrake destaca que influências invisíveis similares – ondas de rádio, por exemplo – são bem conhecidas dela. Com a exceção da luz, a pessoa comum tem apenas uma noção mínima da maioria dos elementos do espectro eletromagnético, mas os cientistas rotineiramente detectam raios X, raios gama e microondas e os analisam em busca da informação que transmitem sobre acontecimentos astrais no espaço distante.

Em um nível mais mundano, Sheldrake tem estudado aparentes poderes pré-cognitivos em animais. Como os animais parecem saber quando o seu dono está prestes a chegar em casa? Ele alega que suas experiências mostram que pode haver um elemento telepático nisso. Na China, diz Sheldrake, é plenamente aceito que os animais se comportam de modo nervoso antes de terremotos. Sismólogos chineses pediram ao público que relatasse comportamento atípico de ratos, peixes, pássaros, cães e cavalos. Como conseqüência disso, diz Sheldrake, eles são os únicos sismólogos do mundo que previram terremotos acuradamente (embora eles tenham falhado em prever o terremoto de 1976 em Tangshan, no nordeste da China, que matou quase 250 mil pessoas). "Ninguém sabe como os animais fazem isso", diz Sheldrake, "se são tremores, gases ou alguma coisa mais misteriosa como pré-cognição. Não é só coincidência."

Sheldrake acha que algumas coincidências podem ser explicadas por sua teoria de ressonância mórfica, que postula ligações telepáticas entre organismos e campos de memória coletiva entre espécies. As idéias simplesmente "estão no ar", e se você estiver sintonizado na estação certa irá captá-las.

Para exemplificar como isso funciona entre espécies animais Sheldrake cita o exemplo de um grupo de ratos de laboratório em Londres que foi ensinado a melhorar sua habilidade de sair de um labirinto. Quase que imediatamente foi relatado que ratos não ensinados em um labirinto similar em um laboratório de Paris adquiriram a mesma capacidade de navegação. Outro exemplo é o de um macaco de uma ilha do Pacífico Sul que descobriu que as batatas tinham melhor sabor se fossem lavadas na água do mar antes de comidas. Foi relatado que pouco depois desse comportamento ter sido identificado macacos de todo o arquipélago também começaram a lavar suas batatas.

"Descartes acreditava que o único tipo de mente era a mente consciente", diz Sheldrake. "Então Freud reinventou o inconsciente. Depois Jung disse que não há apenas um inconsciente pessoal, mas um inconsciente coletivo. A ressonância mórfica nos mostra que nossas próprias almas estão ligadas às de outros e unidas ao mundo ao nosso redor."

Sheldrake tem sido criticado por cientistas das correntes hegemônicas por suas obsessões de cunho Nova Era. Robert Todd Caroll, professor de filosofia que edita o site da internet Skeptic's Dictionary, chama Sheldrake mais de metafísico que de cientista, lança dúvidas sobre o rigor de suas experiências e o acusa de desvio de confirmação (a tendência a relatar apenas as descobertas que coincidem com a teoria prévia do cientista). A história do macaco do Pacífico Sul, diz Carroll, é anedótica e não-confiável.

Porém, Sheldrake não caminha sozinho por seu plano astral. Nem ele vai aonde cientista nenhum jamais esteve. De fato, o caminho já foi bem demarcado por dissidentes como o biólogo australiano Paul Kammerer e pelo psicólogo Carl Jung, que suspeitaram de que poderia haver mais em acontecimentos aparentemente coincidentes do que o olho via e estavam prontos a colocar suas reputações em jogo publicando suas teorias.

No início dos anos 1900, Paul Kammerer manteve diários em que registrava fielmente todas as coincidências que experimentava, das mais incríveis às mais mundanas. Kammerer estava interessado no fato de que as coincidências costumam se reunir em grupos. Em 1919 ele apresentou *The Law of Seriality*, em que conjecturava que esses agrupamentos eram provas de que havia em ação alguma força mais profunda que nós não vemos. Agrupamentos de coincidências eram como ondas na superfície de um lago, a única prova observável de um princípio geral de ligação da natureza, uma grande força do Universo semelhante à gravidade. Mas enquanto a gravidade opera apenas sobre objetos com massa, a serialidade afeta tanto objetos quanto consciência, unindo as coisas por afinidade. Kammerer achava que os cumes que chamamos de coincidências são vislumbres de um universo hiperconectado de cujo funcionamento em rede só estamos vagamente conscientes e de modo algum perto de compreender. "A serialidade é onipresente na vida, na natureza e no cosmo", disse ele. "É o cordão umbilical que une pensamento, sentimento, ciência e arte ao útero do Universo que deu luz a eles."

Ele concluiu: "Assim, chegamos à imagem de um mosaico mundial ou caleidoscópio cósmico que, em vez de constantes mudanças e rearranjos, preocupa-se em aproximar os semelhantes."

Kammerer viveu em uma época em que as leis clássicas da física estavam começando a vergar sob a força de novas descobertas e idéias impressionantes. O universo mecânico estava funcionando de forma confiável desde o século XVII, quando René Descartes, Thomas Hobbes, Isaac Newton e outros tinham cravado suas bases racionais no pensamento humano. No século XIX, a matéria era tida como a realidade fundamental e final. Os cientistas viam o Universo como uma grande máquina comandada por leis imutáveis, cada parte dela interagindo com todas as outras partes de uma forma lógica e previsível. O tempo passava de modo confiável do passado ao presente – você podia acertar seu relógio por ele. O efeito se seguia à causa em uma seqüência rígida reafirmadora. Você podia estabelecer a causa de algo examinando o efeito, e as leis que afetavam uma parte da máquina se aplicavam a todas as partes da máquina. Era uma abordagem reducionista: você podia analisar qualquer coisa desmontando e examinando suas partes. O obstáculo do mecanismo era a consciência humana, que teimosamente se recusava a ser desmontada. Onde sensibilidade, autoconsciência e livre-arbítrio se encaixavam em um universo puramente material? Como a mente funciona e o que é pensar são dois dos mistérios mais profundos. A tentativa da ciência clássica de explicar a mente humana como uma espécie de computador elegante, além de ser intrinsecamente pouco atraente, não convencia.

O século XX trouxe com ele novas formas de olhar para fora, para o espaço, e para dentro, para o átomo. As duas direções forneceram revelações perturbadoras que confundiram realidades clássicas. Nós aprendemos que energia e matéria são duas diferentes expressões da mesma coisa ("um conceito de certo modo pouco familiar para a mente comum", disse Einstein de modo no mínimo brando), que a lei era curvada pela gravidade e que o tempo, que anteriormente não esperava por homem algum, estava preparado para fazer uma exceção se ele estivesse viajando à velocidade da luz. A própria luz se mostrou caprichosa, algumas vezes se comportando como uma onda e em outras como uma corrente de partículas, dependendo de como era observada. Lá fora, no espaço profundo, buracos negros inconcebivelmente densos revolviam e se agitavam, sorvendo estrelas e luz, distorcendo o espaço e o tempo ao redor de suas circunferências e emitindo o rugido mais profundo do Universo.

Dentro do átomo, que anteriormente era concebido como uma bola indivisível (daí o nome, do grego *atomos*, significando não-segmentável), foi descoberto um universo em miniatura em que aconteciam coisas que contradiziam as leis clássicas referentes ao grande mundo. Ali a gravidade não tinha autoridade, porque os átomos se mantinham unidos por suas próprias forças especiais muito mais poderosas, a causa e o efeito não pareciam se aplicar e os exatos estados das partículas nunca podiam ser previstos. Era impossível prever o comportamento de um fóton de luz se encontrando com as lentes de óculos de sol. Nós sabemos a probabilidade dos fótons deslizarem pela superfície e também a probabilidade deles atravessarem diretamente, mas é impossível prever o que cada fóton isolado irá fazer, ou saber por que ele adotou aquele comportamento. A ciência, com sua dependência de fatos absolutos mensuráveis, descobriu-se boiando em um universo probabilista que confundia as antigas certezas.

Os elétrons, aquelas pequenas partículas que existem em órbita ao redor do núcleo do átomo, apresentavam a mesma dualidade onda/partícula da luz, sugerindo que em um sentido microscópico toda a matéria tem forma de onda. Os elétrons eram muito misteriosos; Einstein os chamou de "mal-assombrados". Eles pareciam ser capazes de existir em vinte lugares ao mesmo tempo (superposição quântica), podiam subitamente modificar o seu comportamento sem nenhuma razão causal e se um par de partículas unidas fosse separado elas refletiam exatamente uma à outra logo depois (ligação quântica), estivessem elas a meio metro ou a um bilhão de quilômetros de distância. Uma experiência que modificasse o estado de uma seria instantaneamente refletida por uma mudança correspondente no estado da outra, com a informação tendo sido transmitida entre elas instantaneamente a qualquer distância. Cada partícula parecia "saber" o que a outra estava fazendo. O fenômeno é muito difícil de explicar, já que ele viola a lei de Einstein de que nada pode viajar mais rápido que a velocidade da luz. Os cientistas utilizaram a palavra "telepatia" para descrevê-lo, chegando mesmo a especular que a separação das partículas poderia ser uma ilusão.

O mais alarmante para os cientistas tradicionais era como o estudo das partes interiores do átomo estava se tornando pessoal. Assim que uma subpartícula atômica como um elétron era medida (isto é, observada), ela mudava o seu comportamento. Se você tentava medir uma partícula, descobria algo que se parecia com uma partícula, embora se comportasse como uma onda. As coisas mudavam quando você olhava para elas, de modo que você nunca podia saber como elas se pareciam antes de olhar. Era necessária uma interpretação. Os cientistas foram obrigados a ser subjetivos – aquele adjetivo íntimo que também define a essência da consciência e da coincidência. A física quântica parecia estar nos ensinando que no nível microscópico poderia não haver realidade objetiva; que aquilo que nós observamos é sempre afetado pela presença do observador. Wolfgang Pauli, o físico ganhador do Prêmio Nobel que pela primeira vez postulou a existência do neutrino em 1931 (e que também estava interessado na coincidência, como logo veremos), disse: "No nível atômico o mundo objetivo deixa de existir."

Com a ciência se tornando cada vez mais estranha todo o tempo, as alegações de percepção extra-sensorial e de psicocinese, coletivamente conhecidas como psi, estão começando a se soar bastante inofensivas. É quase como se a ciência tivesse decidido chamar a psi para o seu próprio jogo de incredulidade fantástica e estivesse sendo derrotada.

Veja o mundo ao estilo Narnia do átomo; é um lugar tão pequeno que você sequer pode vê-lo, um mundo que de nossa longa distância parece absurdamente condensado e claustrofóbico, porém, quanto mais perto você chega de sua realidade paradoxal e desafiadora do senso comum, mais amplos se revelam os seus amplos espaços abertos. O átomo tem aproximadamente dez milésimos de milímetro de diâmetro, mas 99,99% de seu volume é espaço vazio. Se desenharmos um átomo em escala, com seu núcleo tendo um centímetro de diâmetro, então seus elétrons terão um diâmetro inferior ao de um fio de cabelo, e todo o diâmetro do átomo será maior do que 30 campos de futebol colocados um após o outro. No meio – nada. Os cientistas acreditam que em um corpo humano a relação entre a chamada massa e o espaço é de 200 bilhões para um. Einstein calculou que se os espaços entre todos os átomos em todos os seres humanos da Terra fossem eliminados, deixando apenas matéria concentrada, sobraria alguma coisa aproximadamente do tamanho de uma bola de *baseball* (embora muito mais pesada).

Se um neutrino, uma das pequenas partículas pequenas, sem carga e virtualmente sem massa de Pauli que são criadas por explosões nucleares em estrelas distantes e se espalham pelo espaço aos bilhões, fosse capaz de ver enquanto dispara em direção à Terra, à velocidade da luz, iria registrar nosso planeta apenas como uma mancha mal diferenciada, através do qual ele iria passar como uma bala, não interferindo de modo algum com ele.

Assim, se este leito sobre o qual nos acreditamos estar é pouco mais do que uma ilusão, o que sobra? Sobra energia – muita energia. Isso é algo que sabemos estar concentrado em abundância dentro de todo átomo. O físico Max Planck disse: "A energia é a origem de toda a matéria. Realidade, existência verdadeira, isso não é matéria, que é visível e perecível, mas a invisível e imortal energia – isso é verdade."

Nós somos feitos de átomos, que são feitos de pequenos pacotes de força eletromagnética, todos eles se relacionando e comunicando uns com os outros de formas altamente complexas. Essas partículas elementares carregadas podem se transformar umas nas outras e carregar toda a informação necessária para explicar toda a existência. Nossos corpos são feitos do mesmo material que o Monte Everest e o Oceano Pacífico. Se você olhar para nós em uma escala atômica, então nós e o Universo formamos uma única rede integrada; tudo é energia e informação sendo trocada nos dois sentidos. Como definiu o astrônomo James Jeans: "O Universo se parece cada vez menos com uma grande máquina e cada vez mais como um grande pensamento."

A questão é: pensamento de quem? Alienígenas? Uri Geller? Albert Einstein disse: "Após anos de pensamento, estudo e contemplação, eu cheguei à conclusão de que só há uma coisa no Universo, e é a energia – além disso há uma Inteligência Suprema." É preciso destacar que a inteligência suprema de Einstein, que em outras oportunidades ele não teve vergonha de chamar de "Deus", não era de modo algum uma divindade anjo-e-trombeta, mas algo mais adequado a uma lei física perfeitamente elaborada. Contudo, de acordo com o *Wall Street Journal*, a ciência moderna é suficientemente tolerante com idéias transcendentais, de modo que 40% dos físicos, biólogos e matemáticos americanos declaram sem embaraço a sua crença em Deus.

A espiritualidade é um importante deflagrador em experiências de coincidência, pois esse é exatamente o tipo de resposta subjetiva que dá vida significativa a acontecimentos convergentes. O filósofo alemão Arthur Schopenhauer via as coincidências como um reflexo da "maravilhosa harmonia preestabelecida" do Universo. Escrevendo em 1850, ele exprimiu a idéia de que nós não somos motivados apenas por causalidade física. Ele disse que as coincidências constituíam uma "ligação subjetiva" com o ambiente. Elas eram importantes porque eram feitas sob medida para os indivíduos, e relevantes apenas para aqueles que as experimentavam.

Assim, não há nada de novo na idéia de que todas as coisas no Universo têm algum tipo de correspondência e simpatia umas com as outras. De fato, Hipócrates chegou lá antes de Schopenhauer, no século V a.C. Ele acreditava que afinidades ocultas mantinham o Universo unido. "Há um fluxo comum", disse ele, "uma respiração comum, todas as coisas estão em simpatia. Todo o organismo e cada uma de suas partes estão trabalhando em conjunção com o mesmo propósito (...) do grande princípio se estende à parte mais extrema, e da parte mais extrema ele retorna ao grande princípio, à natureza una, ser e não-ser". Ou, como definiu o astrônomo Carl Sagan: "Para poder começar a fazer uma torta de maçã, primeiramente você precisa inventar o Universo."

O psicólogo suíço Carl Jung foi influenciado por Schopenhauer e Kammerer, mas também por religiões e filosofias orientais, que têm idéias semelhantes acerca da inter-relação das coisas, e que vêem o mundo imaterial como maia, uma ilusão. A verdadeira satisfação na vida só pode vir de abandonar a prisão do ego e se render incondicionalmente ao grande fluxo. Durante muitos anos Jung ficou intrigado com as coincidências relatadas a ele por seus pacientes, embora a palavra "coincidência" parecesse cada vez mais inadequada, já que muitas delas estavam "conectadas de modo tão significativo que a recorrência 'casual' representaria um grau de improbabilidade que precisaria ser expresso por um número astronômico". Como Kammerer e Schopenhauer, ele também as via como um reflexo da conexão universal: "O princípio universal é encontrado mesmo na menor partícula, que, portanto, corresponde ao todo."

Jung estava insatisfeito com o que ele chamava de "universo mecânico sem deus e sem sentido da ciência moderna", embora uma série de jantares com Albert Einstein nos quais o grande cientista revelou as últimas visões dos reinos maravilhosos e misteriosos da relatividade e da mecânica quântica o tenham inspirado a conceber um quadro filosófico que pudesse explicar a significância das coincidências e a força que as gerou. Para Jung a mecânica quântica era prova de que em um nível básico o Universo não se comportava de modo algum como uma máquina. Jung não queria destronar a ciência básica; apenas mostrar que poderia haver mais do que ela. Ele também acreditava que a ciência e a espiritualidade podiam andar de mãos dadas, uma crença partilhada por Einstein.

Um dos mais úteis legados de Jung é a palavra "sincronicidade", que vai além do significado estrito de coincidência para incluir nossa experiência humana subjetiva de acontecimentos aleatórios. A sincronicidade se refere a coincidências que são significativas para quem as percebe, em que está envolvido algo mais que a probabilidade do acaso. Essa significância só pode ser avaliada subjetivamente e, portanto, está aberta a interpretação – um embaraço análogo ao do moderno físico subatômico refletindo sobre se uma partícula é uma partícula ou na verdade uma onda, e o que ele poderia ter feito para transformá-la de uma em outra.

Em 1952 Jung se juntou a outro visionário brilhante, o físico Wolfgang Pauli, para publicar *Sincronicidade*. Jung definiu sincronicidade como: "A coincidência no tempo de dois ou mais acontecimentos sem relação de causa que têm o mesmo significado." A própria relação Jung/Pauli era como uma correlação sincronística: dois espíritos não relacionados de disciplinas ostensivamente incompatíveis, um deles um filósofo/psicólogo, o outro um físico quântico, encontrando juntos uma forma mais profunda do que a permitida pelas duas disciplinas, uma nova realidade que eles chamaram de *unus mundus* (mundo unificado), em que mente e matéria estavam unidas. Os dois homens experimentavam sonhos vívidos.

Jung foi um dos primeiros pensadores modernos a levar a sério sonhos e símbolos. Ele introduziu a idéia de inconsciente coletivo – a idéia destilada da espécie humana desde o seu início primitivo até o presente –, ao qual ele acreditava que todos tínhamos acesso intuitivo e que tinha importante efeito transformador sobre nós em momentos de dramática importância em nossas vidas. Ele se comunicava conosco por intermédio de sonhos, visões e coincidências significativas, que podem variar desde uma correlação verdadeiramente inesperada até um lance de I Ching. Jung era uma coisa rara na era moderna – um filósofo que aceitava e até mesmo explicava a paranormalidade.

O inconsciente coletivo é um substrato psicológico embutido na estrutura cerebral herdada, consistindo de metáforas culturais comuns a toda a humanidade, expressas em histórias, mitos, símbolos e idéias. Jung as chamava de arquétipos. Elas não são coisas que possamos entender conscientemente: elas são mais manifestações de energia psíquica. Nós não necessariamente pensamos sobre arquétipos, mas eles são temas altamente evocativos subliminarmente escondidos em nossas mentes. Por exemplo: a água é uma metáfora para a vida; combater um dragão é uma luta entre o bem e o mal. Entre muitos arquétipos, outros exemplos são a mãe, o herói, a virgem, o zombeteiro e o hermafrodita. Jung acreditava que todos temos acesso a essa fonte comum de idéias ressonantes, da mesma forma que partículas subatômicas partilham seus feixes de energia e informação – pense nisso como uma espécie de computador cósmico.

Nosso acesso a esses arquétipos comuns não tem nada a ver com controle consciente. Algumas vezes, podemos até mesmo temê-los. Dada a importância monumental que a sociedade moderna atribui ao autocontrole racional, disse Jung, temos uma tendência a reprimi-los e negar sua existência. Apesar disso, em certas circunstâncias eles irão se manifestar sincronisticamente na matéria e na mente simultaneamente. Quando isso acontece, transmite a nós uma sensação numinosa, ou profundo significado espiritual, freqüentemente esmagadora, de estar participando de um dos "atos de criação no tempo" de Jung, uma sensação de plena autoridade cósmica.

O mais famoso exemplo dessa sincronicidade arquetípica é o escaravelho que surgiu na janela do escritório de Jung durante uma consulta. Esta certamente foi a sessão menos privada já realizada, já que foi muitas vezes narrada. Ainda assim, serve para esclarecer uma idéia complicada.

A paciente era uma mulher que até aquele momento se recusava a acreditar que alguma coisa pudesse ajudar no seu quadro, que era complexo e refratário. Jung era o terceiro médico com o qual ela se consultava, e até aquele ponto não tinha havido nenhum progresso. "Evidentemente era necessária alguma coisa bastante irracional, que estava além de minha capacidade produzir", disse ele.

A mulher estava contando a Jung um sonho em que ela tinha recebido um escaravelho dourado, quando um barulho na janela distraiu os dois. Jung abriu a janela, e por ela entrou um escarabeídeo, a versão local do inseto no sonho da paciente. No Antigo Egito o escaravelho era um símbolo de renascimento. "Contrariamente aos seus hábitos normais", disse Jung, "ele evidentemente sentiu uma necessidade de entrar em uma sala escura naquele momento específico".

Este acontecimento simbólico chocou a paciente e a levou a perceber que poderia controlar o seu quadro. "Ela então entendeu como podem existir todos os tipos de ligações e como elas podem explicar muitas coisas. Ela se recuperou rapidamente."

De início Jung pensava que os arquétipos eram exclusivos da mente humana. Mais tarde ele sugeriu que eles moldavam tanto a matéria quanto a mente. Em outras palavras, arquétipos eram forças elementares que desempenhavam um papel fundamental na criação tanto do mundo quanto da mente humana. As sincronicidades eram acontecimentos nos quais os mundos interno e externo, o subjetivo e o objetivo, o psíquico e o físico, se uniam brevemente.

Jung escreveu: "Nós nos iludimos com a idéia de que sabemos muito mais sobre a matéria do que sobre uma mente ou um espírito 'metafísicos', e dessa forma nós superestimamos a causa material e acreditamos que ela sozinha nos dá uma verdadeira explicação para a vida. Mas a matéria é tão inescrutável quando a mente."

Você não precisa acreditar nisso, claro, e muitos não acreditam. Jung era um psicólogo, e os psicólogos têm uma longa tradição de serem criticados por aqueles nas regiões mais áridas da ciência por suas teorias metafísicas e por sua predileção por histórias improváveis. Noções esquisitas como a de que padrões afetam a matéria estão além dos limites da ciência clássica.

Mas hoje a ciência clássica está vendo as suas próprias suposições e seus próprios métodos serem atacados. Veja Dean Radin, diretor do Laboratório de Pesquisa da Consciência da Universidade de Nevada em seu livro *The Conscious Universe: The Scientific Truth of Psychic Phenomena*: "Quando a ciência moderna surgiu, há cerca de trezentos anos, uma das conseqüências da separação de mente e matéria foi que a ciência lentamente se perdeu."

Radin tem musculatura para sustentar sua petulância. Ele é membro de uma nova e crescente linhagem de pesquisadores que tentam provar a validade dos fenômenos psíquicos, sem nenhum dos amadorismos antes associados aos entusiastas da paranormalidade. Radin se sente muito à vontade com os padrões rigorosos exigidos pelos céticos. Suas experiências, quando aplicáveis, incorporam grupos de controle, controles cegos e testes aleatórios; em outras palavras, elas respeitam os padrões científicos estabelecidos para reduzir erro, auto-ilusão e tendenciosidade. E ele garante pleno acesso a seus métodos e resultados de modo a que eles possam ser verificados e reproduzidos por seus colegas, um método comprovado de eliminar a ciência ruim. De fato, a CSICOP, editora de *The Skeptical Inquirer*, está oferecendo aos céticos um curso de revisão especial chamado "A caixa de ferramentas do cético", para fazer frente à nova ameaça.

Radin recentemente fez pesquisas com o professor Dick Bierman, da Universidade de Amsterdã, sobre pressentimento, que é definido como o aparente efeito psicológico de uma futura causa emocional. Os resultados parecem promover uma reviravolta na ordem normal de causa e efeito.

Na experiência, as pessoas submetidas ao estudo viam em uma tela uma série de imagens aleatoriamente escolhidas, algumas bastante neutras e outras violentas ou sensuais. A resposta emocional do sujeito às imagens era medida por intermédio de um equipamento de indução cutânea. Os pesquisados reagiram mais fortemente a imagens emocionais do que a imagens neutras, mas no caso dos estímulos emocionais a reação começava uma fração de segundo antes que a imagem aparecesse na tela. A experiência sugere que as pessoas de alguma forma conseguem "ver" imagens emocionalmente carregadas antes que elas apareçam.

Quando o professor Bierman repetiu a experiência com os sujeitos utilizando imagens do cérebro, as reações emocionais começaram quatro segundos antes dos estímulos.

Enquanto isso, nos limites extremos da ciência louca de Narnia as coisas estão se tornando cada vez mais estranhas. Aqueles físicos de olhos arregalados e cabelo desgrenhado com versões da existência não passíveis de teste e fruto de fórmulas matemáticas despropositadas que só cientistas de olhos arregalados e cabelo desgrenhado podem compreender já não soam como os pragmáticos cabeças-duras da ciência mecanicista. Eles soam como a Pítia do oráculo de Delfos, lançando charadas oraculares sobre as quais a plebe perplexa precisa refletir.

O físico David Bohm, da Universidade de Londres, sugeriu que o Universo é um enorme holograma em que, assim como um fragmento de um holograma contém toda a imagem do holograma, cada parte contém toda a ordem. Essa "ordem esclarecida" era uma projeção de níveis dimensionais de realidade superiores. Como Jung, Bohm acreditava que a vida e a consciência estavam embutidas em cada nível da matéria. Ele disse que a separação de matéria e espírito era uma abstração. O paradigma holográfico de Bohm, uma idéia hoje popular entre muitos cientistas, sugeria um universo de infinita interconectividade.

E há a teoria das supercordas, uma idéia criativa que reconcilia incongruências entre a relatividade e a teoria quântica à custa de acrescentar seis dimensões às quatro atuais, algumas delas microscópicas e enroladas sobre si mesmas. É um universo em que as noções de espaço e tempo desaparecem e a energia é representada como pequenas cordas de fios espectrais, que estalam vibram em simulações de computador mas não podem ser vistas na realidade.

Dez dimensões são o bastante? Alguns cientistas sugeriram que podem ser 16 ou 17. O filósofo da ciência David Lewis acha que pode haver um número infinito delas. Outros dizem que há apenas uma, e que esta é suficientemente infinita para todos nós – e nossas teorias. Medições da radiação cósmica de fundo (o eco do Big Bang) indicam que ela é tão grande que todas as possíveis combinações de matéria devem existir nela. De fato, este universo contém, em uma galáxia em algum lugar a $10^{10^{28}}$ anos-luz daqui, uma réplica exata de nosso próprio planeta e de tudo nele. Esta certamente é a maior de todas as coincidências.

Pode haver lógica nestas teorias, mas há razão? E se essa razão se aplica ao mundo microscópico das partículas e ao mundo macroscópico das galáxias, como ela se aplica a nós que estamos no mundo médio de cortadores de grama e poltronas? Neste mundo médio nós temos de manter os pés no chão.

Nosso conselho é manter a cabeça e não aceitar qualquer carona de alienígenas. Mas continue procurando coincidências, porque é saudável – ou pelo menos é o que diz o professor Chris

French, chefe da Unidade de Pesquisa de Psicologia Anomalística do Goldsmiths College, de Londres. "Nós somos bem-sucedidos como espécie exatamente porque somos bons em estabelecer ligações entre acontecimentos", diz ele. "O preço que pagamos é uma tendência a algumas vezes identificar ligações e padrões que na verdade não existem."

Então, recomenda-se cautela, e cuidado com aquela outra fraqueza humana definida pelos psicólogos: apofenia, a percepção espontânea de ligação e sentido em fenômenos não relacionados. Pessoas com perturbações mentais parecem particularmente suscetíveis a isso. De fato, há atualmente um grande debate sobre se essas experiências são um sintoma de doença mental, ou uma causa.

Em seu livro *The Challenge of Chance*, o escritor Arthur Koestler disse que no mínimo as coincidências "servem como indicadores apontando para um mistério maior – o surgimento espontâneo de ordem a partir do acaso, e o desafio filosófico embutido nesse conceito. E se isso parece racional demais ou oculto demais, colecionar coincidências ainda continua a ser uma agradável brincadeira de salão".

CAPÍTULO 5

Coincidência no banco dos réus

Em março de 1951, nasceram dois garotos chamados Dênis; um na Califórnia e outro em Dundee. Ambos eram levados, ambos gostavam de camisas listradas. Ambos foram chamados de Dênis, o pimentinha por seus criadores. Cinqüenta anos depois, o Dênis americano, de Hank Ketcham, ainda é uma popular tira de jornal, e o Dênis escocês ainda aparece todos os domingos em *The Beano*, da D.C. Thompson. Os criadores identificaram as semelhanças como coincidência e concordaram em não invadir os mercados um do outro.

Nem todas as semelhanças entre produtos são solucionadas de forma tão doce. Nem todas as semelhanças entre produtos são coincidências...

No início da década de 1990 Martin Plimmer teve uma grande idéia para um novo tipo de revista. Era reproduzir o que de melhor tinha aparecido em outros jornais e revistas. Teria resumos de tudo o que estava acontecendo nos meios de comunicação: notícias, esportes etc. Ele procurou um editor e apresentou sua idéia. Ele pareceu interessado, mas nunca voltou a falar com Martin. Dois anos depois havia no mercado duas ou três revistas como aquela. Sua idéia tinha sido roubada? Ou ele simplesmente tinha sintonizado no *Zeitgeist*? Sua propriedade intelectual tinha sido roubada ou ele simplesmente tinha sido vítima da coincidência?

E o que você faria se estivesse do outro lado? Alguém o acusa de roubar sua brilhante idéia original de um personagem de quadrinhos, ou revista, ou marcha fúnebre cativante. Como você prova que é por direito o proprietário de uma onda cerebral, que qualquer semelhança entre sua idéia e a de mais alguém é pura coincidência? Este é um campo minado legal que já arrancou as pernas de muitos litigantes.

O músico Mike Batt precisou pagar uma pequena fortuna para encerrar uma disputa bizarra sobre quem tinha o *copyright* do silêncio.

O criador da série de TV britânica *Wombles of Winbledom Common* foi acusado de plágio pelos editores do falecido compositor norte-americano John Cage. O suposto crime de Batt tinha sido incluir uma faixa de silêncio absoluto em seu álbum de 2002, *Classical Graffiti*. Ele batizou a faixa de "A One Minute Silence" e deu os créditos a Batt/Cage.

Cage tinha composto sua própria composição silenciosa, 4'33", em 1952. Em sua primeira apresentação, pelo pianista David Tudor, em Woodstock, Nova York, muitos da platéia relataram não ter conseguido ouvir a obra. A composição de Cage tinha três movimentos de diferentes durações. A duração total era de 4 minutos e 33 segundos.

Batt tentou provar que sua faixa silenciosa era diferente daquela de Cage fazendo uma apresentação da peça por um conjunto de oito instrumentos. Ele disse: "A minha é uma peça silenciosa muito melhor. Eu fui capaz de dizer em um minuto o que Cage só conseguiu dizer em 4 minutos e 33 segundos." Os editores de Cage reagiram contratando um clarinetista para apresentar a composição silenciosa de Cage.

No final Batt perdeu a batalha legal. Ele conseguiu provar que o silêncio é de ouro – mas apenas para os editores de Cage, aos quais ele pagou uma quantia de seis dígitos em um acordo fora do tribunal. Ele posteriormente lançou "A One Minute Silence" em compacto. Ela nunca foi ouvida na parada de sucessos.

Disputas acerca da propriedade de composições silenciosas são raras. Quando a música se torna audível, da mesma forma o farfalhar dos mandados.

George Harrison alegou que a semelhança entre seu maior sucesso "My Sweet Lord" e o clássico da Motown "He's So Fine" era mera coincidência. O juiz discordou, dizendo que era "perfeitamente óbvio que as duas canções são virtualmente idênticas". O juiz aceitou que Harrison não tinha conscientemente decidido se apropriar da melodia de "He's So Fine" para seu próprio benefício, mas disse que isso não era defesa.

Harrison admitira ter ouvido a canção da Motown antes de escrever "My Sweet Lord" e, portanto, sua mente subconsciente conhecia a combinação de sons. O juiz decidiu que Harrison era culpado de "plágio subconsciente". Ele disse que aquela não era uma área em que pudessem ser feitas medições precisas, mas concluiu que três quartos do sucesso de "My Sweet Lord" se deviam à melodia plagiada e um quarto daquele sucesso se devia ao nome de Harrison e às novas palavras que ele tinha escrito. Ele concluiu que 1.599.987,00 dólares dos rendimentos de "My Sweet Lord" deveriam ser razoavelmente atribuídos à melodia de "He's So Fine".

Consciente ou inconscientemente, deliberadamente ou por coincidência, compositores parecem ter o hábito de imitar os esforços uns dos outros.

Se você estiver ao órgão de sua igreja, puxar todos os registros e tocar as primeiras notas de abertura da "Fuga em Mi bemol" de Bach ao mesmo tempo em que murmura a melodia familiar do hino "O God Our Help in Ages Past" não irá assustar a sua congregação. As notas de abertura são idênticas. Apenas coincidência?

Experimente outra. Limpe um antigo 78 rotações da canção americana "Aura Lee", composta por George R. Poulton e muito popular durante a Guerra Civil. A música apresenta uma incomum semelhança com a ligeiramente mais recente "Love Me Tender", atribuída a Elvis Presley e Vera Matson. Todos os autores envolvidos estavam lidando com a mesma consciência criativa universal? Foi apenas coincidência?

Perguntas difíceis semelhantes foram feitas em relação à carreira muito bem-sucedida do autor de musicais Sir Andrew Lloyd Webber. A dupla de humoristas Kit and the Widow entrou em campo com sua devastadora paródia da obra multimilionária intitulada "Somebody Else". A canção percorre algumas das mais conhecidas músicas de Lloyd Weber, destacando algumas semelhanças impressionantes – como as existentes entre:

- "Memories", de *Cats* e o *Bolero* de Ravel
- "Jesus Cristo Superstar" e uma peça de Bach
- "I Don't Know How to Love Him", de *Jesus Cristo Superstar* e uma peça para violino de Mendelssohn
- "Oh What a Circus", de *Evita* e o "Prelúdio em dó", de Bach

Essas são apenas algumas das coincidências entre as canções de Lloyd Webber e as obras de grandes compositores reveladas pela pesquisa de Kit and the Widow. Kit and the Widow acham que ele recebeu mensagens musicais dos grandes mestres durante o sono? Ou, já que há apenas sete diferentes notas brancas no piano e um punhado de notas pretas, as semelhanças são apenas resultado de uma pura descoberta feliz – o funcionamento sincronizado de grandes mentes musicais? Na verdade eles não foram convencidos por nenhuma das explicações. Eles preferem pensar que houve um pouco de empréstimo habilidoso, tornado possível pelo fato de que o direito autoral da maioria dos grandes cânones clássicos caducou há muito.

Kit and the Widow dizem que Lloyd Webber admitiu a eles que algumas das semelhanças entre suas canções e obras anteriores são "grandes demais para consolar". Mas ele também destacou irritantemente que a paródia deles tinha "deixado passar algumas das melhores".

Questões de coincidência versus plágio surgem na literatura quase com a mesma freqüência que na música. V.S. Naipaul, ganhador do Prêmio Nobel de Literatura, declarou que o romance estava morto – que todas as possíveis tramas disponíveis já tinham sido inteiramente esgotadas. Não que isso o tenha impedido de escrever ele mesmo um outro romance.

Se presumirmos que o romance, tendo sido brevemente ressuscitado para permitir a Naipaul uma última vitória, pereceu novamente, não surpreende que encontremos histórias conhecidas surgindo de tempos em tempos em obras de ficção recém-publicadas. Nem todos os autores podem alegar que todas as suas publicações são obra de um gênio verdadeiramente original. Mesmo Jeffrey Archer foi acusado de plágio. E nisso ele está na companhia de ninguém menos que William Shakespeare.

Ao longo dos tempos os escritores enfrentaram acusações de que tinham tomado algum "empréstimo" da grande biblioteca das idéias de outros escritores. Pouco depois de sua morte em 2002 o espanhol Camilo Jose Cela, Nobel de Literatura, foi acusado de ser ao mesmo tempo um trapaceiro e um plagiador. Cela foi acusado de regularmente utilizar *ghostwriters* durante a maior parte de sua carreira, incluindo a obra *A cruz de Santo André*, que deu a ele o prestigiado Prêmio Planeta, de 250 mil libras.

A alegação é a de que em *A cruz* e outros livros *ghostwriters* forneciam as tramas e os personagens, que Cela incorporava à sua própria prosa. "Cela foi um grande prosador com um estilo especial, mas as tramas e os argumentos não eram o seu ponto forte", disse seu acusador, o jornalista Thomas Garcia Yebra.

No caso deste romance ganhador do Prêmio Planeta alega-se ainda que o *ghostwriter* teria plagiado o manuscrito inédito de uma professora que tinha sido inscrito no mesmo concurso literário. Sua queixa foi recusada nos tribunais, embora juízes de recurso tenham encontrado "inúmeras coincidências" entre as duas obras.

Cela certa vez disse que gostaria que seu epitáfio dissesse: "Aqui está um homem que tentou explorar seus companheiros o mínimo possível."

A romancista britânica Susan Hill acha que foi explorada, mas apenas por uma série de infelizes coincidências. A seqüência de acontecimentos começou em 1971, quando ela publicou seu romance, *Strange Meeting*, sobre dois jovens soldados nas trincheiras durante a Primeira Guerra Mundial.

"Naquele estado ultra-sensível imediatamente posterior à conclusão e publicação de um romance, eu fui levada à depressão quando pouco depois do meu foi lançado outro romance, *How Many Miles to Babylon*, de Jenniffer Johnston, sobre o amor de dois jovens soldados nas trincheiras de Flandres."

Anos mais tarde ela teve outra idéia para uma história – que se transformou em um romance chamado *Air and Angels*, concluído e enviado para o editor em maio de 1990. Ele se passava em Cambridge, por volta de 1912. Um dos personagens principais era um deão e clérigo que se apaixona por uma menina de 16 anos de idade.

"Certa bela manhã de domingo, estávamos tomando café em um restaurante com vista para o Royal Shakespeare Theatre e o rio Avon em Strattford (...) quando meu marido levantou os olhos do jornal e disse calmamente: 'Há aqui uma entrevista com Penelope Fitzgerald que você deveria ver.' Alerta, embora um tanto perturbada pelo seu tom sério, eu coloquei de lado meu próprio jornal e li a entrevista. Eu descobri que a sra. Fitzgerald estava prestes a publicar um novo romance chamado *The Gate of Angels*. Seu personagem principal era um clérigo com tendências científicas que se apaixona perdidamente por uma menina muito jovem. A ambientação era Cambridge, cerca de 1912".

Hill e Fitzgerald tinham se encontrado uma vez, mas nunca conversaram ou trocaram correspondência sobre seu trabalho. Os dois romances foram publicados e, coincidentemente, venderam bem. Mas o azar, dizem, vem em trios.

Hill tinha se entregado à produção de um romance sobre o Capitão Scott e seus companheiros em sua viagem para o Pólo Sul. Com a pesquisa concluída, ela estava pronta para começar a escrever.

"Pouco antes do Natal, no trem de 8h50 de Oxford para Paddington, eu abri meu exemplar de *The Bookseller* e vi um anúncio de um novo romance de Beryl Bainbridge chamado *The Birthday Boys*, baseado na última viagem de Scott e seus companheiros à Antártida. Dois anos de trabalho estavam escorrendo pelo ralo."

Em 1988 foram publicados dois livros cujos conteúdos eram muito diferentes, mas cujas capas tinham semelhanças marcantes. Tanto o romance de Marianne Wiggins, *John Dollar*, quanto o guia de Tim Robinson das Ilhas Aran da Irlanda, *Stones of Aran*, tinham capas que mostravam um golfinho azul, uma bússola preta e branca e um mapa.

A editora de *John Dollar*, Secker and Warburg, ficou furiosa, alegando que sua capa tinha sido amplamente distribuída para o mercado três meses antes. John Cape, o artista que criou a capa para *Stones of Aran*, disse que nunca tinha visto a outra capa.

Fiona Carpenter, diretora de arte da Viking, que publicara o guia de viagem, disse que tinha sido apenas "uma coincidência muito infeliz".

Coincidências que acabam nos tribunais podem ser apresentar em diversas formas, estilos e cores. Em setembro de 2001, o Novo Trabalhismo surgiu com um novo logotipo para lançar sua campanha às eleições gerais. Essencialmente era a simples figura de um homem construída a partir de duas linhas cruzadas, com um ponto no lugar da cabeça e tudo em vermelho e preto.

Foi um choque para Lorraine Thompson, diretora de marketing da empresa da internet Excite, pois ele era praticamente idêntico ao logotipo de sua própria companhia. Ela o mostrou a várias pessoas, e todas concordaram em que ele parecia com o pequeno homem da Excite. A preocupação de Lorraine era em parte proteger a propriedade intelectual de sua empresa, mas também evitar qualquer aparente associação com um partido político.

Lorraine disse: "Nós vivemos e morremos pela nossa imagem. Nós estamos levando isso a sério. A forma de uma cruz aparece nos dois logotipos, e o dos trabalhistas também apresenta as nossas cores empresariais, vermelho e preto. Nós estamos impressionados e verdadeiramente lamentamos que os trabalhistas não consigam pensar em algo sozinhos."

Foi apenas coincidência, ou era um exemplo ligeiramente mais sutil da técnica utilizada pela loja de sucata em Clapham que desavergonhadamente se chamava Harrods, reproduzindo as cores e a tipologia famosa? Quando a Harrods ameaçou com uma ação legal ela mudou seu nome para Selfridges, alegando que o nome era válido, pois ela vendia refrigeradores.

Quando um caso de roubo de propriedade intelectual chega a um tribunal, o juiz ou o júri precisa decidir se a suposta cópia é, de fato, nada mais que coincidência. Eles precisam avaliar as possibilidades de que alguém, de forma completamente independente, chegue a um projeto ou criação quase idêntico ou até mesmo ao nome de uma loja.

A British Tourist Authority descobriu que estava tendo o tipo errado de publicidade quando uma pessoa alegou que tinha criado o slogan "OK UK", que na época estava sendo utilizado em uma campanha publicitária de milhões de libras.

Keith Williams tinha vencido um concurso promovido pela BBC sobre idéias de como a Grã-Bretanha ou o Reino Unido poderiam ter uma nova marca que ajudasse a estimular a indústria do turismo. Keith chegou a um projeto de logotipo que utilizava as letras U e K com um arco sobre o U de modo a transformá-lo em um O. Informado da vitória, Keith enviou seu projeto para a secretária de Cultura, Tessa Jowell. Dois dias depois recebeu uma resposta do departamento parabenizando-o pela vitória e explicando que seu e-mail tinha sido repassado ao Foreign Office e à British Tourist Authority para avaliação. Depois ele soube que o órgão tinha lançado uma campanha publicitária utilizando o que ele achava que era um logotipo muito familiar. A BTA insistiu em que qualquer semelhança entre o projeto do sr. Williams e o seu próprio era "uma coincidência". E ficou assim para o sr. Williams, que, não tendo *copyright* de seu projeto, não tinha como recorrer à Justiça mesmo que conseguisse provar que a agência de publicidade tinha utilizado sua idéia.

Em 1998 o diretor Mehdi Norowzian levou a cervejaria Guinness aos tribunais alegando que um filme publicitário da famosa cerveja era uma cópia de seu curta-metragem *Joy*. Norowzian argumentou que o anúncio, que mostrava um homem dançando ao redor de uma caneca de Guinness, era uma cópia substancial de seu filme e não apenas "a repetição de uma idéia". Mas o juiz decidiu contra Norowzian e ordenou que ele pagasse as custas à Guinness.

Provavelmente não é coincidência que as pessoas que costumam se sair melhor de disputas sobre desrespeito a direitos autorais sejam os advogados.

David Barron é um advogado de Birmingham especializado

em casos de roubo de propriedade intelectual – especialmente envolvendo desenho industrial. Em certo caso ele representou uma empresa que alegava que os padrões de seu blusão tricotado à mão tinham sido copiados por uma concorrente. A empresa rival contestava a acusação e alegava que qualquer semelhança entre os dois padrões era apenas coincidência.

"Nós conseguimos convencer o juiz de que essa semelhança não era um caso isolado", diz ele. "Nós encontramos outro padrão, um projeto mais complexo, que também tinha sido copiado. O juiz aceitou o ponto de vista de que uma duplicação poderia ser coincidência, mas não duas. O juiz decidiu que a empresa rival tinha copiado o projeto do meu cliente e concedeu um mandado de injunção."

Barron diz que uma das formas de convencer um juiz de que um projeto é original e não copiado é apresentar os desenhos originais esboçados em um uma bolacha de chope ou toalha de papel. Freqüentemente, porém, não há evidências para provar as coisas de um modo ou de outro, "e nesse caso o juiz não pode fazer mais do que analisar as provas cuidadosamente, observar o comportamento das testemunhas e chegar a uma conclusão acerca de quem, na avaliação das probabilidades, está dizendo a verdade".

Como vimos, o psicólogo suíço Carl Jung tinha outra possível explicação para como duas pessoas podem chegar à mesma idéia criativa – sua teoria do inconsciente coletivo no qual as pessoas vasculham: "uma força da natureza que nos leva a chegar às mesmas conclusões para os mesmos problemas, a seguir os mesmos processos criativos."

David Barron utilizaria um argumento como este em defesa de um cliente acusado de roubar a idéia de outra pessoa? "Não estou certo de que uma abordagem filosófica mereceria grande atenção de um juiz de tribunal superior inglês", disse ele. "Mas poderíamos tentar."

E por falar nisso, quando a revista americana *Mad* vai se dar conta de que Tony Blair é uma cópia exata de sua sorridente figura de proa Alfred E. Neuman – aquele que diz "Me preocupar, eu?" Os advogados iriam gostar.

O plágio mostra sua face horrível até mesmo no sublime mundo do riso. A propriedade de piadas, frases e idéias de esquetes pode ser agressivamente disputada.

É possível que mais de uma pessoa crie exatamente a mesma piada, por coincidência? A dupla Kit and the Widow aparentemente teve uma de suas criações cômicas roubada debaixo de seus narizes, distribuída pela vizinhança e então servida novamente a eles fria. Kit Herketh-Harvey recorda: "O musical de Lloyd Webber *Aspects of Love* escalou equivocadamente Roger Moore no papel de cantor. Os ensaios continuaram, e Roger deixou o elenco sem maiores explicações. A *gag* que criamos era que quando Lloyd Webber descobria que Roger Moore não podia cantar resolvia se casar com ele. Isso exigia que você soubesse que ele tinha se casado com Sarah Brightman e que ela não sabia cantar. A idéia de Roger Moore, o homem que tinha interpretado James Bond, sendo perseguido por Lloyd Webber era tão absurda que era engraçada. Seja como for, fizemos essa piada uma vez em uma festa, e três semanas depois Lionel Blair me contou aquela piada, e depois Christopher Biggins. E Christopher tinha contado a piada a Simon Fanshawe, que nos contou no ar." Kit and the Widow não estão convencidos de que tenha sido apenas coincidência. Eles acham que houve uma certa "reciclagem".

Arnold Brown é um comediante, uma profissão de egos delicados e uma competição feroz pela nova *gag* mais original. A paranóia sobre ter seu material roubado é uma inevitabilidade profissional.

Diz Brown: "A comédia diz respeito a buscar novas idéias – é quase como um processo científico. De repente você descobre aquela pequena combinação do cubo mágico – um DNA de comédia que ninguém mais tem." Então, quando ele ouve uma de suas piadas sendo contada por outro comediante isso o faz querer processar ou ele atribui isso à coincidência? "Nenhum dos dois", diz Brown. "Isso me faz ter vontade de matá-los."

Arnold Brown acredita que foi o primeiro a ter a idéia cômica de que os telefones celulares eram um presente dos deuses para os mentalmente doentes, já que eles podiam vagar em público falando com eles mesmos e ninguém prestaria atenção. Mas antes que pudesse utilizar isso no palco ele ouviu falar que outro comediante estava contando uma piada idêntica em Edimburgh Fringe. Misteriosamente, nunca mais se ouviu falar desse comediante.

A piada do telefone celular reapareceu recentemente, desta vez no romance de Martin Amis, *Yellow Dog*, de 2003.

Em 1994 Arnold escreveu um livro de humor chamado *Are you looking at me, Jimmy?* Nele, ele perguntava: "Como é que todo dia há exatamente o número certo de notícias para encher o jornal?." Uma observação puramente cômica. Pouco depois ele encontrou um anúncio de página inteira no *Guardian* declarando: "Não é fascinante que o volume de notícias se ajuste perfeitamente ao jornal?"

A que ele atribui isso? Coincidência? Grandes mentes pensando da mesma forma? Ou piadas sendo roubadas?

"Eu estou aberto..." diz ele, "ao litígio".

Antes de correr para o tribunal, Arnold poderia se lembrar do fato de que a piada também foi atribuída a Jerry Seinfeld já em 1993. Vários outros comediantes americanos também reclamam a propriedade. Claramente, as grandes mentes cômicas pensam da mesma forma.

Brown acha que a "coincidência" de piadas aparecendo nos shows de outras pessoas irá continuar até que alguém invente uma ferramenta que possa ser colocada em uma *gag* para que ela estoure se for contada por outro comediante.

Mas algumas das coincidências que acabam nos tribunais não são tema de piadas.

Sally Clark foi acusada de matar seus dois bebês. A filha do policial, que sempre tinha alegado inocência, foi sentenciada à prisão perpétua em novembro de 1999 na Chester Crown Court. Ela foi condenada por asfixiar Christopher, de 11 meses, em dezembro de 1996, e de sacudir até a morte Harry, de oito semanas, em janeiro de 1988, na casa em que ela vivia com o marido Stephen, em Wilmslow, Cheshire.

O cerne do caso dizia respeito a se era concebível que as "mortes súbitas" dos dois filhos da sra. Clark fossem coincidência.

A testemunha especializada da promotoria, o eminente pediatra professor Sir Roy Meadow, disse ao tribunal que a probabilidade de dois bebês morrerem de "síndrome da morte súbita" era de uma em 73 milhões. Isso era uma prova condenatória contra a sra. Clark e deve ter tido uma poderosa influência sobre o júri.

Contudo, no dia 30 de janeiro de 2003, após passar três anos na cadeia, Sally Clark saiu livre do tribunal de justiça de Londres após três juízes terem anulado as suas condenações. Eles determinaram que as condenações eram equivocadas, já que as provas médicas que poderiam tê-la inocentado não foram apresentadas durante seu julgamento. Mas eles também criticaram a utilização no julgamento da estatística estabelecendo a chance de dois bebês da mesma família sofrerem morte súbita como sendo de uma em 73 milhões. Eles disseram que tinha sido "grosseiramente desorientador", já que o júri partia da suposição incorreta de que duas mortes súbitas em uma mesma família eram extremamente raras. A suposição era de que as mortes súbitas eram acontecimentos independentes, portanto o número de 73 milhões teria sido obtido elevando ao quadrado a probabilidade de uma única morte súbita. Mas mortes súbitas múltiplas em uma família não são estatisticamente independentes. Especialistas disseram ao tribunal de justiça que o risco de uma segunda morte súbita na verdade seria de apenas uma em cem. A sugestão era de que Roy Meadow tinha cometido um erro matemático fundamental.

O tribunal tinha decidido que, quaisquer que fossem as probabilidades, 73 milhões por uma ou cem por uma, as mortes dos dois filhos de Sally Clark tinham sido naturais. O fato de que ela tinha perdido dois filhos era apenas uma trágica coincidência.

Alguns meses após Sally Clark ter sido inocentada, começou o julgamento de outra mulher acusada de homicídio múltiplo de seus filhos pequenos – um julgamento em que Sir Roy Meadow mais uma vez argumentava que as mortes não poderiam ser fruto de mera coincidência.

A farmacêutica Trupti Patel, de 35 anos de idade, de Maidenhead, Berkshire, negava ter matado seus filhos Amar e Jamie e sua filha

Mia entre 1997 e 2001 – nenhum deles tinha sobrevivido além dos três meses. Ela negou ter sufocado seus bebês ou impedido que eles respirassem apertando seus peitos.

Neste país, aproximadamente 600 crianças morrem por ano súbita e inesperadamente em algum momento entre a primeira semana de vida e o primeiro aniversário. Em metade dos casos, a necropsia revela uma clara razão médica para as mortes – os outros casos não explicados são registrados simplesmente como "síndrome da morte súbita".

Em 1997 Sir Roy Meadow publicou no *Lancet* um artigo intitulado "Münchausen syndrom by proxy: the hinterland of child abuse" (Síndrome de Münchausen por procuração: a hinterlândia da violência infantil). Pessoas sofrendo da síndrome estariam buscando atrair a atenção dos médicos machucando crianças. Em 1989, Sir Roy sugeriu que um em cada dez bebês com morte súbita poderiam ter sido sufocados.

No julgamento de Trupti Patel, Sir Roy afirmou que "duas mortes súbitas é algo suspeito, três é assassinato – a não ser que se prove o contrário".

Desta vez os membros do júri não se convenceram. No dia 11 de junho de 2003, ao final de um julgamento que durou seis semanas e meia, eles a consideraram inocente das três acusações de homicídio. O júri decidiu que as mortes dos três bebês, como no caso de Sally Clark, tinham sido uma trágica coincidência. Quaisquer que fossem as probabilidades contra algo acontecer, o fato de que as probabilidades podem ser calculadas significa que isso pode, e, tendo tempo suficiente, irá acontecer.

Probabilidades de 73 milhões contra uma, embora inadequadamente aplicadas ao caso de Sally Clark, acabarão ocorrendo. Mesmo que de fato essas fossem as chances contra as mortes das três crianças serem coincidência, isso não indicaria sem sombra de dúvida a culpa dela. Uma chance em 73 milhões não é uma probabilidade inimaginável. Se uma em cada 73 milhões de pessoas ficar verde, haverá 84 pessoas verdes do mundo. Elas não devem ser muito difíceis de identificar. Imagine um casal deles em seu clube de bridge!

Freqüentemente pede-se a juízes e júris que avaliem probabilidades de uma em três milhões – em casos em que amostras de DNA são apresentadas como provas cruciais.

E, claro, são cometidos erros.

Em 1990, Andrew Deen foi sentenciado a 26 anos de prisão pela Manchester Crown Court pelo estupro de três mulheres. A principal prova ligando Deen aos ataques era a grande semelhança entre amostras de DNA encontradas nos locais dos crimes e amostras do DNA de Deen. Durante o julgamento, o cientista forense que apresentou a prova de DNA disse que a combinação era tão boa que a probabilidade de que as amostras tivessem vindo de outra pessoa que não Deen era de uma em três milhões. Em seu sumário o juiz disse ao júri que um número tão alto, se correto, "se aproximava bastante da certeza". Não poderia ser coincidência.

Mas o tribunal de justiça anulou a condenação, declarando o veredicto equivocado. Ele decidiu que tanto o cientista quanto o juiz tinham caído em uma armadilha conhecida como "falácia do promotor". Eles tinham presumido que a prova de DNA significava que havia apenas uma chance de uma em três milhões de que Deen não fosse culpado. Mas eles estavam enganados.

Para conseguir um quadro real os juízes utilizaram um teorema matemático criado por um clérigo do século XIX. O Teorema de Bayes aborda as leis da "probabilidade inversa". Ele oferece uma fórmula para descobrir o impacto de novas provas (como amostras de DNA) nas possibilidades de culpa ou inocência existentes antes da introdução da nova prova.

Se a "probabilidade anterior" é pequena – se há poucas outras provas para corroborar a prova de DNA – então mesmo as impressionantes possibilidades da impressão digital genética podem ser drasticamente reduzidas.

Pesquisadores do Instituto de Saúde Ambiental e Ciências Forenses de Auckland, Nova Zelândia, utilizam estatísticas de crimes e "raciocínio de Bayes" para avaliar probabilidades anteriores típicas. Eles descobriram que mesmo uma coincidência de DNA com probabilidades de milhões para um pode ser reduzida na probabilidade final contra a inocência para apenas três para um – deixando muito espaço para a "dúvida razoável".

Se você atualmente está em alguma difícil disputa legal sobre a probabilidade de uma coisa ou outra ter acontecido ou não acontecido como resultado de mera coincidência – aí vai uma mãozinha. Tente aplicar a fácil fórmula matemática de Bayes.

$$P(a_n|B) = \frac{P(A_n)P(B|A_n)}{\sum_i P(A_i)P(B|A_i)}$$

Boa sorte.

CAPÍTULO 6

Sorte ou coincidência?

É o dia do Grande Prêmio e você de má vontade entrega sua suada nota de dez para o bolão do escritório. Seu cavalo, que começou com uma modesta chance de sucesso, misteriosamente decide parar na metade do caminho para admirar a estâmina e a disposição atlética de seus amigos quadrúpedes. Seu colega George Robertson ganha o grande prêmio. O cavalo dele, um azarão, supera as expectativas mais pessimistas dos corretores de apostas. Esta é a sétima vez que George ganha a aposta em dez anos.

Você diz: "Parabéns George, é bom ver que as regras da probabilidade continuam válidas e que suas chances de vencer este ano não foram materialmente reduzidas pelo fato de que você ganhou tantas vezes antes."

O caramba que você faz isso. Você diz: "Maldito sortudo, George. Os drinques do almoço ficam por sua conta."

Não é difícil concluir que alguém ou algo está sorrindo aqui para baixo para gente como George Robertson, escolhendo-os para a boa sorte – deixando que o restante de nós tente seguir em frente da melhor forma possível.

Tudo aquilo em que George toca se transforma em ouro. Se uma bela viagem de negócios para as Bermudas é iminente, George coloca o short. Se há uma promoção disponível, George dispõe dela. Como vemos, ele ganha a aposta todo ano. Ele recebeu uma bela quantia no bolão do futebol há alguns anos e até mesmo conseguiu dois mil na loteria. Ele tem uma bela esposa, dois garotos ajustados e respeitosos, uma casa fantástica (comprada à vista graças a uma herança inesperada) e um carro de luxo. Sim, George de fato está entre os mais sortudos dos malditos sortudos.

Mas não o mais sortudo de todos.

Em agosto de 2003, o pai aposentado de três filhos festejou um prêmio de 85.285 libras na loteria, dois meses depois de seu filho ter recolhido 179.137 libras.

Anthony McDonnell, de 59 anos, de Bridgnorth em Shropshire, recebeu seu cheque do filho Ian, de 34 anos, depois da dupla exata familiar, que teria desafiado uma probabilidade de 339 bilhões contra um. O sr. McDonnell sênior acertou cinco números e a bola bônus no sorteio da Loto de sábado. Seu filho, que trabalha no mercado financeiro, tinha feito o mesmo. Os dois bilhetes foram comprados na mesma banca.

E o que dizer desses desgraçados extraordinariamente sortudos:

Donald Smith, de Amherst, Wisconsin, ganhou o jogo estadual Super Cash três vezes. Nos dias 25 de maio de 1993, 17 de junho de 1994 e 30 de julho de 1995. Ele recebeu 250 mil dólares cada uma das vezes.

Joseph P. Cowley ganhou 3 milhões de dólares na loteria de Ohio em 1987 e se mudou para Boca Raton, na Flórida. Seis anos depois ele jogou na loteria no dia de Natal – e recebeu 20 milhões de dólares.

Em 1985 Evelyn Marie Adams ganhou 4 milhões de dólares na loteria de Nova Jersey. Quatro meses depois ela apostou novamente e ganhou outro 1,5 milhão.

Por que a sorte não é mais igualmente distribuída? Que qualidades especiais ou poderes misteriosos têm aqueles poucos, aqueles poucos sortudos para quem a Fortuna sempre sorri? O volume atípico de sorte experimentado por esses ganhadores de loteria é fruto de pura coincidência ou eles nasceram com sorte?

O que cargas d'água fez o viciado em apostas Mick Gibbs achar que poderia realizar a façanha com a escandalosa aposta que finalmente deu a ele 500 mil libras naquilo que foi descrito como a maior aposta de todos os tempos?

Aos 59 anos de idade, Mick, de Lichfield, Stafforshire, cravou um palpite de 30 pence em uma acumulada de apostas de 15 etapas sobre quem ganharia várias ligas de futebol, rúgbi, e críquete, e partidas isoladas de futebol.

As primeiras quatorze etapas de sua acumulada deram certo, desafiando uma impressionante desvantagem acumulada. O último item da aposta, que o Bayern de Munique venceria a copa européia, pagando 12 para um, parecia uma aposta grande demais. Quando o jogo foi disputado no dia 23 de maio de 2001, o adversário Valência parecia prestes a acabar com os sonhos quando fez um a zero. A vitória espanhola significaria que Mick não ganharia nada. O Bayern empatou e o jogo foi para a prorrogação.

Mick estava à beira de um colapso nervoso, andando de um lado para outro em seu jardim, incapaz de acompanhar a partida. O jogo – e a aposta de Mick – foi finalmente decidido nos pênaltis. O Bayern ganhou o campeonato, e Mick ganhou meio milhão de libras.

Mick não atribuiu seu sucesso à sorte ou coincidência. Ele acredita que ganhou o dinheiro por causa de ciência. Ele diz que passa horas lendo as últimas notícias do esporte e fazendo as suas apostas complicadas.

Mas se tudo o que é necessário para ganhar uma pequena fortuna é um pouco de trabalho duro e a utilização de um pouco de ciência, por que todos os outros apostadores contumazes do mundo não estão dirigindo carros esporte reluzentes em vez de pedalando para recolher seu seguro-desemprego?

A ciência pode explicar a sorte aparentemente extraordinária do inglês Charles Wells, o homem que quebrou a banca em Monte Carlo?

O lendário sucesso de Wells não parece ter envolvido a utilização de qualquer sistema. Ele entrou no cassino em julho de 1891 e começou a fazer todas as apostas em vermelho e preto, ganhando praticamente todas as vezes. Quando seus ganhos superaram a marca de 100 mil francos a banca se declarou quebrada, a mesa foi fechada e sobre ela foi colocado um pano preto de "luto". Wells retornou no dia seguinte para repetir sua conquista extraordinária, para espanto dos funcionários do cassino.

Na terceira vez em que Wells foi ao cassino ele fez a sua aposta de abertura no número 5, com uma probabilidade de 35 por um. Ele venceu. Ele deixou a aposta original e acrescentou a ela os seus ganhos. Saiu outro cinco. Isso aconteceu cinco vezes sucessivamente. A banca quebrou novamente.

Coisas extraordinárias acontecem em cassinos de apostas. Certa vez o mesmo número saiu 28 vezes seguidas em um cassino de Monte Carlo – contra uma probabilidade de 268 milhões por uma. Mas a sorte de Wells foi fruto apenas das leis da probabilidade? Era ele o mais sortudo dos homens? Ou estava acontecendo mais alguma coisa?

Wells não conseguiu desfrutar durante muito tempo de suas vitórias. Sua sorte, ou o que quer que fosse, secou. Ele se envolveu em vários negócios duvidosos, foi preso pela polícia francesa e acusado de fraude. Extraditado para a Grã-Bretanha, enfrentou julgamento em Old Bailey, onde foi revelado que ele tinha vinte pseudônimos – seu verdadeiro nome nunca foi descoberto. Ele foi sentenciado a oito anos de prisão. Após ser libertado ele foi viver em Paris, onde "o homem que quebrou a banca em Monte Carlo" morreu na pobreza em 1926 – um homem quebrado.

O segredo das impressionantes conquistas de Wells na roleta nunca foi descoberto. Parece pouco provável que seu sucesso no jogo fosse resultado de pura sorte ou mesmo guiado por alguma força sobrenatural. Embora a inspiração para o sucesso no jogo possa vir de algumas fontes bastante estranhas.

No dia 15 de setembro de 1948 um trem urbano de Nova York mergulhou na baía de Newark, matando vários passa-

geiros. As fotografias de primeira página dos jornais mostraram o trem sendo içado da água. O número 932 podia ser claramente visto na lateral do último vagão. Dezenas de pessoas acharam que aquilo era um sinal de que o número tinha alguma espécie de significado e o escolheram no jogo de número de Manhattan daquele dia. O número 932 foi o sorteado, pagando centenas de milhares de dólares às pessoas que apostaram nele.

A sorte que tiveram quinze membros de um coro de igreja em Beatrice, Nebraska, não deu a eles fama ou fortuna – salvou suas vidas.

O ensaio do coro da igreja batista do West Side em Beatrice sempre começava às 19h20 às quartas-feiras. Na quarta-feira, 1º de março de 1950, às 19h25, uma explosão destruiu a igreja. O deslocamento tirou do ar uma estação de rádio próxima e quebrou janelas nas casas vizinhas.

Mas por uma incrível coincidência todos os 15 membros do coro escaparam sem ferimentos. Normalmente pontuais, todos eles, por diferentes motivos, estavam atrasados para o ensaio naquela noite.

O pregador, Walter Klempel, acendeu o fogareiro na igreja batista e então foi para casa jantar. Sua volta para a igreja com a família foi retardada porque o vestido da filha estava sujo e sua mulher precisou passar outro para ela.

Ladona Vandergrift, estudante secundarista, estava tendo dificuldade com um problema de geometria. Ela decidiu solucioná-lo antes de sair para o ensaio.

Royena Estes não conseguiu ligar o carro, então ela e sua irmã telefonaram para Ladona Vandergrift e pediram que as pegasse. Mas Ladona ainda estava trabalhando no problema de geometria, então as irmãs Estes precisaram esperar.

Marilyn Paul, a pianista, tinha planejado chegar meia hora mais cedo, mas cochilou depois do jantar...

E assim continuava a lista de atrasos. Todos os integrantes do coro, todos que eram normalmente pontuais, estavam atrasados naquela noite.

Às 19h25, a igreja explodiu. As paredes caíram para fora, o pesado telhado de madeira despencou no chão. Os bombeiros acharam que a explosão tinha sido causada por gás natural que tinha vazado para dentro da igreja de um cano furado do lado de fora e tinha sido inflamado pelo fogo no fogareiro.

Uma grande tragédia foi evitada por um triz. Os agradecidos membros do coro da igreja de Beatrice atribuíram sua sorte impressionante a um ato de Deus. Mas você não precisa fazer parte de um coro de igreja para escapar por um triz da morte.

John Woods, sócio de um grande escritório de advocacia, deixou seu escritório em uma das torres gêmeas do World Trade Center de Nova York segundos antes que o edifício fosse atingido por um avião seqüestrado. Não era o seu primeiro encontro íntimo com a morte. Ele estava no mesmo 39º andar do mesmo edifício quando ele sofreu um atentado à bomba em 1993, mas escapou sem ferimentos. Em 1988 ele tinha reservas para o vôo da Pan-Am que explodiu sobre Lockerbie na Escócia, mas cancelou no último minuto para poder participar de uma festa no escritório.

Diferentemente de John Woods, a comissária de bordo iugoslava Vesna Vulvic não conseguiu escapar de estar viajando em um avião destinado a explodir.

Acredita-se que uma bomba terrorista tenha sido a causa da grande explosão que partiu o avião DC-9 que viajava sobre a antiga Tchecoslováquia no dia 26 de janeiro de 1972.

As equipes de resgate que chegaram aos restos retorcidos no solo não acreditaram que ainda pudesse haver alguém vivo. Eles então encontraram a comissária de bordo Vesna Vulvic dentro de uma parte da fuselagem. Ela estava gravemente ferida, mas ainda respirava. Ela foi a única sobrevivente.

> *Mais tarde, perguntada sobre a que ela atribuía a sua incrível sorte, ela disse: "eu acredito que nós comandamos nossas vidas – nós temos todas as cartas, e depende de nós usá-las da forma certa."*

É difícil decidir se Vesna Vulvic é uma pessoa com sorte ou azar. Para começar, ela teve o azar de estar no avião, mas teve a sorte extraordinária de ter sobrevivido. Assim como algumas pessoas parecem ter mais do que a dose justa de sorte, outras parecem atrair um terrível azar.

> *O francês Alain Basseux, técnico de laboratório trabalhando em Wiggington, perto de York, perdeu a cabeça quando um motorista o fechou em um retorno. Ele perseguiu o carro agressor durante três quilômetros, forçou o veículo a sair da estrada, abriu a porta e agarrou o motorista pela camisa. Naquele momento ele se deu conta de que o homem que estava atacando era seu chefe.*
> *Os magistrados locais o colocaram em liberdade condicional durante dois anos, depois que seu advogado disse ao tribunal que tal comportamento não era incomum na França.*
> *O sr. Basseaux manteve seu emprego.*

Então no final ele teve sorte. Não este cavalheiro:

> *O empresário Danie de Toit fazia um discurso para uma platéia da África do Sul alertando-os de que a morte podia atacá-los a qualquer momento. No final do discurso ele colocou uma bala de hortelã na boca e morreu de choque alérgico.*

Uma charge de Mischa Richeter na *New Yorker* mostra Deus enviando raios das nuvens. Um anjo diz: "Se você é tão bom, por que não consegue acertar duas vezes no mesmo lugar?"

Na verdade, um raio cai duas vezes no mesmo lugar.

> *A família Primarda, de Taranto, Itália, perdeu três homens em descargas elétricas, em três gerações: dois deles foram atin-*

gidos no mesmo quintal. Em 1899, um raio matou um homem que estava em seu quintal em Taranto, Itália. Trinta anos mais tarde, seu filho, de pé no mesmo lugar, também foi atingido e morto por um raio. No dia 8 de outubro de 1949, Rolla Primarda, neto da primeira vítima e filho da segunda, tornou-se o terceiro membro da família a lamentar ter ficado de pé naquele jardim durante uma tempestade.

Um raio também pode acertar uma mesma pessoa duas vezes. Você pode achar que tendo sido atingido por um raio uma vez terá acertado as contas com o azar e se tornará invulnerável, mas as chances de ser atingido novamente são exatamente as mesmas.

Um guarda florestal da Virgínia foi perseguido por um raio aparentemente puramente vingativo.

Durante os seus 36 anos como guarda florestal, Roy Cleveland Sullivan foi atingido nada menos que sete vezes. Na primeira ocasião, em 1942, ele escapou perdendo a unha de seu dedão. Vinte e sete anos depois foi atingido por um raio que queimou suas pestanas. No ano seguinte, outro golpe queimou seu ombro esquerdo. Em 1972 um raio incendiou seus cabelos. Em 1973 ele foi atirado fora de seu carro. O sexto ataque, em 1976, feriu seu tornozelo, e o sétimo, em 1977, enquanto ele estava pescando, o mandou para o hospital com queimaduras no peito e no estômago.

Nos esperamos que o *déjà vu* nos provoque um *frisson*, não uma descarga de dez megawatts.

O que Sullivan tinha feito para merecer tanto azar? Seis anos depois do sétimo raio ele cometeu suicídio. O motivo, como foi dito na época, era que ele tinha azar no amor. Um caso de *não* ser escolhido.

Um raio atingiu Jennifer Robert apenas uma vez, quando ela estava deitada em uma barraca em outubro de 1991. Mas uma vez foi o bastante.

Apanhada em uma violenta tempestade elétrica, Jennifer, de 24 anos de idade, foi atingida por um raio que queimou seu corpo de cima abaixo. Ela foi poupada de ferimentos mais sérios porque tinha acabado de retirar o sutiã estruturado, que a estava incomodando. A estrutura de metal teria conduzido a eletricidade para o seu coração.

O raio também destruiu o livro que Jennifer estava lendo. A capa tinha a imagem de uma cabeça cercada por raios luminosos.

Sorte e azar freqüentemente vêm em grupos. Apostadores falam sobre estarem em uma maré. A maré de sorte de Charles Wells, o que quer que fosse ela, quebrou a banca em Monte Carlo. Com maior freqüência, a sorte passa para outro lado e o jogador perde as calças. Nós podemos ser abençoados com sorte ou amaldiçoados com azar – enfeitiçados. A última opção parece se aplicar ao caso deste casamento real:

O dia do casamento da princesa Maria del Pozzo della Cisterna e de Amadeo, o duque de Aosta, filho do rei da Itália, em Turim, no dia 30 de maio de 1867, certamente não foi o dia mais feliz das vidas de muitos dos envolvidos. A camareira se enforcou, o porteiro do palácio cortou a própria garganta, o coronel que abria o desfile de casamento desmaiou de insolação, o chefe da estação foi esmagado até a morte sob as rodas do trem de lua-de-mel, o ajudante do rei caiu do cavalo e morreu e o padrinho disparou contra si mesmo. Descontando isso, foi um dia encantador.

Um tipo semelhante de feitiço parece ter afetado muitas das pessoas ligadas ao personagem de quadrinhos Super-homem.

O azar começou com os dois homens que tinham criado o super-herói em 1938. O roteirista Jerry Siegel e o desenhista Joe Shuster abriram mãos dos direitos do Homem de Aço por uma ninharia; suas várias tentativas de processar os editores em busca de uma parcela mais justa dos milhões conseguidos com sua criação fracassaram. No momento de sua morte, Shuster tinha se transformado em um recluso.

O ator Kirk Alyn, que interpretou o Super-homem na série das matinês de sábado nos anos 1940, alegou que ele tinha arruinado sua carreira. Ele lutou para conseguir trabalho, mas acabou desistindo de atuar. George Reeves, que na década de 1950 estrelou As aventuras do Super-homem *na televisão, também sofreu profissionalmente quando a série de sucesso foi cancelada após seis anos. Em 1959, aos 45 anos de idade, ele foi encontrado morto com uma única bala na cabeça. O veredicto oficial foi suicídio, mas amigos dele estavam convencidos de que ele tinha sido assassinado.*

Christopher Reeve, que fez o papel do Super-homem em quatro filmes nos anos 1970 e 1980, foi derrubado de seu cavalo em 1995, quebrou o pescoço e acabou preso a um respirador artificial e a uma cadeira de rodas. Margot Kidder, que foi a atriz principal dos quatro filmes de Super-homem de Reeves no papel de Lois Lane, teve a medula espinhal afetada em um acidente de carro quando gravava uma série para a TV e ficou presa a uma cadeira de rodas durante dois anos. Um histórico de excesso de bebida e drogas e uma doença mental acabaram levando-a a um colapso nervoso. Richard Prior, que foi um dos coadjuvantes em Super-homem III, foi acometido de esclerose múltipla pouco depois do final das filmagens.

A maioria de nós não experimenta extremos de sorte ou azar. A maioria de nós, ai de mim, não ganha grandes quantias na loteria, e muito poucos de nós são vítimas da "Maldição do Super-homem".

Ainda assim, cada um de nós tende a pensar em nós mesmos como sendo pessoas sortudas ou azaradas de nascença. Ou nós somos aqueles cujo pão sempre cai com a manteiga para cima... Ou aqueles cujo pão cai, implacavelmente, com a manteiga para baixo. Pessoas de sorte parecem ter uma impressionante habilidade de estar no lugar certo na hora certa e desfrutar mais do que sua parcela das oportunidades da vida. Pessoas azaradas sempre parecem ter saído quando a oportunidade bate à porta.

O psicólogo Richard Wiseman, da Universidade de Hertfordshire, passou os últimos dez anos investigando por que algumas pessoas desfrutam de vidas felizes e bem-sucedidas enquanto outras enfrentam fracasso repetido e tristeza. Ele também queria saber se pessoas com azar podem ou não fazer algo para melhorar suas vidas. Ele não acredita que sorte e azar sejam uma simples questão de acaso.

Ele diz: "Durante cem anos os psicólogos estudaram como nossas vidas são afetadas por nossa inteligência, nossa personalidade, nossos genes, nossa aparência e nossa criação – mas foi realizado muito pouco trabalho na pesquisa da sorte e do azar." O resultado de seu estudo pode ser encontrado em seu livro *O fator sorte*.

Ele decidiu procurar o impalpável "fator sorte" pesquisando as crenças e experiências de pessoas que se consideravam sortudas ou azaradas inatas. A pesquisa envolveu longas entrevistas com centenas de pessoas. Muitas das entrevistas foram gravadas em vídeo e o dr. Wiseman estudou não apenas o que os seus voluntários diziam, mas como eles diziam – seu comportamento geral.

Ele percebeu que as pessoas de sorte sorriem mais e travam mais contato visual. Pessoas de sorte utilizam três vezes mais linguagem corporal do que as pessoas de azar. As pessoas de sorte perseveram em quebra-cabeças chineses, observou ele. Pessoas de azar desistem deles em segundos, convencidas de que nunca conseguirão resolvê-los. Pessoas de sorte, ao receberem um jornal e o pedido de que contem o número de fotografias, identificam o anúncio de meia página na página três que diz:

NÃO PROCURE MAIS, HÁ 42 FOTOGRAFIAS
NESTE JORNAL

Pessoas de azar cumprem a tarefa até o fim, ignorando a oportunidade de abreviar a tarefa.

Em outra experiência o dr. Wiseman utilizou dois voluntários que trabalhavam no mundo dos negócios – Robert (que se considerava uma pessoa de sorte) e Brenda (que se via como uma pessoa azarada) – e os convidou a ir, separadamente, a uma lanchonete e esperar que alguém ligado à experiência os procurasse.

O dr. Wiseman já tinha colocado três ajudantes em cada uma das três mesas da lanchonete. Na quarta mesa ele tinha colocado um verdadeiro homem de negócios que era, potencialmente, um bom contato tanto para Robert quanto para Brenda. Ele queria saber qual deles iria conseguir tirar vantagem dessa oportunidade real.

Robert chegou à lanchonete, pediu um café e sentou-se próximo ao homem de negócios. Em alguns minutos ele tinha se apresentado ao estranho e oferecido um café a ele. O homem aceitou, e alguns momentos depois os dois estavam conversando.

Quando chegou a vez de Brenda, ela entrou na lanchonete, pediu um café e sentou-se perto do homem de negócios. Diferentemente de Robert, ela não disse uma palavra.

Os resultados eram basicamente os que o dr. Wiseman tinha antecipado. "Mesmas oportunidades – vidas diferentes", destaca.

A sorte, conclui ele, tem pouco a ver com acaso ou coincidência. As pessoas de sorte criam, percebem e agem a partir das oportunidades casuais de suas vidas. Elas utilizam sua intuição e seus sentimentos íntimos.

"Nós fazemos nossa própria sorte", diz o dr. Wiseman. "Seu futuro não está determinado. Você não está sempre destinado a experimentar uma certa dose de sorte. Você pode mudar. Você pode criar muito mais oportunidades de sorte e aumentar grandemente a freqüência com que você está no lugar certo na hora certa. No que diz respeito à sorte, o futuro está em suas mãos."

Muitos dos voluntários do dr. Wiseman se acreditavam sortudos ou azarados inatos. "Uma das pessoas, que queria ser jornalista *freelance*, apareceu em uma redação de jornal exatamente quando o colunista fixo estava saindo. Ele conseguiu o emprego. Toda a sua vida tinha sido assim. Outra mulher tivera oito acidentes em uma viagem de oitenta quilômetros. Ela atribuiu isso ao azar – e então nós a vimos estacionar seu carro e nos demos conta de que naquilo havia mais do que um carro enfeitiçado. Outra era azarada no amor. A pessoa que ela tinha conhecido em um encontro às escuras caiu de sua moto e quebrou a perna. Outro possível namorado atravessou uma porta de vidro e quebrou o nariz. Ela acabou conseguindo marcar um casamento, mas a igreja foi incendiada por criminosos uma semana antes da cerimônia."

O dr. Wiseman testou suas teorias da sorte fazendo muitos de seus voluntários "azarados" passarem por um "curso de sorte", que envolvia sessões de aconselhamento individuais, experiências de solução de quebra-cabeças, questionários e a manutenção de um diário. Tudo tinha o objetivo de fazer com que pessoas que se consideravam azaradas começassem a pensar e a agir como pessoas de sorte. Ele as estimulou a mudar seu comportamento em relação ao azar, a confiar na sua intuição e a identificar e tirar vantagem das oportunidades quando elas aparecem.

Ele diz: "No início nós não tínhamos idéia de se isso iria funcionar. Mas vimos que 80% das pessoas se sentem mais felizes, mais satisfeitas e, o mais importante de tudo, mais sortudas. Sabemos que isso funciona para a maioria das pessoas. Para algumas pessoas os avanços são relativamente pequenos. Para outras, especialmente as pessoas muito azaradas, isso pode ter um gigantesco efeito em suas vidas. Como Tracey Hart.

Antes de ir para a escola da sorte Tracey se considerava uma pessoa excepcionalmente azarada. "O azar não aparecia para mim em trios", diz ela. "Sempre aparecia em grupos de quinze e vinte e um." Ela caiu em buracos, sofreu concussões e um grande número de cortes e arranhões. Uma sessão de brincadeiras com sua filha certa vez a deixou de cama por seis semanas. "Se eu ganhasse 10 libras na loteria, vinte coisas dariam errado na semana seguinte", diz ela.

Os dois longos relacionamentos de sua vida, com os pais de seus dois filhos, acabaram em violência doméstica. Não surpreende que sua saúde tenha sido afetada e ela tenha ficado deprimida.

E então ela conheceu Richard Wiseman e entrou para a escola da sorte.

Desde então, conta, ela se tornou uma pessoa diferente. Quando o azar a pega ela agora se lembra de que "poderia ter sido pior". Ela diz que agora tem uma atitude muito mais positiva em relação à vida. E, de fato, o azar tem aparecido com menos freqüência. Ela não consegue se lembrar da última vez em que caiu em um buraco ou teve uma concussão. Ela tem um novo emprego, uma nova casa e um novo homem em sua vida.

E ela está até mesmo ganhando na loteria e no bingo. "O dr. Wiseman diz que isso não tem nada a ver com eu estar tomando o controle da minha vida. Mas é impressionante como eu estou ganhando agora", diz ela. "Um amigo meu era muito cético em relação à escola da sorte, mas eu o convenci a seguir os princípios durante uma semana. Naquela semana nós fomos ao bingo e, juntos, ganhamos mil libras. Ele foi para casa com 600 libras e hoje é uma pessoa bem menos cética."

O dr. Wiseman recentemente estendeu suas pesquisas para investigar se seus princípios da escola da sorte podem ser aplicados a grupos de pessoas – no local de trabalho.

O local de trabalho em questão é o de uma empresa local, Technical Asset Management, que conserta, aperfeiçoa e recicla computadores e outros equipamentos. Ele foi convidado pelo diretor administrativo Kevin Riches para ver se poderia aumentar a sorte da empresa.

Kevin explica: "Nós tínhamos uma enorme dívida. Chega a 411 mil libras – o número está impresso em meu cérebro. Para piorar as coisas, tínhamos acabado de passar por um processo de expansão e nos mudado para novas instalações mais caras. O banco descobriu sobre a dívida e decidiu aumentar nosso azar retirando o crédito. Nós realmente estávamos com problemas. Realmente precisávamos de ajuda se quiséssemos fazer as coisas andar."

Richard Wiseman foi para suas instalações em Welwyn Garden City e falou para todos os 38 membros da equipe, muitos dos quais eram decididamente céticos quanto à sua sorte coletiva poder ser aumentada. Mas praticamente todos concordaram em participar de sessões individuais com o psicólogo e a manter diários que registrassem sua evolução.

"Eu sei que tudo isso soa como um conto de fadas", diz Kevin Riches. "Alguns dos meus colegas empresários acharam que tínhamos enlouquecido, e até mesmo nosso presidente disse que era superstição. Ele não queria que aquilo fosse estendido ao restante do grupo. Mas se todo mundo disser que funciona, nos avise."

E funcionou?

"Funcionou. Foi impressionante. A receita aumentou em 20 por cento por mês no período em que Richard trabalhou conosco. E continuou. Tivemos um mês recorde mês passado e o negócio está cada vez mais forte."

Mas a melhoria na sorte da empresa pode ter sido apenas coincidência? "Poderia ter sido", diz Kevin. "Contudo, trabalhando neste negócio e vendo como nós lidamos com novas oportunidades, eu diria que nosso treinamento de sorte fez uma grande diferença. Nós desenvolvemos uma nova postura. Retiramos os antolhos e agora estamos atentos a novas possibilidades. Nós conquistamos muitos novos bons negócios, e isso foi muito bom para o moral."

Então a Technical Asset Management é agora uma companhia de sorte? "Sem dúvida", diz Kevin. "E vamos mantê-la assim."

Richard Wiseman ficou muito contente que a companhia tivesse conseguido modificar sua sorte, mas ele reluta em receber muito crédito pela boa sorte da empresa. Ele diz: "Foi ótimo que eles estivessem abertos à idéia maluca de um psicólogo tentar criar uma empresa de sorte. Mas este foi apenas um estudo de caso. Seria interessante descobrir o que aconteceria se outras organizações passassem pelo mesmo processo. Se víssemos os mesmos resultados novamente, poderíamos ficar mais certos de que eles foram resultado da escola de sorte."

Kevin Riches se voltou para a psicologia para mudar a sorte de sua empresa. Aqueles que pensavam que essa abordagem era inútil teriam ficado muito mais chocados se ele tivesse escolhido colocar sua fé em amuletos ou rituais supersticiosos. Mas um número gigantesco de pessoas parece estar disposto a colocar uma grande dose de fé no poder de um pé de coelho ou na eficácia de cuidadosamente evitar uma escada.

Certa vez perguntaram ao famoso físico Niels Bohr por que ele tinha uma ferradura pendurada sobre a porta de seu escritório. "O senhor certamente não acredita que isso fará qualquer diferença em sua sorte?", perguntou um colega. "Não", respondeu ele, "Mas eu ouvi dizer que funciona mesmo com aqueles que não acreditam."

O psicólogo Chris French, professor do Goldsmiths College de Londres, nos contou esta história. Ele estava estudando superstições. Ele vê com ceticismo a idéia de que certos comportamentos rituais ou carregar amuletos possam ter algo a ver com a sorte que temos na vida. Ele argumenta que quaisquer aparentes correlações são pura coincidência.

Diz o professor French: "O motivo pelo qual acreditamos nessas coisas é porque isso nos dá alguma sensação de controle sobre nossas vidas. O interessante é que as pessoas que tendem à superstição no que diz respeito à sorte geralmente trabalham em situações de incerteza. Em geral, contadores não costumam ser supersticiosos. Mas atores, esportistas, soldados, marinheiros, estudantes fazendo provas, investidores financeiros, jogadores... É outra coisa. Os apostadores são os mais supersticiosos. Por mais que sua crença seja ilusória, eles estão convencidos de que jogar os dados de uma forma específica dará sorte a eles. Eles não farão de outra forma. Contudo, seu comportamento é inteiramente contraproducente, já que os coloca em problemas cada vez maiores."

Jogadores de futebol são outra raça altamente supersticiosa. O ex-astro da seleção inglesa e do Manchester United Nobby Stiles nunca amarrava as chuteiras antes de entrar em campo. Ele estava convencido de que isso aumentava sua sorte. Chris French admite que esses rituais podem ter um efeito positivo em ajudar na concentração e em aumentar a confiança – mas nada além disso: "Se o ritual fosse proibido, isso certamente teria um efeito ruim no desempenho", admite ele. "O problema é que não podemos testar essas coisas, porque as pessoas não vão concordar em não cumprir seus rituais. O Manchester United poderia ter sido ainda mais bem-sucedido se Nobby Stiles amarrasse suas chuteiras no vestiário. Nunca saberemos."

Um psicólogo americano, o professor Stuart Vyse, oferece os seguintes exemplos bem-humorados de superstições entre astros do esporte nos Estados Unidos:

> O *quarterback* do Buffalo Bills Jim Kelly se obriga a vomitar antes de todo jogo, um hábito que ele pratica desde o ginásio. O astro do basquete Chuck Persons, do San Antonio Spurs, come duas barras de chocolate antes de cada jogo: duas KitKats, duas Snickers, ou uma de cada. O técnico de futebol americano George Seifert, do San Francisco 49ers, não sai do seu escritório sem acariciar um livro, e precisa ser a última pessoa a deixar os vestiários antes de um jogo. Wayne Gretzky, astro do time de hóquei do New York Rangers, sempre prende o lado direito de sua camiseta por trás da proteção do quadril.

Em 1967, o sociólogo James Henslin estudou o comportamento e as crenças de motoristas de táxi participando de um jogo de azar, que é baseado em jogar dois dados contra uma tabela. Entre as crenças supersticiosas identificadas por Henslin estavam as seguintes:

- Quanto mais forte os dados são jogados, maiores os números
- Rituais como estalar os dedos, soprar ou esfregar os dados etc. podem influenciar o resultado
- Quanto maior a confiança do jogador, mais provável é o resultado desejado
- Deixar o dado cair irá afetar negativamente o desempenho
- Aumentar a aposta de alguém afeta positivamente o desempenho

O professor French conclui que em condições de incerteza, qualquer crença que dê uma sensação de controle, mesmo que essa sensação de controle seja ilusória, provavelmente será adotada, sustentada a transmitida a outros.

A pesquisa sugere que as mulheres são tipicamente mais supersticiosas que os homens. A idade parece não ser um fator significativo, embora algumas superstições pareçam diminuir com a idade, enquanto outras aumentam ou permanecem estabilizadas. Estudantes de artes costumam apresentar níveis muito mais elevados de crença que estudantes de ciências naturais. Estudantes de ciências sociais costumam estar em um nível intermediário.

A crença em que o comportamento supersticioso pode influenciar a sorte de alguém foi descrita em 1989 por Leonard Zusne e Warren Jones como "pensamento mágico". Eles o definiram como "a crença em que (a) a transferência de energia ou de informação entre sistemas físicos pode acontecer apenas em função de sua similaridade ou contigüidade no tempo e no espaço ou (b) que os pensamentos, palavras e atos de alguém podem produzir efeitos físicos específicos de uma forma não determinada pelos princípios comuns de transmissão de energia ou informação".

A pesquisa clássica de B.F. Skinner sobre "superstição no pombo" foi realizada na Universidade de Indiana em 1948. Skinner descreveu uma experiência em que pombos eram colocados dentro de uma caixa e presenteados com comida a cada quinze segundos, independentemente de seu comportamento. Após alguns minutos os pássaros desenvolviam uma série de pequenos rituais idiossincráticos, como andar em círculos, balançar a cabeça para cima e para baixo e assim por diante. Os pombos pareciam ter concluído que suas pequenas rotinas estavam produzindo a liberação de comida, embora na realidade não houvesse qualquer relação. A explicação de Skinner para este fenômeno foi a de que a associação acidental de liberação de comida no início do processo com o que quer que o pássaro pudesse estar fazendo era suficiente para reforçar aquele tipo específico de atividade.

Mas nós não cometeríamos os mesmos erros primários de um pombo, cometeríamos? É bom ter em mente a experiência de Skinner enquanto pensa sobre essas outras observações de Stuart Vyse:

Bjorn Borg, cinco vezes campeão de Wimbledon, vem de uma família supersticiosa. Ele e seus parentes são conhecidos por uma gama de superstições pessoais, várias das quais dizem respeito a cuspir. Quando estava sentada na área reservada aos competidores na final de Wimbledon em 1979, a mãe de Borg, Margerethe, comia doces para dar sorte. Quando Bjorn chegou ao *match point* triplo contra Roscoe Tanner, ela cuspiu o pedaço que estava mastigando – talvez se preparando para um grito de vitória. Antes que ela percebesse, Tanner tinha conseguido um *deuce*. Sentindo que tinha cometido um erro, Margarethe recolheu o doce do chão sujo e o recolocou na boca. Pouco depois ela e o filho ganharam o campeonato pela quarta vez. Antes, naquele mesmo ano, o pai de Borg, Rune, e seu avô, Martin Andersson, estavam pescando e escutando a final do Aberto da França no rádio. Bjorn estava enfrentando Victor Pecci, do Paraguai. O avô de Borg cuspiu na água, e naquele exato instante Borg fez um ponto. Andersson continuou a cuspir durante todo o jogo, chegando em casa com a garganta seca. Borg ganhou em quatro sets.

Parece que nosso amor e nosso respeito inatos pelas coincidências nos levam a adotar um comportamento supersticioso simplesmente como resultado do alinhamento acidental de pedaços aleatórios de comportamento e acontecimentos de reforço.

Outra experiência foi realizada pelo professor Koichi Ono, da Universidade de Kioto, no Japão, em 1987, utilizando estudantes universitários como voluntários. Eles eram levados a um cubículo em que havia um contador de pontos na parede por trás de três alavancas. Os estudantes eram orientados a "ganhar" o maior número de pontos possível – embora na verdade os pontos registrados fossem predeterminados e não tivessem relação com qualquer atividade dos estudantes. Nem todos os estudantes adotaram um comportamento supersticioso, mas a maioria sim. No caso de uma estudante do sexo feminino, o comportamento foi bastante extremo.

Com cinco minutos de sessão, foi creditado um ponto após ela ter temporariamente parado de puxar a alavanca e ter colocado a mão direita na moldura da alavanca. Esse comportamento foi seguido pelo crédito de um ponto, depois do que ela subiu na mesa e colocou a mão direita no contador. Assim que ela o fez, outro ponto foi creditado. Depois ela começou a tocar muitas coisas em seqüência, como a luz de aviso, a tela, uma tacha na tela e a parede. Após dez minutos, foi atribuído um ponto assim que ela saltou no chão, e o toque foi substituído pelo salto. Após cinco saltos, foi atribuído um ponto quando ela pulou e tocou o teto com seu chinelo na mão. Ela continuou a saltar para tocar o teto repetidamente, e isso foi seguido por pontos até que ela parou com 25 minutos de sessão, talvez por fadiga.

Por que evoluímos de tal forma que estranhos padrões de comportamento anômalos persistem? Por que temos um sistema cognitivo que tende a tais erros sistemáticos? Ou, para colocar de outra forma, nós não deveríamos ser mais inteligentes que o pombo médio?

O professor French sugere: "A resposta é que em termos evolucionários faz mais sentido ter um sistema cognitivo que funcione muito rapidamente e normalmente produza a resposta certa do que um que funcione mais lentamente mais produza uma proporção de conclusões certas ligeiramente maior. Nossa cognição se baseia em uma gama de 'atalhos', tecnicamente conhecida como heurística, que geralmente levam à conclusão correta, mas, sob certas circunstâncias, pode sistematicamente nos desorientar. Nós fomos muito bem-sucedidos como espécie exatamente porque somos bons em estabelecer relações entre acontecimentos e padrões de identificação e regularidades na natureza. O preço que pagamos é uma tendência a algumas vezes detectar ligações e padrões que realmente não estão ali."

Christina Richards é uma experiente montanhista e alpinista e instrutora.

A maior parte de suas escaladas é feita na topografia relativamente modesta da Grã-Bretanha, mas ela destaca que é quase tão fácil morrer em uma queda de 10 metros quanto em uma de mil metros.

Alpinismo claramente é uma atividade mais arriscada que, por exemplo, contabilidade (embora a contabilidade criativa possa ter algumas conseqüências desagradáveis). Mas o alpinismo é intrinsecamente perigoso?

"Claro que estamos assumindo riscos calculados", diz Christina. "Alguns alpinistas fazem isso pela adrenalina, mas a maioria das pessoas, se tiver algum respeito por si mesmas, toma as precauções adequadas. Elas avaliam o risco de morte."

Qual é o peso que tem a sorte no alpinismo?

"A sorte é um fator significativo em uma escalada. Ela está ligada ao que chamamos de perigos objetivos; coisas que não podemos controlar, como desmoronamentos, soltura de presilhas, avalanches. Isso pode provocar problemas reais."

E como os alpinistas lidam com esses elementos incontroláveis? Eles são supersticiosos?

"Muitos são. Eles tendem a fazer coisas que os façam se sentir com mais sorte, portanto mais seguros. Eu sigo certas rotinas com minhas cordas e com o resto do meu equipamento, mas eu principalmente carrego um anel em uma corrente no pescoço. Ele me foi dado por um amigo, e eu acho que ele traz sorte.

"Alpinistas cumprem todo tipo de comportamento ritual quando começam uma escalada. Isso os ajuda a se concentrar, mas também faz com que se sintam melhor. Ninguém nunca pragueja durante uma escalada, mesmo o mais completo ateu. Em um ambiente tão perigoso, você não quer forçar a sorte."

O que aconteceria se Christina estivesse prestes a começar uma escalada e de repente percebesse que tinha esquecido o anel no hotel?

"Isso dependeria do grau de dificuldade da escalada. Se fosse difícil eu iria querer que tudo estivesse em ordem. Se meu equipamento não estivesse absolutamente certo ou se eu não estivesse com meu anel, eu não faria. Tudo precisa ser pesado."

Ela realmente acredita que seu anel a ajudará a subir ou descer uma montanha em segurança?

"Se eu estivesse embarcando em algo com conseqüências menores – dirigir para ir visitar um amigo, por exemplo – e não estivesse com meu anel, isso não seria um problema. Mas quando a conseqüência potencial é a morte – simplesmente não vale a pena correr o risco. Tudo tem a ver com o nível das conseqüências."

Que força o anel exerce sobre a sorte de Christina?

"Acho difícil dizer estando sentada confortavelmente e falando sobre isso, mas há uma sensação de que ele me dá mais sorte, me torna mais bem-sucedida. Por mais ridícula que possa parecer essa noção, isso não soa tão ridículo quando você está pendurado de uma montanha pela ponta dos dedos."

A ambição de Christina é escalar um dos picos mais perigosos do mundo, o K2. Apenas 50% dos alpinistas que desafiam este monstro sobrevivem para contar a história. O anel de Christina ajudaria a encorajá-la a fazer uma escalada tão arriscada?

"Isso faria uma pequena diferença. Embora o treinamento e as habilidades dos outros alpinistas fossem muito mais significativos. No caso do K2 os perigos objetivos do tempo e de avalanches são muito maiores. Mas eu adoraria ter uma chance com ele. Eu sei que as chances de sobrevivência são meio a meio – mas se você tem de morrer em uma montanha – que forma de morrer."

Há o risco de que alpinistas possam confiar demais em amuletos ou em sua própria sensação de ser uma pessoa de sorte?

"Um cara que eu conheço tem uma sorte fenomenal. Ele se sai bem onde qualquer outro teria morrido. Ele era capaz de cair e aterrissar sobre seus pés, ou chegava ao fim de uma escalada, sua corda se soltava e terminava em um bolo a seus pés. Ele era um viciado em adrenalina. Ele chegava a inclinações negativas e se dava bem. Ele se considerava com sorte – até o momento em que uma pedra escapuliu de sua mão – um risco objetivo – e ele escorregou pela montanha e quebrou as costas."

Richard Wiseman destaca que o risco de acreditar demais na própria sorte não se limita a viciados em adrenalina.

"Uma pesquisa realizada por psicólogos da Irlanda do Norte revelou um aumento do número de pessoas que confia plenamente na perspectiva de sorte na loteria como forma de melhorar de vida. Em vez de tentarem conseguir um emprego ou buscar uma promoção, elas estão apenas recostando e esperando que seus números da sorte sejam sorteados. Elas estão convencidas de que isso vai acontecer, de modo que não vêem porque deveriam se esforçar em qualquer outra área de suas vidas.

"Confiar em crenças supersticiosas na sorte é algo desastroso. A sorte simplesmente não funciona dessa forma. A pesquisa mostra que pessoas azaradas tendem a ser mais supersticiosas que pessoas com sorte. Pessoas com sorte normalmente têm uma postura mais construtiva em relação aos problemas das suas vidas. Pessoas azaradas investem todo o seu otimismo em uma instância externa. Elas têm uma perspectiva mágica da sorte. O problema é que todos esses rituais supersticiosos, bater na madeira e amuletos não funcionam, e essas pessoas apenas acabam se tornando ainda mais azaradas."

O professor Chris French diz que a pesquisa demonstra que as pessoas que são psicologicamente saudáveis e se consideram com sorte na verdade estão menos em contato com a realidade que as depressivas.

"A verdade é que a vida real é bastante assustadora", diz ele. "Os depressivos consideram isso garantido. As pessoas que não sofrem de depressão são as que têm aquilo que chamamos de 'otimismo não realista'. Nós pedimos que as pessoas preencham questionários e perguntamos a elas quais são as chances de determinadas coisas negativas lhes acontecer – serem atropeladas por um ônibus ou contraírem uma determinada doença. A maioria das pessoas supõe que coisas ruins não acontecem com elas, e que coisas boas acontecem. E a verdade é que elas estão sendo exageradamente otimistas. Mas se você leva a vida como se fosse uma pessoa de sorte, há uma tendência a que aconteçam coisas boas com você, pois você está disposto a correr riscos. Não levando uma vida excessivamente cautelosa, preocupada e ansiosa, você consegue mais da vida. Este é um bom exemplo de uma situação em que uma crença irracional pode ser psicologicamente saudável."

Na análise final, quer entremos para a escola de sorte e aprendamos a controlar nossa sorte, quer carreguemos pés de coelho na esperança de afastar o azar – ou simplesmente permaneçamos disponíveis para qualquer sorte que nos seja enviada do alto (literalmente, no caso do guarda florestal Roy Sullivan), a Fortuna pode ser muito maliciosa.

Em junho de 1980, Maureen Wilcox comprou bilhetes tanto da loteria de Massachussetts quanto da loteria de Rhode Island. Ela tinha os números sorteados nas duas, mas não ganhou um centavo. Seus números de Massachussetts foram sorteados na loteria de Rhode Island, e seus números de Rhode Island foram sorteados na loteria de Massachussets.

O que ela pode ter feito para merecer isso?

CAPÍTULO 7

A coincidência faz sentido?

Matemáticos não são pessoas de fantasias. Eles são racionalistas, utilizando números para entender os mistérios da vida. Onde outros vêem as coincidências como provas de magia ou intervenção divina, eles vêem as leis da probabilidade em ação.

Assim, quão improvável algo precisa ser, quão grandes as probabilidades contra ele antes que um velho matemático embolorado esteja preparado para aceitar que aquilo estava além da coincidência – que realmente algo bastante estranho estava acontecendo?

Qual você acha que é a coisa mais improvável de acontecer? Ganhar milhões na loteria – duas vezes? Ser seguidamente atingido por raios? Essas coisas acontecem, como já vimos. Elas não acontecem com muita freqüência, claro, e normalmente não conosco, mas elas acontecem. Os matemáticos dizem que se uma coisa pode acontecer, acontecerá – um dia. Apenas coisas impossíveis não acontecem – como descobrir icebergs no Saara ou táxis sob a chuva.

A matemática da probabilidade – ou da coincidência – faz sentido? Quais seriam as chances, por exemplo, de ser atingido por um meteorito minutos após de discutir as chances de isso não acontecer? E se isso acontecesse, um matemático estaria preparado para acreditar que foi apenas coincidência? A resposta para isso virá mais tarde.

Enquanto isso, do lado oposto da escala de probabilidade, o quão devemos ficar surpresos quando conhecemos em uma festa alguém que por acaso nasceu no mesmo dia que nós?

Como as chances contra são de 365 por uma, não parece que isso deveria acontecer com freqüência. Quando encontramos alguém com quem partilhamos o dia de nascimento, tendemos a achar que alguma coisa especial aconteceu. Interessante, de todos os dias do ano, nós fazemos aniversário no mesmo dia. Que coincidência!

Surpreendentemente, a fórmula matemática (bastante complicada) determina que você só precisa de 23 pessoas em uma sala para que haja mais de 50% de chances de que duas delas façam aniversário no mesmo dia.

Este parece ser um número absurdamente baixo – um que merece ser testado. Nós procuramos uma amostra média de pessoas. Aqueles dos quais nos aproximamos de fato não estavam no ônibus de Clapham, mas estavam de pé na Clapham High Street, esperando por ele. Será que a teoria se provaria correta?

No caso, precisamos ouvir 29 pessoas antes de encontrarmos uma coincidência. Uma jovem que esperava pelo ônibus tinha nascido no dia 24 de julho, mesmo dia da sexta pessoa com quem tínhamos falado. A jovem no ponto de ônibus não ficou nem um pouco surpresa de que nós só precisássemos ter falado com tão poucas pessoas. Na verdade ela achou improvável que nós tivéssemos precisado falar com tantas. Seu namorado e quatro de seus amigos faziam aniversário no mesmo dia!

O eminente matemático Warren Weaver certa vez explicou isso em um jantar reunindo militares americanos de alto escalão e então começou a circular a mesa comparando dias de nascimento. Para seu desapontamento, ele chegou ao último oficial sem descobrir uma única coincidência. Mas ele foi salvo pela 23ª pessoa na sala. A garçonete, que estava prestando atenção, anunciou que tinha nascido no mesmo dia de um dos generais.

As verdades matemáticas freqüentemente são contra-intuitivas. A realidade pode nos surpreender e deliciar – ou, às vezes, nos perturbar. Nós temos uma tendência natural a pensar que a possibilidade de algo acontecer é ou muito maior ou muito menor do que ela realmente é. Nossa subestimação das chances contra ganhar na loteria faz com que continuemos a comprar bilhetes, e nossa superestimação das chances contra um acidente de trânsito faz com que continuemos a dirigir.

Vamos dar uma olhada em outras coisas improváveis. Se você está jogando bridge e recebeu uma mão contendo 13 cartas no mesmo naipe, provavelmente ficou impressionado. Mas de fato essa possibilidade não é mais provável ou menos provável do que qualquer outra combinação de cartas. A possibilidade de receber qualquer mão prevista é, claro, outra coisa. As chances de receber todas as cartas de espadas, por exemplo, foi calculada em 635.013.559.600 por uma.

Assim, o jogador de bridge comum não deve esperar que esse tipo de coisa aconteça a ele com freqüência durante sua vida, a não ser que ele viva no mundo descrito pelo biólogo evolucionário Richard Dawkins em seu livro *The Blind Watchmaker*:

> Se em algum planeta houver seres com uma expectativa de vida de milhões de séculos, sua projeção de risco compreensível irá se estender muito no sentido da extremidade direita do continuum. Eles irão esperar receber uma mão de bridge perfeita de tempos em tempos, e nem se preocuparão em escrever para casa quando isso acontecer.

Quando Dawkins diz "mão de bridge perfeita" ele está falando de alguém que recebe uma combinação perfeita, como 13 cartas do mesmo naipe. No bridge, uma "mão perfeita" seria uma que não pudesse ser batida, e envolve cálculos matemáticos bastante diferentes. Caso você esteja interessado, as chances de receber uma mão perfeita no bridge são de 169.066.442 contra uma.

Seja como for, em um planeta onde as pessoas vivam por incontáveis milênios, a perspectiva de *todos os quatro* jogadores de uma partida de bridge receberem combinações perfeitas parece um pouco improvável. Dawkins calculou as chances contra isso acontecer como sendo de 2.235.197.406.895.366.368.301.559.999 por uma.

Por mais perturbadora que essa probabilidade possa parecer, um acontecimento extraordinário como este aparentemente se deu

– em um clube de uíste em Bucklesham, Suffolk, em janeiro de 1998. Segundo a reportagem do *Daily Mail*:

> Hilda Golding, de 87 anos de idade, foi a primeira a pegar sua mão. Ela recebeu todos os treze paus do baralho. "Eu fiquei encantada. Eu nunca tinha visto nada como aquilo antes, e eu já jogava havia mais de 40 anos", disse ela.
> Hazel Ruffles recebeu todos os ouros. Alison Chivers ficou com as copas. As espadas estavam no morto. Alison Chivers insiste em que as cartas foram devidamente embaralhadas. "Era um baralho comum. As cartas estavam embaralhadas quando fomos para a mesa e Hazel as embaralhou novamente antes de distribuir."

As senhoras do clube de uíste de Bucklesham tinham acabado de ganhar uma aposta astronômica. De fato, era mais provável que cada uma delas ganhasse o primeiro prêmio da loteria nacional e a loteria esportiva na mesma semana. Infelizmente, isso não rendeu a elas um único centavo.

Então, quão espantados devemos ficar com um acontecimento como este? O fato de que nós temos conhecimento dele é um produto de "reportagem seletiva". Os jornais publicaram a história porque decidiram que era algo marcante. A mão de bridge perfeita tem mais chances de se tornar manchete do que a mão imperfeita. Nós não lemos manchetes como "Jogadores de uíste de Suffolk recebem mão aleatória".

William Hartston, autor de *The Book of Numbers*, acredita que ficamos excitados demais com coincidências. Ele, por exemplo, não ficou nada impressionado com a história dos dois jogadores de golfe que conseguiram um *hole-in-one* em tacadas sucessivas. Os jogadores tinham o mesmo sobrenome, mas não eram parentes. Isso não foi extraordinário?

Nem um pouco, diz Hartston: "Para começar, vamos dispensar essa coisa dos golfistas terem o mesmo nome. O torneio era em Gales e o sobrenome comum era Evans."

Mas tanto Richard quanto Mark Evans acertaram um *hole-in-*

one no terceiro buraco em tacadas sucessivas. Quais são as chances disso acontecer?

Hartston estima que as chances de um *hole-in-one* variam entre uma em 2.780 para um profissional de alto nível e uma em cerca de 43 mil para um amador. No último caso ele calcula que em um determinado buraco qualquer, a chance de dois jogadores acertarem a bola com suas tacadas iniciais, um após o outro, seria de 1,85 bilhão contra uma.

E isso não é impressionante?

Aparentemente não, explica Hartston: "Há no país cerca de dois milhões de golfistas que em média jogam duas partidas por semana. Isso significa mais de 200 milhões de partidas de golfe por ano, correspondendo a um total de 3,6 bilhões de buracos. Aquele 1,85 bilhão contra uma tacada já não parece tão improvável, não é mesmo?" De fato, se os cálculos de Hartston estiverem corretos, devemos esperar que esse tipo de coisa aconteça no país aproximadamente uma vez por ano.

Ele argumenta que histórias e estatísticas como essas mostram duas coisas: primeiramente, que nós somos ruins na avaliação de probabilidades, e depois que tendemos a nos desviar no sentido do otimismo. "Encorajados por histórias de *holes-in-one*, *royal flushes* e vitórias na loteria, nós balançamos nossos tacos de golfe com fé cega e colocamos nossas economias em apostas impossíveis, esperando atrair a atenção da Fortuna. Mas ao mesmo tempo nós jogamos futebol, em que as contusões mandam meio milhão de pessoas para os hospitais a cada ano, viajamos de carro, que mata cinco pessoas por dia, e fumamos, o que provoca 90 mortes por dia."

Nos 50 anos que se seguiram à conquista inicial do Monte Everest por Sir Edmund Hillary e Sherpa Tenzing, em maio de 1953, 800 pessoas escalaram a montanha mais alta do mundo. Dessas, 180 morreram na tentativa. William Hartston destaca que a taxa de sucesso em relação às mortes é de aproximadamente cinco por uma – a mesma da roleta russa.

Gostamos de pensar que acidentes e azar só acontecem com outras pessoas. Momentos de inacreditável boa sorte, esperamos, acontecerão conosco. Certamente nossa incapacidade geral de compreender plenamente as sutilezas das leis da probabilidade pode levar a algumas atitudes bastante estanhas em relação aos riscos.

Em um trabalho produzido pela Faculdade de Administração Said destaca que todos nós normalmente corremos o risco de sermos mortos em um acidente de trânsito. Quase um homem a cada cem (embora o número de mulheres seja muito menor) morre dessa forma. Portanto, quanto mais deveríamos pagar por equipamentos de segurança extras que diminuam o risco, como *airbags* e áreas de deformação? Mil libras, ou talvez até duas mil libras? Mas quanto você precisaria receber antes de concordar em cruzar um campo minado em que a chance de você ser morto é de uma em cem? Quase que certamente mais de duas mil libras, sugere o trabalho.

Qualquer um realmente interessado em compreender o significado das coincidências (e que queira ter mais clareza acerca dos riscos de vida) achará úteis as seguintes estatísticas:

- As chances de ganhar na loteria nacional com um bilhete: 13.983.815 por uma
- Ganhar qualquer coisa com um bilhete da Loto: 53 por uma
- Receber um *royal flush* no pôquer: 649.739 por uma
- Conseguir um *hole-in-one* em qualquer tacada: 42.952 em uma
- Todos os quatro jogadores receberem uma mão perfeita no uíste: 2.235.197.406.895.366.368.301.559.999 em uma
- Ser assassinado no próximo ano: 80.000 em uma
- Ser atingido por um raio: 600.000 em uma
- Morrer jogando uma partida de futebol: 25.000 em uma
- Morrer em um acidente de trem: 500.000 em uma
- Morrer esmagado por um ônibus: 1.000.000 em uma
- Morrer em um acidente de avião: 10.000.000 em uma
- Morrer de choque alérgico com comida: 250.000 em uma

E as chances de dois galeses terem o mesmo sobrenome: 15 em uma.

Quais são as chances contra sonhos se tornarem realidade? Relatos de sonhos proféticos têm sido feitos ao longo dos tempos – dos antigos assírios e babilônios até as civilizações egípcia, grega e romana. Há muitos relatos na Bíblia. E eles continuam a acontecer.

Sharon Martens, de Milwaukee, Wisconsin, tinha 14 anos de idade quando conheceu e se tornou grande amiga de um garoto chamado Michael. Cerca de um ano mais tarde ela teve um sonho perturbador – ela e Michael estavam em um jogo de basquete e ele contou que deixaria a cidade na terça-feira seguinte. Naquela mesma semana, Michael falou com ela na escola e disse que sua família tinha tomado a decisão repentina de se mudar para o Colorado. Quando ele partiria? Na terça-feira seguinte, contou ele.

A jovem Sharon teve alguma espécie de premonição paranormal? Ou foi apenas coincidência? E se foi apenas coincidência, quais seriam as chances contra isso acontecer? Em um artigo publicado no *Washington Post* em 1995, Chip Denman, estudioso de estatística da Universidade de Maryland, apresentou o número.

Ele fez uma série de cálculos matemáticos complexos, envolvendo diversas suposições acerca de com que freqüência nós sonhamos e as chances de qualquer sonho específico se tornar realidade. Ele acabou chegando à conclusão de que a pessoa comum, simplesmente como resultado do acaso e sem a ajuda de poderes psíquicos especiais, teria um sonho que antecipasse acuradamente acontecimentos futuros uma vez a cada 19 anos. "Não me espanta que muitos dos meus alunos me contem que isso aconteceu com eles", diz Chip.

O professor Ian Stewart, um dos mais conhecidos e respeitados matemáticos do Reino Unido, estudou o fenômeno da coincidência. Ele continua cético quanto à explicação para acontecimentos gratuitos aparentemente impossíveis estar fora do âmbito das leis da probabilidade. Ele acha que as pessoas que supõem que algo paranormal está acontecendo não estão conseguindo compreender os fatos.

Seria possível, então, apresentar uma história de coincidência que Ian Stewart não pudesse explicar em termos puramente matemáticos? O professor Stewart estava preparado para aceitar o desafio. Jogo feito.

Martin Plimmer tinha passado o feriado com a mulher e os filhos e tinham jogado cara ou coroa. Sua mulher disse cara ou coroa corretamente 17 vezes seguidas. Foi apenas coincidência?

O professor Stewart desprezou a idéia. "Pense nisso matematicamente. Nós supomos que cara e coroa são igualmente possíveis... Meio vezes meio vezes dezessete, isso dá cerca de... uma probabilidade de uma em 100.000. Isso é bastante incomum. Algo como isso aconteceu comigo uma vez. É uma chance de apenas uma em cem mil. Às vezes você tem sorte."

Isso foi bastante frustrante. A mulher de Martin não tinha, de alguma forma misteriosa, influenciado a queda da moeda, ou de alguma forma "lido" como ela iria cair ou atingido um nível raro de harmonia cósmica com os filhos. Ela apenas tivera sorte.

Para uma diversão de feriado que realmente consumisse tempo ela reveria ter jogado uma moeda de modo que ela desse cara 50 vezes consecutivas. Aparentemente para conseguir isso seria necessário um milhão de homens jogando moedas dez vezes por minuto, quarenta horas por semana – e mesmo assim isso só iria acontecer uma vez a cada nove séculos. Mas iria acontecer. E então, supostamente, os homens poderiam ir para casa.

O que Ian Stewart pensa da seguinte coincidência?

No Grande Prêmio da Espanha de 1997, três pilotos, Michael Schumacher, Jacques Villeneuve e Heinz-Harald Frentzen, deram a volta em exatamente 1 minuto, 21.072 segundos.

Isso não foi uma coincidência extraordinária, como sugeriram na época os atônitos comentaristas?

Mais uma vez, o professor Stewart não ficou impressionado. Todos os pilotos de ponta fazem voltas aproximadamente na mesma velocidade, de modo que é razoável supor que os três tempos mais rápidos estarão na mesma faixa de décimos de segundo. Em intervalos de um milésimo de segundo, há 100 tempos de volta possíveis entre os quais escolher. Suponha, para simplificar, que cada tempo nessa faixa é igualmente provável. Então, há uma chance em cem de que o segundo piloto dê a volta no mesmo tempo que o primeiro, e uma em cem de que o terceiro dê a volta no mesmo tempo que os outros dois – o que leva a uma estimativa de uma em 10.000 como a probabilidade de coincidência. Suficientemente baixa para ser impressionante, mas não tão baixa que devamos ficar realmente impressionados. É aproximadamente tão provável quanto um *hole-in-one* no golfe.

> *Um homem pilotando uma bicicleta motorizada nas Bermudas foi morto em uma colisão com um táxi, exatamente um ano depois de seu irmão ter sido morto na mesma rua, pelo mesmo motorista de táxi, conduzindo o mesmo passageiro, e na mesma bicicleta motorizada.*

"Essa é outra em que as chances são baixas, mas as circunstâncias conspiram para que ela aconteça", diz Stewart. "O irmão estava usando a mesma bicicleta motorizada, então ele obviamente não era supersticioso. Provavelmente era uma rua perigosa. O taxista obviamente não era um bom motorista. A experiência é realizada milhões de vezes por ano. Você não ouve histórias de alguém sendo morto por um taxista diferente. Esse tipo de acontecimento é improvável, mas ainda assim freqüentemente acontecerá."

Era hora de Martin Plimmer mandar sua história "assassina".

> *Martin tinha levado seu filho de seis anos de idade ao hospital para uma pequena operação. Quando a enfermeira deu uma injeção, Martin desmaiou – batendo com a cabeça ao cair. O hospital insistiu em que ele fizesse uma radiografia. Ele foi ao departamento e pediram que esperasse. Em uma mesa em frente a ele havia uma revista de quatro anos antes – aberta em um artigo que ele tinha escrito – sobre dores de cabeça.*

"Essa é boa. É surpreendente e incomum. Coisas como essa não acontecem a você com muita freqüência, e é por isso que achamos impressionantes as coincidências. Dados todos os fatores envolvidos, as chances contra isso acontecer deve estar na faixa de um milhão em uma. Mas quantas coisas acontecem a você em um dia? Mil coisas? Pelo menos. Ao longo de três anos... mil dias, com mil coisas acontecendo por dia, um milhão de coisas acontecem a você. Entre elas haverá uma em que as chances sejam de um milhão em uma. Então, aproximadamente uma vez a cada três anos algo como isso pode acontecer a você. Se estiver acontecendo a você com uma freqüência maior que esta, então se torna matematicamente interessante."

O professor Stewart diz que a razão pela qual tendemos a ficar impressionados quando essas coincidências ocorrem não é simplesmente porque elas ocorrem – mas porque elas ocorrem conosco. "De todas as pessoas do mundo com as quais poderia ter acontecido, aconteceu com você. O Universo o escolheu. E não há explicação para isso."

Ele acrescenta que nossa intuição é mais que inútil quando pensamos acerca de coincidências. "Ficamos impressionados quando damos de cara com amigos em lugares atípicos, porque esperamos que os acontecimentos aleatórios sejam igualmente distribuídos – então os feixes estatísticos nos surpreendem. Nós pensamos que um sorteio 'típico' na loteria nacional britânica é algo como 5, 14, 27, 36, 39, 45 – mas que 1, 2, 3, 19, 20, 21 é muito menos provável. Na verdade, esses dois conjuntos de números têm a mesma probabilidade – uma em 13.983.815. Seqüências de seis números aleatórios têm mais probabilidade de serem reunidas que não serem.

O que então o professor Stewart diria de uma das mais famosas de todas as histórias de coincidências – aquela que liga as vidas e mortes dos presidentes Abraham Lincoln e John F. Kennedy?

Abraham Lincoln foi eleito para o Congresso em 1846. Kennedy foi eleito em 1946. Lincoln foi eleito presidente em 1860.

Kennedy foi eleito em 1960. Os sobrenomes de ambos contêm sete letras. Ambos se preocupavam com os direitos civis. Ambos foram mortos numa sexta-feira. Ambos foram baleados na cabeça. Ambos foram assassinados por homens com três nomes somando quinze letras. John Wilkes Booth, que assassinou Lincoln, nasceu em 1839. Lee Harvey Oswald, que assassinou Kennedy, nasceu em 1939. E assim por diante...

"Se você simplesmente pegar a lista de coisas, parece uma seqüência de acontecimentos muito improvável. Mas isso é numerologia. As pessoas estão procurando as coisas que são iguais e ignorando todas as coisas que são diferentes. Você se concentra no fato de que alguns nomes têm o mesmo número de letras, mas outros nomes não têm. A tendência nos Estados Unidos de as pessoas usarem três nomes é bastante alta, então despreze isso. Em média, quantas letras três nomes têm? Bem, quinze provavelmente está perto da média. O fato de que eles nasceram com cem anos de diferença significa que suas carreiras provavelmente seguem as pistas uma da outrta com aproximadamente 100 anos de distância. Ambos foram mortos numa sexta-feira – bem, isso é apenas uma chance em sete.

"Se você fizer essas brincadeiras buscando semelhanças e estiver disposto a ser imaginativo sobre o que estiver procurando e levar em conta apenas as coisas que são semelhantes, eu suspeito que poderá pegar quaisquer duas pessoas no planeta e encontrar um impressionante volume de coisas em comum.

"O fato é que ambos são seres humanos, o que significa que de início têm muitas coisas em comum. Você só precisa descobrir o que é."

E há provas que sustentam isso. Há pouco tempo, *The Skeptical Inquirer* promoveu um concurso para descobrir "coincidências impressionantes" entre outros líderes mundiais. O vencedor descobriu 16 surpreendentes semelhanças entre Kennedy e o presidente Alvaro Obregon, do México.

Arthur Koestler sugeriu que uma explicação possível para as coincidências é que coisas parecidas no Universo podem ser atraídas umas pelas outras. Ian Stewart tem alguma simpatia por esse ponto de vista?

"Em certo sentido isso é verdade. Mas por razões óbvias. Pessoas que viajam muito de avião serão atraídas uma para a outra em aeroportos. Não será uma surpresa se muitas coincidências acontecerem comigo em aeroportos, porque eu passo muito tempo neles.

"No que diz respeito a um tipo de atração mais mística das coisas parecidas, eu não estou convencido. Algumas pessoas sugerem que há uma secreta ordem oculta no Universo e que nosso trabalho como cientistas é descobrir qual é ela. Mas esse tipo de unidade no Universo está em um nível tão profundo – de partículas fundamentais todas obedecendo às mesmas regras – que isso não se traduz em algo significativo no nível das pessoas em termos de uma associação óbvia de semelhante com semelhante..."

Então, repentina e inesperadamente, surgiu uma fissura no ceticismo blindado do matemático acerca de alguma espécie de força sincronística que cria coincidências.

"... por outro lado, eu não posso dizer que seja absurdo, quero dizer, o Universo é um lugar muito estranho e funciona de uma forma que não compreendemos muito bem."

Isso significa que, afinal, seria possível pensar em um roteiro de coincidências que o professor Stewart não pudesse descartar como resultado de puro acaso – que estava "além da coincidência"?

"O ponto em que eu perco confiança em minhas explicações é quando eu chego ao ponto em que eu não estou explicando – mas dando explicações."

E se, por exemplo, nós estivéssemos falando sobre meteoritos e um aterrissasse em um prédio próximo. Isso poderia ser descartado?

"Eu não acho que pudesse. Seria muito difícil. No mínimo seria algo marcante – de provocar perplexidade. A probabilidade de ser atingido por um meteorito em um ano qualquer é da ordem de um em um quatrilhão. Uma vaca foi atingida por um meteorito certa vez, e um carro nos Estados Unidos... assim, é provável que nos próximos dez mil anos alguém seja atingido por um meteorito."

Mas Ian Stewart acha que era seguro deixar o prédio?

"Bem, o problema é exatamente que você não sabe. Você pode ir para outro lugar, e aquele ser o lugar que é atingido."

Você não vai adivinhar o que aconteceu quando saímos do prédio...

Nada.

PARTE 2
Coincidência à solta

1. Um mundo pequeno

Quando a coincidência nos dá um tapinha no ombro na forma de um velho amigo em um lugar estranho, nós ficamos maravilhados como vivemos em um mundo pequeno.

Todos concordam que a invenção do aeroplano fez do mundo um lugar ainda menor. Não tão pequeno que você possa colocá-lo no bolso, talvez, mas pequeno o bastante para viajar por metade dele no tempo necessário para assistir à meia dúzia de filmes ruins.

Na verdade, o mundo permaneceu exatamente do mesmo tamanho (12.754 quilômetros de diâmetro no Equador na última verificação), um centímetro a mais ou a menos em função do encolhimento natural. E isso realmente é bastante grande, embora não tão grande quanto Júpiter, claro, que é mil vezes maior em volume. Se as coincidências ocorrem na proporção direta da pequenez do planeta, então presumivelmente elas ocorrem com freqüência mil vezes menor em Júpiter. Alguém deveria dar uma olhada nisso.

Seja como for, aqui na Terra, aviões Jumbo certamente nos permitem circular muito mais e, portanto, aumentam nosso potencial de experimentar coincidências. Nossos antepassados não tiveram a bênção gloriosa de feriados prolongados na Costa del Sol. Seu potencial de coincidências era limitado ao ambiente de sua cidade ou, como mostra essa velha piada, o bar local:

> Um homem dá de cara com o único freguês em um bar e pergunta se ele pode lhe pagar uma bebida. "Claro, sem dúvida", é a resposta.

O primeiro homem então pergunta: "De onde você é?"
"Sou da Irlanda", responde o segundo.
O primeiro homem diz: "Não diga, eu também sou da Irlanda! Vamos pedir outra rodada e beber à Irlanda."
"Claro", responde o segundo.
"Estou curioso", pergunta então o primeiro. "Você é de onde na Irlanda?"
"Dublin", é a resposta.
"Não posso acreditar", diz o primeiro. "Também sou de Dublin! Vamos pedir outra e beber a Dublin."
"Claro", replica o segundo homem.
Depois de algum tempo o primeiro homem pergunta: "Em que escola você estudou?"
"Saint Mary", responde o segundo. "Eu me formei em 62."
"Isso é inacreditável!", diz o primeiro. "Eu também estudei na Saint Mary e me formei em 62!"
Outro freguês entra no bar. "O que está acontecendo", pergunta ele ao balconista.
"Nada demais", responde o balconista. "Os gêmeos O'Reilly estão bêbados novamente."

Nem o álcool nem o milagre da moderna aviação podem ser responsáveis por muitas das histórias extraordinárias incluídas na categoria "efeito mundo pequeno" de coincidências. Vamos conhecer em maiores detalhes a história das duas Laura Buxton.

Em junho de 2001, Laura Buxton, de dez anos de idade, de Burton, Staffordshire, estava em uma festa, escreveu seu nome e endereço em um cartão de bagagem, o amarrou a um balão cheio de hélio e o soltou em um céu azul-claro.

O balão flutuou 220 quilômetreos até finalmente acabar pousando no jardim de outra Laura Buxton, de dez anos de idade, em Pewsey, Wiltshire.

A Laura de Wiltshire imediatamente entrou em contato com a Laura de Staffordshire, e desde então as duas são amigas. Elas descobriram que não apenas partilham o mesmo nome e a mesma idade, como ambas são louras, as duas têm um cão labrador preto, um porquinho-da-índia e um coelho.

Você não pode imaginar esse tipo de coisa acontecendo em Júpiter. Mas a Terra claramente é um lugar muito pequeno – como confirmam as seguintes histórias.

DÉJÀ-VICKY

R.T. Kallidusjian ficou em alerta durante uma festa quando um estranho mencionou que sua primeira esposa se chamava Vicky Bigden e era de Weybridge. Vicky Bigden tinha sido sua primeira namorada. A conversa posterior revelou que o primeiro homem tinha se casado com Vicky na mesma hora (14 horas) e no mesmo dia (sábado, 11 de julho de 1964) em que Kallidusjian se casara com sua primeira esposa. Depois, no mesmo verão, os dois casais participaram do festival de Jazz de Antibes.

O PUNGENTE CARTÃO-POSTAL

Quando o pai de James Wilson morreu na África do Sul na década de 1960, James estava de férias na Espanha. Ele interrompeu as férias e se preparou para viajar para a África do Sul via Ilhas Canárias, onde se juntou a seu cunhado de modo a seguirem viagem. Quando estavam no aeroporto das Canárias eles compraram um cartão-postal para enviar para a irmã de James na Holanda. A fotografia mostrava pessoas andando em uma praia. Uma das pessoas era o pai de James.

SENHOR, SOU EU NA *JUKEBOX*

O grupo The Gibsons gravou três compactos pelo selo Major Minor em seu auge, nos anos 60, e durante algum tempo fez algum sucesso no cirtuito de shows. Mas nenhum dos compactos chegou às paradas, e quando os anos 60 desapareceram, eles também fizeram o mesmo. Anos mais tarde, o ex-Gibson Bernie Shaw respondeu a um anúncio classificado e foi até uma fazenda no meio da área rural de Lancashire, esperando comprar uma antiga *jukebox*. O fazendeiro o levou por um campo arado até um velho barracão, e lá, coberta de palha, estava a máquina de música. Ela tinha capacidade para 40 discos de sete polegadas, mas restavam apenas dois, cobertos de poeira. O selo de um deles era indecifrável; o outro era "Only When You're Lonely", dos Gibsons, com Bernie Shaw nos vocais.

"Ele sempre era tocado por Tony Blackburn na Radio 1", disse Bernie, "mas não fez sucesso. Talvez por isso! Seja como for, eu e o fazendeiro ficamos fascinados".

UMA BOA AÇÃO MERECE OUTRA

A primeira promoção de Allan Cheek no emprego foi um choque para ele. Seu empregador chamou Cheek para parabenizá-lo pela forma como ele tinha se saído bem em várias das operações comerciais que tinha conduzido. Tinha chegado a hora, disse ele, de utilizá-lo de uma forma mais confiante e responsável em seu sério projeto comercial.

Não demorou muito para que Cheek se percebesse quão sérios eram esses planos. O primeiro plano era desviar um grande volume de dinheiro de um possível investidor. Cheek se recusou a se envolver, dizendo a seu chefe que se insistisse ele iria pedir demissão e imediatamente procurar a possível vítima para alertá-la.

O chefe ficou furioso. "Você não tem condições de ser escrupuloso", disse ele. E estava certo: Cheek estava duro e precisava do emprego.

"Mas eu realmente não tinha escolha", disse ele. "Eu pedi demissão". Ele imediatamente dirigiu 290 quilômetros até Paignton, em Devon, onde vivia a vítima, que não suspeitava de nada. O homem ficou um pouco desconcertado com a visita surpresa; ele não queria pensar que poderia ter levado um golpe.

"Bem, é com o senhor", disse Cheek. "Eu fiz o que podia." E dirigiu de volta para casa.

Dois anos depois ele estava trabalhando em Londres para a nova subsidiária britânica de uma editora americana que estava com sérios problemas. Em poucos meses o investimento inicial tinha sido desperdiçado e tinha sido acumulada uma enorme dívida nos bancos. O presidente americano decidiu que era hora de apagar as luzes, e viajou dos Estados Unidos para afastar pessoalmente o diretor administrativo e encerrar a operação.

Cheek, porém, achava que algo podia ser preservado, e trabalhou a noite inteira em um relatório mostrando como a empresa poderia prosperar se continuasse a operar. No dia seguinte, durante várias horas, o presidente discutiu com ele sobre o relatório, antes de finalmente concordar em deixar Cheek no comando. "Está por sua conta" foram suas últimas palavras.

Cheek precisaria fazer um milagre sem um tostão, então a primeira coisa foi transferir a empresa dos caros escritórios que alugava em Manchester Square. Mas então ele precisava de um escritório. Nos classificados do vespertino local ele viu o anúncio de três salas apertadas acima de uma garagem em um lugar escondido de Kensington. Ele marcou uma hora para dar uma olhada. Não era muito adequado, mas era barato. Ainda assim, ele não podia pagar. Ele acompanhou o proprietário escada abaixo e saiu para a calçada.

"Elas servem", disse ele, "mas há um pequeno problema. Eu não posso pagar nenhum aluguel – por enquanto". Ele expôs sua situação difícil, esperando ansiosamente que o proprietário partilhasse com ele a mesma fé em sua empresa quase falida.

O proprietário ficou em silêncio durante algum tempo, então disse, de forma surpreendente: "Qual é mesmo o seu nome?"

"Allan Cheek."

"O senhor foi a Paignton há dois anos para alertar um homem que ele estava prestes a ser enganado?"

"Sim."

"Era meu irmão. Ele teria perdido as economias de toda a sua vida. Mude-se quando quiser e me pague quando puder."

"E foi assim", diz Cheek, "que a Corgi Books começou."

Em quatro anos a empresa tinha não apenas pago a seu generoso locador e eliminado suas dívidas, mas com as vendas de livros se aproximando de cinco milhões e meio de exemplares por ano, conseguiu se transferir para um novo conjunto de escritórios, com depósito anexo, em Park Royal.

A CONVIDADA ATRASADA

Patti Razey foi convidada para o casamento de sua amiga Janet. Ela não pode ir, porque tinha combinado viajar de férias para a Tunísia com Liz. Dois dias depois, Liz foi informada de uma morte na família e teve de voltar para casa. Desapontada por estar sem nenhum amigo, Patti decidiu aproveitar e sair em um passeio de ônibus. No ônibus estava Janet com seu novo marido. Patti disse: "Bem, eu não consegui ir ao casamento, mas consegui pegar a lua-de-mel."

PROPRIEDADE PERDIDA

Em 1953, o colunista do *Chicago Sun-Times* Irving Kupcinet se registrou no hotel Savoy, de Londres, para cobrir a coroação de Elizabeth II. Ele abriu um armário em seu quarto e encontrou alguns pertences pessoais de um velho amigo, o jogador de basquete Harry Hannin, do Harlem Globetrotters. Dois dias depois Hannin enviou uma carta do Hotel Meurice, em Paris. Hannin escreveu: "Você não vai acreditar, mas eu acabei de abrir um armário aqui e encontrei uma gravata com o seu nome." Kupcinet tinha se hospedado naquele mesmo quarto de hotel alguns meses antes.

Fonte: *Mysteries of the Unexplained*

O ORIGINAL DEVOLVIDO

Um aspirante a escritor enviou um original para uma editora de Londres e esperou ansiosamente por uma resposta. Algum tempo depois ele encontrou o original jogado em seu quintal. Com raiva, ele telefonou para a editora para perguntar o que estava acontecendo.

A editora explicou que de fato tinha ficado bastante impressionada com o trabalho. Ele tinha sido roubado de seu carro na noite anterior, juntamente com várias outras coisas quando ela estava em um restaurante no Notting Hill Gate.

Ela só podia chegar à conclusão de que os ladrões não tinham feito uma avaliação do original tão boa quanto a dela e que o tinham jogado por cima da cerca de jardim mais próxima.

ENCONTRO EM CANNES

Onde você esperaria encontrar o homem que tinha sido o mestre de seu pai em uma ferrovia em Crewe 50 anos antes? Certamente não em Cannes, no Sul da França, mas foi onde Scott Roberts deu de cara com o sr. Nash, um conhecido de seu pai do início do século.

O ano era 1955 e Scott tinha chegado a Nice para um feriado enforcado se sentindo enjoado do vôo noturno. A primeira coisa que ele fez foi adormecer à sombra na praia. Ele acordou com os pés, que tinham ficado ao sol, vermelhos e em carne viva. Era o fim da praia para Scott, então no dia seguinte, seguindo um capricho, ele pegou um ônibus pela costa até Cannes, e passou duas horas passeando pela Croisette, apreciando a vista. Nesse momento seus pés estavam extremamente doloridos, então ele voltou para a rodoviária com a intenção de sentar e escrever postais para casa. Havia apenas um assento disponível na rodoviária. Ele se sentou, e não teria falado com o cavalheiro idoso junto a ele se não tivesse derrubado um dos cartões postais sem perceber.

O senhor, um americano na casa dos oitenta anos de idade que estava viajando pela Europa com a esposa, o pegou. O pequeno incidente fez com que eles conversassem. Eles já estavam quase concluindo o roteiro, disse o velho. Eles só precisavam ir à Inglaterra. Ele estava ansioso para mostrar à esposa a casa em que tinha nascido.

E onde era? Crewe. Onde em Crewe? Westminster Street, 43. Era a casa em frente ao número 30 da Westminster Street em que Scott vivia.

O velho tinha migrado da Inglaterra 50 anos antes, em 1905, e tinha sido bem-sucedido no negócio imobiliário nos Estados Unidos. Antes disso ele tinha trabalhado na ferrovia em Crewe, e se lembrava do pai de Scott, Alfred, como um jovem aprendiz sob sua responsabilidade.

"Um encontro marcante", diz Scott hoje. "Mesmo após 40 anos eu ainda me lembro claramente do fascínio que senti a cada novo fragmento de informação revelado."

UM BOM TORNIQUETE

Os destinos de Allen Falby, um patrulheiro rodoviário comum do condado de El Paso, e Alfred Smith, um homem de negócios comum, cruzaram-se não uma, mas duas vezes, para vantagem dos dois homens, consecutivamente.

Na primeira vez em que se encontraram, em uma noite quente de junho, Falby estava deitado na estrada em uma poça de sangue, com o sangue correndo rapidamente por uma de suas pernas, de uma artéria rompida. Ele tinha caído de sua motocicleta enquanto tentava interceptar uma picape em alta velocidade. A picape freou sem aviso e Falby se chocou contra a caçamba.

Smith estava voltando para casa quando passou pelo local do acidente. Ele não tinha treinamento médico, mas percebeu rapidamente que Falby estava sangrando até a morte, e o senso comum mostrou a ele o que fazer. Ele fez um torniquete com a sua gravata. A equipe de uma ambulância que chegou alguns minutos depois disse que aquele provavelmente tinha sido o elemento fundamental para salvar a vida de Falby.

Falby passou meses no hospital, mas acabou retornando ao trabalho. Cinco anos mais tarde, no Natal, Falby estava em uma patrulha noturna na auto-estrada quando recebeu um chamado para verificar um acidente na estrada US 80, em que um carro tinha se chocado contra uma árvore. Falby, que foi o primeiro a chegar ao local, encontrou Smith desmaiado no carro, sangrando profusamente de uma artéria rompida em sua perna. Falby, que tinha treinamento em primeiros-socorros, rapidamente colocou um torniquete acima da artéria rompida. Como ele disse mais tarde: "Um bom torniquete merece outro."

Fonte: "Amazing But True", no *National Tattler*

ESTRANHOS À BEIRA-MAR

Um casal pegando sol na praia atraiu a atenção de John Peskett enquanto ele olhava velhas fotografias de férias de sua esposa quando criança. Ele olhou mais perto – e se deu conta, perplexo, de que o casal tomando banho de sol era formado por seus pais.

John e sua futura esposa Shirley, então ambos com dez anos de idade, tinham estado separados por apenas alguns passos na mesma areia e na mesma época sem se darem conta de que estavam destinados um ao outro.

Eles tinham crescido separados por centenas de quilômetros, John em Bidford-on-Avon, Warwickshire, e Shirley em Crawley, Sussex. Em 1963, as duas famílias passaram as férias de verão em Minehead, Sommerset, sentadas no mesmo trecho de praia, mergulharam no mesmo trecho de mar, e voltaram para casa sem terem entrado em contato.

Em 1974, John e Shirley se conheceram em uma escola de formação de professores em Hertfordshire e começaram a namorar. O romance levou ao casamento.

Quando Shirley mostrou seu instantâneo das férias em Minehead, John de início reparou em uma mochila e uma bola de futebol com os quais tinha brincado naquele dia.

Ele disse: "Eu pensei, 'Aquela mulher ali se parece com a minha mãe'.

"Então eu dei uma outra olhada e percebi que ela era minha mãe. Nós ampliamos a fotografia e a levamos para mostrar a meus pais.

"Eles ficaram compreensivelmente chocados, mas eles também acreditavam muito em destino, e achavam que nós tínhamos sido feitos um para o outro."

John disse: "Eu acredito em destino – Eu acho que ele nos coloca no lugar certo na hora certa."

Fonte: *Daily Mirror*, 30 de novembro de 1998

CARTAZ PROFÉTICO

Eileen Bithel, de Portsmouth, ficou tão impressionada com esta coincidência que se sentiu compelida a escrever para o *Times* sobre ela.

"Durante mais de 20 anos permaneceu pendurado na janela do armazém de meus pais um cartaz emoldurado informando em que dia da semana a loja fechava. Duas semanas antes do casamento do meu irmão o cartaz precisou ser retirado para ser alterado, e foi removido de sua moldura. Atrás do cartaz foi encontrada uma grande fotografia mostrando uma garotinha nos braços do pai. O homem era então o prefeito de Wigan, e estava presidindo a inauguração do novo Centro de Saúde. A garotinha era a futura esposa do meu irmão, e o homem seu futuro sogro. Ninguém sabe como esta fotografia específica acabou sendo utilizada como fundo para nosso cartaz da loja, já que nenhuma das pessoas na foto era conhecida da minha família na época, mas agora, vinte anos depois, as duas famílias estão prestes a se unir por um matrimônio."

CARONA DUPLA

O comediante Nick Witty estava viajando de carona pela Nova Zelândia em 1994 e trocou endereços com um dos homens que tinham dado uma carona a ele. Dois anos depois, um amigo seu estava viajando pela Nova Zelândia e recebeu uma carona do mesmo homem. Ele disse: "A última vez em que eu peguei um inglês foi há dois anos". E pegou o endereço de Nick Witty no porta-luvas.

COINCIDÊNCIA ELETRIZANTE

O famoso poeta Craig Raine lembra de ter sido convidado pelo compositor Nigel Osborn a escrever o libreto para a ópera *The Electrification of the Soviet Union*.

"Nigel telefonou para mim certa noite e disse: 'Você está interessado em escrever uma ópera para Glyndebourne?' Eu pensei nisso durante quinze segundos e disse que era uma ótima idéia. Então perguntei se ele tinha uma idéia e ele disse que tinha em mente uma história de Bóris Pasternak chamada *The Last Summer*.

"Eu disse: 'Você não vai acreditar, mas eu o peguei da estante ontem, pensando em lê-lo novamente. Eu o estou vendo daqui'.

"Ele disse: 'O único problema é que talvez nós não consigamos a permissão do espólio de Pasternak'.

"Eu disse: 'Não acho que iremos ter problemas com isso. Minha esposa é sobrinha de Pasternak'."

2. Um mundo pequeno demais

Assim como o "efeito mundo pequeno" pode nos trazer surpresas maravilhosas, encontros bem-vindos, salvamento de morte iminente e outros benefícios, também pode nos trazer dor, humilhação e mesmo a indesejada atenção da polícia. É quando nosso mundo pequeno se transforma em um mundo pequeno demais.

Muitas das pessoas apanhadas nas histórias seguintes certamente gostariam de ter nascido em um planeta muito maior.

DUAS IRMÃS

Duas irmãs dirigindo carros diferentes em uma estrada rural dos Estados Unidos se chocaram de frente, e ambas morreram. Elas estavam viajando para se ver. Policiais estaduais disseram que Sheila Wentporth, de 45 anos, e Doris Jean Hall, de 51, estavam dirigindo jipes em direções opostas na estrada Alabama 25 quando um dos veículos atravessou o canteiro central e colidiu com o outro veículo.

A VINGANÇA DO PATO

Mark Andrews foi enganado em Paris. Ele foi aliviado de seu dinheiro na rua durante um final de semana de férias. E estava chovendo.

Ele estava se abrigando sob a marquise da Galeria Lafayette

quando um motorista parou junto ao meio-fio e o chamou. O motorista estava segurando um mapa rodoviário nas mãos. Ele disse que estava procurando a rota sul, já que estava voltando para a Itália.

Andrews explicou que era inglês e, portanto, provavelmente não seria de grande ajuda.

"Ah, eu gosto dos ingleses", disse ele. O motorista falou durante algum tempo sobre sua filha, que trabalhava como empregada em Londres, e então disse que estava a trabalho em Paris. "Moda masculina", disse. Ele apontou para Andrews: "Você precisa de um casaco; está chovendo. Eu tenho uma amostra sobrando; vou dar a você." Ele passou pela janela do carro alguma coisa em um cabide, embrulhado em plástico, engrenou o carro e saiu.

Ele parou o carro abruptamente alguns metros à frente. Ele se debruçou na janela. "Ei, eu dei a você um belo casaco! Me ajude! Eu preciso de dinheiro francês para o combustível, para voltar para casa."

Na hora não pareceu a Andrews um pedido absurdo. Afinal, ele tinha dado um casaco a ele. Ele ofereceu 100 francos (na época cerca de 10 libras). Não, não era suficiente. O motorista insistiu em outros 200 francos. Inacreditavelmente, diz Andrews, ele os deu. Bem, ele tinha o casaco.

Tinha? Depois que o motorista partiu, Andrew viu que o casaco na sacola era um monte de papelão grosso.

Quatro dias depois Andrews estava de volta a Londres, enchendo o porta-malas de seu carro em Waterloo Place, perto da Regent Street, quando um carro parou junto ao meio-fio e um motorista com sotaque carregado o chamou. Era o mesmo carro, o mesmo homem. Antes que o motorista tivesse tempo de ligar a vítima escolhida ao incidente quatro dias antes, Andrew tinha chegado ao carro e arrancado as chaves da ignição.

"Eu posso chamar aquele policial, ou você pode devolver meu dinheiro", disse. O motorista pagou, com juros.

"Coincidência?", perguntou Andrews. "Destino? Alguém lá em cima gosta de mim?"

NÚMERO ERRADO

Amanda reconheceu a voz em sua secretária eletrônica, embora a pessoa tivesse discado o número errado. Mais ainda, a voz masculina tinha reconhecido sua voz. "Eu liguei errado, mas eu conheço sua voz, embora nós não nos falemos há 15 anos", disse ele. "Eu ouvi a mensagem uma dúzia de vezes, e sei que é você."

Amanda pensava que John tinha saído de sua vida. Quinze anos antes eles tinham tido um relacionamento apaixonado, mas ele tinha acabado tudo por causa de outra mulher, e agora tinha três filhos. Amanda também se casara e tinha quatro filhos.

John deixou outra mensagem pedindo que ela telefonasse para ele. Ela o fez e então foi se encontrar com ele. Agora Amanda e John estão novamente envolvidos em um caso amoroso e tentando desesperadamente impedir as conseqüências potenciais para suas famílias.

COINCIDÊNCIA OU UMA NOVA FORMA DE VINGANÇA?

Uma bola de golfe perdida acertou um homem em um campo em Stockport, Greater Manchester. Dez dias mais tarde, sua esposa foi atingida por uma bola no mesmo local, arremessada pelo mesmo golfista.

Fonte: *Stockport Times*, 6 de setembro de 2001

CHEQUE-MATE

Vincent Leon Johnson e Frazier Black pegaram o caixa de banco errado quando tentaram descontar um cheque roubado.

Um tribunal em Austin, Texas, ouviu como os dois ladrões invadiram a casa de David Conner, roubando dois aparelhos de TV colorida e talões de cheques pertencentes a Conner e sua namorada Nancy Hart – quando os dois estavam trabalhando.

Algumas horas mais tarde, Johnson e Black foram ao banco em que Nancy trabalhava como caixa. Eles deram a ela um cheque falsificado de 200 dólares pertencente a Hart e nominal a

Conner. Os seguranças do banco detiveram os homens até a chegada da polícia.

Fonte: Associated Press, 1977, Austin, Texas

O CARRO DE KARPIN

Agentes do serviço de informações francês prenderam um espião alemão, Peter Karpin, na França, pouco antes da eclosão da Primeira Guerra Mundial. Eles mantiveram a prisão em segredo e mandaram relatórios falsos de Karpin a seus superiores, ao mesmo tempo em que interceptavam dinheiro mandado para ele na França. Os fundos foram utilizados na compra de um carro. Karpin escapou em 1917. Dois anos depois, após o fim da guerra, o carro saiu de controle e matou um homem no Ruhr alemão ocupado pela França. A vítima era Peter Karpin.

Fonte: *Ripley's Giant Book of Believe It or Not!*

ATÉ QUE A MORTE OS SEPARE

Dois carros se chocaram em alta velocidade em Paris em 1996, matando os dois motoristas – que eram marido e mulher. O casal estava separado havia alguns meses, e nenhum deles sabia que o outro estaria dirigindo naquela noite. A polícia investigou a possibilidade de um assassinato-suicídio bizarro, mas concluiu que era mera coincidência.

A BOLSA ERRADA

A polícia de Bari, na Itália, prendeu um ladrão de bolsas após ele ter passado de moto rapidamente por uma mulher e arrancado sua bolsa. A mulher era sua mãe, que o reconheceu e o denunciou.

APANHADO PELO COLARINHO

Um ladrão belga achou que deveria estar bem elegante quando se apresentasse ao tribunal por uma acusação de roubo. Então vestiu seu melhor paletó.

Mas o tiro saiu pela culatra quando o promotor encarregado do caso, Marc Florens, reconheceu como sendo seu o paletó, roubado de sua casa naquele mesmo ano, juntamente com uma câmera e algum dinheiro em espécie. Florens recuperou o paletó, mas, sendo "parte interessada", precisou ser substituído por outro promotor antes que o julgamento fosse reiniciado.

NÃO TOQUE ESSA MÚSICA

A vizinha de Robert Robertson, Sarah, apareceu em seu apartamento muito perturbada, por causa de grandes problemas com o namorado. Com muito tato, ele colocou uma música suave no *CD player* para acalmá-la, mas a primeira nota de "Someone Like You", de Van Morrison, fez Sarah gar um grito de dor. Era a música especial dela e do namorado.

DESMASCARADO

Havia apenas um soldado no exército confederado durante a Guerra Civil americana que compreendia o suíço, e apenas por sorte era seu turno de guarda na noite que os prisioneiros suíços capturados lutando ao lado da União planejaram sua fuga. Bev Tucker alertou seus camaradas após ouvir os prisioneiros sussurrando no idioma de seu cantão natal, onde Tucker tinha freqüentado a escola. Os infelizes conspiradores se depararam com um círculo de baionetas quando tentaram escapar de um trem a caminho de um campo de prisioneiros em Salisbury, Maryland.

PAS DE DEUX EM LEGGINGS

Um respeitável homem de negócios e líder comunitário foi acusado de exposição indecente em três salões de beleza de Des Moines após ter sido identificado pelas funcionárias. J.D. Mullen, um ex-diretor da Câmara de Comércio, teria entrado nos salões Xsalonce, Body Bronze e Professional Image vestindo *leggings* Spandex e praticado atos de "bizarro exibicionismo". A publicidade resultante levou Mullen a perder seu emprego e a se desprezado pelos vizinhos.

Sete meses mais tarde, porém, todas as acusações foram retiradas quando as autoridades se deram conta de que tinham apanhado o homem errado. Foi noticiado que Mullen tinha uma impressionante semelhança com Michael Long, conhecido pela polícia como "Homem Spandex", que tinha sido detido diversas vezes por comportamento similar. As testemunhas concordaram que a semelhança era assustadora. Mullen disse: "Isso acabou com minha família. Embora as acusações tenham sido retiradas, o dano já foi feito."

3. Bom encontrar você aqui

Não apenas é um mundo pequeno. É um mundo pequeno com bilhões de pessoas nele. No momento em que esta frase estava sendo escrita havia, de acordo com o Internet World Population Clock, 6.400.311.262 pessoas vivendo neste planeta (supondo que você está lendo isto na Terra). Esse número terá aumentado consideravelmente no momento em que você está lendo isto. Não surpreende que continuemos dando de cara um com o outro!

Para compreender melhor a natureza dessas coincidências, precisamos também considerar a teoria dos "seis pontos de separação". Primeiramente imagine um campo muito, muito grande. Neste campo nós colocamos todas as pessoas que conhecemos. Então acrescentamos todas as pessoas que aquelas pessoas conhecem, mais todas as pessoas que elas conhecem, mais todas as pessoas que elas conhecem, mais todas as pessoas que elas conhecem, mais todas as pessoas que elas conhecem.

De acordo com a teoria, isso seriam todas as pessoas do mundo, incluindo eremitas do Himalaia e aborígenes errantes do *outback* australiano. Apenas tente, se não acredite em nós.

Talvez o verdadeiramente surpreendente é que em um mundo tão pequeno e densamente habitado, fascinantes encontros casuais não aconteçam com maior freqüência. Talvez Peter Cook e Dudley Moore tenham acertado em cheio neste esquete de humor.

PETER: Olá.
DUDLEY: Olá.

PETER: Como está você?
DUDLEY: Estou muito bem. E você?
PETER: Também estou muito bem.
DUDLEY: Devo dizer que você parece bem.
PETER: De fato eu estou muito bem. Não é fascinante – nós, dando de cara um com o outro assim?
DUDLEY: Sim. De todos os lugares, aqui.
PETER: De todos os lugares! Eu não vejo você desde, bem...
DUDLEY: É, bem... Espere um pouco... Bem, quando foi? Bem... Nós, nós não nos vemos...
PETER: Bem, na verdade nós não nos vemos...
DUDLEY: Nós não nos vemos... Bem... Nunca.
PETER: É isso. Nós nunca nos vimos antes, não é?
DUDLEY: Não.
PETER: Você nunca me viu.
DUDLEY: E eu nunca vi você. Que mundo pequeno.
PETER: Que mundo pequeno!

Eis aqui uma seleção de extraordinários encontros casuais entre pessoas que, diferentemente de Pete e Dud, de fato estavam ligadas.

BEM DEPOIS DA ESQUINA

Nellie Richardson disse adeus a seu irmão Joseph no início da década de 1940 e não o viu por mais de meio século. Joseph era então adolescente, alistado na Marinha Real.

Nellie envelheceu e perdeu a esperança de voltar a vê-lo, mas certo dia, quando estava sentada em uma casa de repouso, ficou petrificada ao ver um homem de 79 anos de idade do outro lado do aposento. Ela soube imediatamente que era Joe.

Talvez tão incrível quanto o encontro era o fato de que seus caminhos tinham sido próximos, mas nunca tinham se cruzado. No momento em que eles se encontraram, Joe vivia na casa havia seis meses, e durante décadas antes disso irmão e irmã tinham vivido a menos de dois quilômetros um do outro, em Manchester.

Ambos têm uma filha de 55 anos de idade chamada Sandra.

MARCIA E PETER SE REENCONTRAM

Peter e Jean e Paul e Marcia são dois casais que viviam a uma distância de três quilômetros um do outro e tinham um amigo em comum que nunca os apresentou. Certa noite o amigo organizou um jantar dançante para oitenta pessoas, e por acaso Marcia e Peter se sentaram um ao lado do outro, pelo que sabiam, pela primeira vez.

Peter olhou o nome dela no cartão e disse. "Vou me lembrar do seu nome porque há 60 anos eu costumava brincar com uma menininha chamada Marcia na Índia."

Marcia disse: "E eu costumava brincar com um garotinho chamado Peter."

Os dois tinham recuperado um amigo de infância.

ELE NÃO É MAU

Você nunca sabe quem vai encontrar quando está pegando carona.

Os pais de Tim Henderson se divorciaram quando ele era muito jovem. Seu pai se casou novamente e teve outro filho, mas Tim nunca o conheceu. Isso até Tim pegar uma carona em um carro dirigido pelo engenheiro de mergulho Mark Knight. Durante a longa viagem de Newscastle até Londres, eles descobriram que eram irmãos.

Fonte: *Berby Evening Telegraph*, 2 de fevereiro de 1996

IRMÃO, ONDE ESTÁS?

Todos já passamos pela experiência de perder algo e então descobrir que estava bem embaixo do nariz. Isso aconteceu a Rose Davis – com seu irmão.

Rose tinha apenas três meses de idade quando foi adotada. Anos mais tarde ela descobriu que tinha três irmãos – Sid, John e Chris – e saiu à procura deles.

Rose encontrou Sid primeiro, e depois John, mas ela não precisava ir longe para encontrar Chris. Ele estava vivendo do outro lado da rua.

Rose, de 41 anos, ficou chocada ao descobrir que seu irmão há muito perdido era o homem que tinha acabado de se mudar para frente de sua casa em Garndiffaith, Gwent.

"Eu só conhecia a família a três meses", disse Rose. "Mas eu achava que eles eram muito legais."

Chris, de 37 anos, ficou igualmente atônito quando Rose disse quem era. Ele também estava procurando por ela.

FAMÍLIAS FELIZES

Martin Plimmer e sua esposa eram amigos íntimos de dois casais; vamos chamá-los de Janet e John e Antony e Cleopatra. Os três casais tiveram dois filhos cada um e, no verão, freqüentemente tiravam férias juntos, ou os Plimmers com Janet e John, ou os Plimmers com Antony e Cleopatra; algumas vezes os três casais saíam juntos e as crianças batiam umas nas outras com baldes de plástico.

Esse quadro feliz mudou da noite para o dia quando Antony e Cleopatra se separaram. Antony saiu de casa e Rudolpho se mudou para a casa de Cleopatra. A dinâmica dos amigos foi abalada e perdeu o rumo. O problema básico era que Janet não gostava de Rudolpho. Rudolpho, por sua vez, não pensava muito em Janet. Em seu primeiro e único encontro social, Janet e Rudolpho rapidamente iniciaram uma discussão que acabou em troca de insultos e, nos meses seguintes, transformou-se em um persistente ressentimento. Mais ainda, Cleopatra se ressentia de Janet por não gostar de seu novo amor Rudolpho, e Janet se ressentia de Cleopatra por ficar do lado dele.

Isso eliminava um terço do potencial do clube de férias. Concordou-se em que a única coisa a fazer seria os Plimmers saírem de férias naquele ano com Janet e John, deixando Janet e Rudolph livres para explorar o seu novo amor.

Tudo isso significava que as reservas tinham de ser canceladas na última hora, e que as datas das férias estavam perdidas.

Os Plimmers e Janet e John decidiram procurar uma casa para alugar na Provença. Cleopatra e Rudolpho, agindo de forma independente, decidiram procurar uma casa para alugar na Provença. Os Plimmers e Janet e John encontraram uma casa encantadora em uma cidadezinha tranqüila chamada St. Antonin du Var. Cleopatra e Rudolpho, agindo de forma independente, encontraram uma casa encantadora em uma cidadezinha tranqüila chamada Pontevès. Então o proprietário telefonou para se desculpar. Ele tinha feito duas reservas para a casa, mas tinha disponível uma outra propriedade, ligeiramente mais barata, em St. Antonin du Var, onde, durante as férias, todos eles deram de cara uns com os outros.

OI, BONECA

Quando Zena Snow, de cinco anos de idade, foi evacuada de Hull durante a Segunda Guerra Mundial, levou consigo um presente da mãe, uma boneca de pano que ele chamava de Moneybags. A mãe a tinha feito a partir de roupas velhas do seu pai, com um sorriso, para que ela se lembrasse de casa. Mas a tia de Zena em Cambridge fez com que ela desse Moneybags para um bazar da igreja, dizendo que isso ensinaria a ela o sentido da caridade. Cerca de 53 anos mais tarde, tendo saído de casa em Leicester para visitar Cambridge, Zena e seu marido estavam revirando prateleiras de um bazar de igreja quando deram de cara com Moneybags à venda por 20 pence.

Fonte: *Daily Mail*, 18 de novembro de 1996

INSTANTÂNEO

É estranho fazer amizade com pessoas e então depois se dar conta de que você já as tinha visto no passado, quando você nem sabia quem elas eram. É ainda mais estranho ter tirado uma fotografia delas.

O passatempo de Graham Freer é tirar e revelar fotografias. Uma das muitas que ele tirou foi de pessoas na Town Hall Square de Leicester. Essa fotografia específica só chamou a atenção no momento da revelação por ter sido a escolhida ao acaso para ter um fragmento ampliado como um teste da qualidade da lente do seu ampliador. Anos mais tarde ele fez amizade com uma jovem, e na vez seguinte em que olhou suas antigas fotografias, a foto de teste antes indiferente tinha se tornado pessoal e pungente. A imagem não tinha mudado, mas o fotógrafo sim, bem como uma daquelas garotas distantes e alheias na praça. Ela era sua nova amiga.

4. Achados e perdidos

Uma mochileira conta a história de ter perdido uma lente de contato quando se banhava em uma cachoeira no sopé de uma montanha no Peru. Três dias depois ela estava lavando sua roupa de baixo no rio mais abaixo quando viu algo brilhando sobre uma pedra na margem da corrente. Era a lente de contato perdida. Fantástico demais para ser verdade? Possivelmente. Mas permanece o fato de que se alguma coisa *pode* acontecer, acontecerá, se houver tempo suficiente. Então, se você perder sua lente de contato em uma queda d'água na montanha, não perca as esperanças. Apenas tenha paciência.

E as próprias histórias de coincidências, embora não verdadeiramente perdidas, podem ser encontradas de algumas formas estranhamente coincidentes. Enquanto pesquisava este livro, Brian King foi ao prédio da BBC trabalhar em um computador do Departamento de Trilhas da Radio 4. Ele explicava a uma das produtoras do departamento, Amanda Radcliffe, que estava em busca de histórias para um livro sobre coincidência quando ela disse: "Dê uma olhada no e-mail que eu acabei de receber da minha amiga Cathy, da Austrália". Em meio a mexericos gerais, Cathy tinha escrito sobre uma coincidência extraordinária que tinha testemunhado recentemente. Eis a história "Duas alianças na baía", juntamente com várias outras histórias marcantes de pessoas e coisas perdidas e achadas.

DUAS ALIANÇAS NA BAÍA

Graham Cappi, de Bristol, ficou arrasado ao perceber que perdera sua aliança quando estava passando a lua-de-mel em Nelson Bay, Austrália. Ela caiu em águas profundas, onde não havia qualquer esperança de ser recuperada. Graham voltou à Inglaterra sem esperanças de ver a aliança novamente.

Quinze meses mais tarde, outro inglês, Nick Deeks, estava de férias em Nelson Bay e perdeu sua aliança quando fazia mergulho. Ele retornou no dia seguinte, em uma tentativa desesperada de encontrá-la. Após diversos mergulhos, ele finalmente emergiu triunfante com uma aliança. Mas não era a dele – era a de Graham Cappi. Encorajado pela descoberta, ele continuou a mergulhar e, inacreditavelmente, acabou encontrando a sua própria aliança.

Ele não tinha como saber quem era o dono da outra aliança, mas por acaso, algumas perguntas na cidade revelaram que algumas pessoas se lembravam de um visitante inglês que tinha feito perguntas sobre uma aliança. Foram feitas ligações, e Graham Cappi acabou sendo contatado na Inglaterra. Ele ficou radiante de saber que sua aliança tinha sido encontrada. Ela foi devolvida a ele por uma jovem da cidade que fazia uma viagem planejada à Inglaterra. Ela ficou intrigada ao descobrir que a data do casamento de Graham, gravado na aliança, também era o dia do seu aniversário.

A CAIXA DOURADA

A caixa dourada tinha sido um presente do Príncipe de Gales a seu amigo e companheiro de caça à raposa Edward H. Sothern – um ator de sucesso na década de 1890.

Certo dia, em uma caçada, Sothern caiu do cavalo e a caixa se soltou de sua corrente e foi perdida. Sothern mandou fazer uma duplicata, que depois de sua morte passou para seu filho Sam. Sam, também ator, levou a caixa em uma viagem à Austrália, onde a deu ao sr. Labertouche. De volta à Inglaterra, Sam soube que a caixa original tinha sido recuperada, vinte anos após ter sido perdida, por um agricultor que a encontrara quando estava arando um campo naquela mesma manhã.

Sam explicou o que tinha acontecido em uma carta a seu irmão Edward H., o terceiro ator da família, que estava em uma excursão pelos Estados Unidos. Edward leu a carta quando viajava em um trem com um companheiro, Arthur Lawrence. Edward contou a história a Lawrence, o que levou o amigo a tirar do bolso uma corrente de relógio. Pendurada na ponta dela estava a duplicata da caixa dourada – um presente do australiano sr. Labertouche

NA LAMA

Barbara Hutton, de Woodley, Berkshire, acidentalmente deixou seu antigo bracelete cair no vaso. Meses depois ela estava em uma joalheria quando um homem entrou para fazer uma avaliação de um bracelete. Era o de Barbara. O homem o encontrara quando trabalhava em um esgoto.

DE VOLTA DOS MORTOS

Alpha Mohammed Bah temeu que sua companheira e suas filhas estivessem mortas. Ele descreve o momento em que a coincidência os reuniu como sendo "como nascer de novo".

No início de 1997 Alpha trabalhava como fotógrafo comercial em Freetown, capital de Serra Leoa. Sua companheira Fatmata e suas duas filhas Sordoh e Marian viviam do outro lado da cidade.

"Era uma vida boa – eu estava confiante, ganhando a vida para minha família", disse ele.

Mas tudo mudou quando uma junta militar tomou o poder e Alpha foi forçado a se tornar chefe de segurança de sua comunidade local.

"Todos tinham muito medo do governo", disse ele. "Execuções aleatórias e outras atrocidades estavam sendo praticadas diariamente. Eu não queria processar gente inocente – mas se recusasse eu seria morto – então decidi que precisava partir."

Alpha foi forçado a fugir sem se despedir de Fatmata e das filhas – na época uma com sete anos e outra com alguns meses de idade – já que elas viviam do outro lado de Freetown e ele não podia cruzar as barreiras. Ele fugiu para a Nova Guiné e esperou que a situação mudasse para poder voltar para casa.

Em 1998 a junta foi derrubada por um curto período e Alpha voltou para tentar localizar sua família. "Eu procurei meus parentes em muitos campos de refugiados, mas não consegui encontrá-los", disse ele.

"Durante o ano que eu passei lá eu não encontrei ninguém que pudesse me contar se eles estavam vivos ou mortos. Eu comecei a acreditar que estavam mortos, porque eu não tinha nada para manter vivas as esperanças."

Quando a situação política voltou a se deteriorar Alpha tomou a decisão de emigrar para Nova York. No caminho ele foi detido e interrogado por funcionários da imigração no aeroporto de Heathrow. Ele decidiu pedir asilo na Grã-Bretanha.

Ele se estabeleceu em Cardiff, onde ajudou outros refugiados em tradução e preenchendo seus formulários de pedido de asilo. Alguns meses mais tarde ele foi procurado por um amigo que perguntou se ele podia ajudar uma mulher e duas crianças de Sierra Leola que tinham acabado de chegar à Grã-Bretanha.

Para seu encanto, ele descobriu que eram Fatmata e suas filhas.

"Eu não podia acreditar", diz ele. "Ela começou a chorar – e eu estava derramando lágrimas de alegria. Mais tarde ela me contou que tinha perdido a esperança de voltar a me ver com vida."

A VOLTA DO PINCEL

Durante a Primeira Guerra Mundial, um soldado dos Estados Unidos estava a bordo de um navio de transporte de tropas torpedeado na costa da França. Ele sobreviveu, mas perdeu todos os seus pertences. Ele também sobreviveu ao resto da guerra. Depois da guerra, nos Estados Unidos, ele estava à beira-mar no Brooklyn quando encontrou um pincel de barba jogado na margem. Ele tinha atrás um número da marinha. Era o seu próprio pincel de barba.

AJUSTE FOTOGRÁFICO

Colin Eves estava sentado do lado de fora de um shopping center em Sydney quando um homem se aproximou e se apresentou a ele como Derek, da agência de correios local.

"Eu vi uma foto sua", disse ele. "Você estava olhando para o porto de Sydney". Derek levou Colin consigo para a agência dos correios e apresentou algumas cópias que tinham sido encontradas jogadas em meio à correspondência que chegara. De fato eram fotografias de Colin. Sua mãe as tinha tirado durante uma visita que fizera ao filho e as enviara de Harrogate, Yorkshire.

UM ABRAÇO CALOROSO PARA JACK FROST

A romancista Anne Parish ficou excitada ao encontrar um exemplar de *Jack Frost and Other Stories*, publicado em inglês, em uma das bancas de livros usados do lado da "Ile de la Cité", em Paris. Tinha sido o seu livro preferido na infância, em Colorado Springs, mas ela não via um exemplar desde que era criança. Ela mostrou o livro ao marido, que o abriu na folha de rosto, onde encontrou a inscrição: "Anne Parrish, 209 N. Weber Street, Colorado Springs."

UMA ANOTAÇÃO SECRETA NO DIÁRIO

Um diário perdido em um campo perto de Lewes, Sussex, em 1952, acabou um ano depois surgindo aos pés de seu dono, que parara para acender um charuto naquele mesmo campo. Leon Goosens, famoso oboísta, recolheu o então destruído objeto e o folheou. As costuras tinham se rompido e do lado de dentro ele podia ver que as capas tinham sido recheadas com retângulos de jornal. Na época essa era uma prática normal de encadernação de livros, de modo que não havia nada de inesperado naquilo, mas o que o fez hesitar foi que aquele recorte de jornal específico era sobre ele. Era um recorte de uma coluna de fofocas de 19 anos antes sobre seu casamento em 1933.

5. A vida imita a arte

A cena é conhecida de milhões de cinéfilos. Leonardo DiCaprio como Jack Dawson e Kate Winslet como Rose DeWitt Bukater mergulhando nas águas geladas do Atlântico Norte depois que o enorme transatlântico *Titanic* afunda sob as ondas em meio ao rugir da tempestade e de Celine Dion.

Como registro histórico a superprodução de James Cameron deixa muito a desejar, mas esta não é a questão.

A questão é que essa reconstrução em celulóide do trágico naufrágio do RMS *Titanic* foi um exemplo de que a arte imita a vida. O que muitas pessoas não sabem é que os acontecimentos reais que cercam a viagem inaugural do *Titanic* em 1912 parecem ser um exemplo de a vida imita a arte.

Mas o *Titanic* não é de modo algum o único exemplo desse fenômeno sinistro.

O *TITAN* E O *TITANIC*

Ninguém nunca apresentou uma teoria que comece a explicar os extraordinários paralelos entre a novela *The Wreck of the Titan or, Futtility*, escrita pelo autor americano Morgan Robertson em 1898, e os acontecimentos reais que cercaram o naufrágio do RMS *Titanic* cerca de 14 anos depois, em 1912.

Robertson poderia muito bem ter escrito um trabalho jornalístico descrevendo o trágico naufrágio do *Titanic*, tão semelhantes são os muitos detalhes. O mês do acidente, o número de passageiros e tripulação, o número de botes salva-vidas, a tonelagem, o comprimento e até mesmo a velocidade do impacto com o iceberg foram praticamente idênticos.

A novela merece ser vista com alguns detalhes, tão impressionantes são as similaridades com a tragédia que ela antecipa de forma tão fantástica. Ela começa:

> Era o maior engenho a flutuar e o maior dos trabalhos dos homens. Em sua construção e manutenção estiveram envolvidas todas as ciências, profissões e negócios conhecidos da civilização. Em sua ponte havia oficiais que, além de serem a elite da Marinha Real, tinham passado em exames rígidos em todos os estudos relativos aos ventos, marés, correntes e à geografia do mar; eles não eram apenas marinheiros, mas cientistas.
> (...) Duas bandas musicais, duas orquestras e uma companhia teatral entretinham os passageiros quanto estavam despertos.
> (...) Da ponte, da sala de máquinas e de doze pontos do deque, as noventa e duas portas de dezenove compartimentos estanques podiam ser fechadas em meio minuto movendo-se uma alavanca. Essas portas também se fechariam automaticamente na presença de água. Com nove compartimentos inundados o navio continuaria a flutuar, e como nenhum acidente conhecido no mar poderia ser capaz de inundar tantos, o navio a vapor *Titan* era considerado praticamente insubmergível.
> (...) Ele tinha 240 metros de comprimento, setenta mil toneladas de deslocamento, setenta e cinco mil cavalos-vapor e em sua viagem de teste se deslocou a uma velocidade de 25 nós por hora, diante dos ventos, marés e correntes ignorados. Em síntese, era uma cidade flutuante – contendo dentro de suas paredes de aço tudo que reduz os perigos e os desconfortos da viagem transatlântica – todo o que torna a vida agradável.
> Insubmergível – indestrutível, tinha o mínimo de botes para obedecer às leis. Estes, em número de vinte e quatro, eram perfeitamente cobertos e presos a seus descansos no convés superior, e se lançados podiam receber quinhentas pessoas.

A simples estatística das comparações entre o *Titan* de Morgan Robertson e o *Titanic* é marcante. Mas é a descrição por Robertson da colisão do *Titan* com o iceberg que é tão desalentadoramente presciente dos acontecimentos reais de 14 anos depois.

> Dois sinos tocaram e foram respondidos; então três, e o contramestre e seus homens estavam acendendo um último cigarro quando soou acima deles o grito assustador do cesto de vigia.
>
> (...) "Gelo", gritou o vigia; "gelo à frente. Iceberg. Bem abaixo da proa". O primeiro oficial correu em meio aos barcos, e o capitão, que tinha permanecido ali, saiu em disparada para a sala do telégrafo, e dessa vez a alavanca foi acionada. Mas em cinco segundos a proa do Titan começou a se erguer e à frente, e dos dois lados, podia ser visto, através da neblina, um campo de gelo, que subia inclinado até uma altura de 35 metros em seu caminho.
>
> (...) setenta e cinco mil toneladas – peso morto – correndo através do nevoeiro a uma velocidade de 18 metros por segundo, tinham se lançado contra um iceberg.
>
> (...) os parafusos de fixação de doze caldeiras e três motores de tripla expansão, não projetados para sustentar tal peso de um piso perpendicular, romperam-se e caíram em meio a uma confusão de escadas e grades, e da proa à popa os anteparos se tornaram massas gigantescas de aço e ferro, ferindo as laterais do navio, mesmo onde sustentadas por gelo sólido e resistente; e enchendo as salas de máquinas e de caldeiras com vapor escaldante, que levou a uma morte rápida, embora torturante, cada um das centenas de homens de serviço no departamento de engenharia.
>
> Em meio ao rugir do vapor que escapava e o zumbido de quase três mil vozes humanas, elevadas em gritos de agonia e apelos de dentro das paredes estanques, e o sussurro do ar saindo de centenas de postigos abertos enquanto a água, penetrando pelos buracos do lado de estibordo esmagado e fendido, o expulsava, o *Titan* se moveu lentamente para trás e se lançou para dentro do mar, onde flutuou bem fundo de lado – um mostro agonizante, rugindo com sua ferida morta.

Tarde da noite do domingo, 14 de abril, 14 anos depois da publicação de *The Wreck of the Titan*, o *Titanic*, classificado como "praticamente insubmergível" por sua proprietária, a companhia de navegação White Star, atingiu um iceberg e foi rompido abaixo da linha d'água. Menos de três horas depois, ele tinha afundado sob as ondas. Das 2.200 pessoas a bordo, apenas 705, principalmente mulheres e crianças, foram resgatadas.

SELVAGERIA EM *WILDSIDE*

Cenas da série de televisão da ABC *Wildside* foram filmadas tendo como cenário o Blackmarket Café, em um distrito de Sydney. Na cena, duas gangues de motociclistas estão envolvidas em um tiroteio. Dias mais tarde, um tiroteio real no clube envolvendo gangues de motociclistas custou três vidas. Em um esforço de garantir autenticidade, os produtores da ABC tinham apanhado motocicletas emprestadas com uma das gangues envolvidas no tiroteio real.

QUEBRE UMA PERNA

Pouco antes da noite de estréia do musical *42n Street*, a artista Jan Adelle escorregou e rompeu os ligamentos do tornozelo esquerdo. A trama do espetáculo gira em torno de um diretor da Broadway em busca de mais um sucesso antes de se aposentar. Suas esperanças vão por água abaixo quando sua principal dama torce o tornozelo imediatamente antes da noite de estréia.

COBRA

Uma cobra de veneno mortal chegou a centímetros de matar a atriz Trudy Styler na floresta amazônica, mas por coincidência ela sabia como reagir, pois tinha acabado de participar do filme *Jogo fatal*, no qual ela interpreta uma mulher trancada em um apartamento com uma mamba assassina. Ela acredita que o filme salvou a sua vida.

A coincidência é ainda mais marcante pelo fato de que Styler tem fobia de cobras e nunca pretendeu participar do filme. "Eu não posso olhar para uma foto de uma cobra. Quando uma aparece na tela da televisão eu saio da sala; é esse tipo de reação."

As possibilidades eram contra a participação dela. Quando seu agente sugeriu, ela disse: "Esquece!" O diretor italiano Mario Orfini também não parecia interessado nela.

"Ele disse: 'Prazer em conhecê-la, mas eu estou querendo Kim Basinger', e eu disse, 'Bem, você vai procurar durante muito tempo, porque você não tem o tipo de dinheiro que ela quer'."

"Então ele disse, 'Se ela não fizer, a pessoa seguinte em nossa lista é Rosanna Arquette'. Eu disse, 'Ela é minha amiga, ela vai fazer um filme atrás do outro ano que vem, mas eu me pareço um pouco com ela'. Eu não tinha intenção de aceitar caso ele fizesse uma oferta, mas meu orgulho não me permitia recuar."

Uma oferta acabou sendo feita e Styler aceitou, principalmente porque ela se deu conta de como o papel feminino era atipicamente importante.

Quatro meses depois, Styler estava no meio de uma floresta tropical no Brasil com seu companheiro roqueiro Sting, em uma ação beneficente de sua Rainforest Foundation. Certa noite ela acordou com um pressentimento de que havia alguma coisa errada. "Eu saí da minha rede me sentindo muito desconfortável, coloquei os pés no chão (eu estava descalça), peguei uma lanterna e dei dois passos, então meu corpo ficou paralisado, como se dissesse não ande mais. Eu acendi a lanterna e lá, empinada na minha frente, estava aquela cobra enorme, de boca aberta, ponta para dar o bote. Minha mão estava a 15 centímetros da sua cabeça, e ela poderia ter me pegado se quisesse, mas eu fiquei imóvel. Eu só sabia disso por causa do filme, porque era uma reedição exata de uma das cenas do filme.

"Eu respirei muito lenta e profundamente, porque elas podem perceber o medo, e elas são surdas, então eu sabia que se ficasse rígida poderia gritar por socorro. Eu disse: 'Sting, tem uma cobra aqui!' E o desgraçado do homem disse 'Ahn?' É muito irritante quando alguém não a escuta e você está prestes a ser morta! Então eu falei um pouco mais alto e dessa vez ele ouviu, e os nativos também devem ter ouvido, porque acordaram, entraram na barraca com um porrete e a mataram."

INVENTANDO HÚNGAROS

Três tipos literários, concebendo um romance satírico em 1966, começaram a inventar situações. Pearl Binder, cujo próprio romance satírico *Ladies Only* foi lançado em 1972, sugeriu que ele poderia ser ambientado no futuro, quando a superpopulação obrigaria a instalar campos de refugiados no Hyde Park. Olive Ordish, mulher de um colega de Binder, George, sugeriu colocar no campo um professor refugiado. "Vienense", disse George Ordish, "um velho funcionário quebrado". "Com um daqueles nomes impronunciáveis do tipo húngaro", disse Olive Ordish: "Nadoly... Horvath-Nadoly."

Dois dias mais tarde os escritores leram uma reportagem de jornal sobre um velho estrangeiro desabrigado que vagava pelo Hyde Park, que tinha dito a polícia que se chamava Horvath-Nadoly.

"Nós sentimos como se tivéssemos inventado aquele vagabundo", disse Binder, "e nesse processo o trazido à vida".

Fonte: história contada a Arthur Koestler por Pearl Binder

O DUPLO DESASTRE DO *CAROLINE*

O dramaturgo Arthur Law ficou chocado ao descobrir que uma peça que tinha escrito parecia prever um acontecimento real. Sua peça, *Caroline*, escrita em 1885, era sobre Robert Golding, o único sobrevivente de um navio naufragado chamado *Caroline*. Alguns dias após a estréia da peça, um barco, o *Caroline*, foi a pique. O único sobrevivente foi um homem chamado Golding.

Fonte: *Daily Graphic*, 1905

O HOMEM QUE INVENTOU SUA ESPOSA

Uma garota idealizada criada para um romance ganhou vida de modo inebriante em um café de Berlim em 1929, quando o dramaturgo e romancista alemão Leonhard Frank acreditou estar olhando para a mesma garota que tinha assombrado seu livro e sua imaginação. Paralisado por emoções galopantes e consciente de sua idade (ele tinha 48 anos, ela não poderia ter mais de 20), Frank a observou durante muito tempo, sem se dirigir a ela. Um jovem entrou no café se desculpou com ela pelo atraso e a arrancou de sua vida.

Frank assombrou o Romanisches Café durante semanas depois disso, esperando que ela reaparecesse, mas ela nunca o fez. Ele precisaria esperar outros 19 anos por uma oportunidade de falar com ela.

Três anos se passaram e Frank foi obrigado a abandonar a Alemanha para não ser perseguido pelos nazistas.

Ele tinha escrito o livro, *The Singers*, em 1927. Nele, tinha inventado uma personagem, Hanna, que tinha todas as melhores qualidades que ele achava que uma jovem deveria ter. Ela era graciosa, esbelta, tinha sangue quente, corpo rosado e transmitia força emocional, humor, espirituosidade e uma irresistível curiosidade pela vida. Sua visão da Hanna viva no Romanisches Café tinha ocorrido dois anos depois, quando ele se recuperava do desgaste de ter escrito um outro romance. Ele não tinha conseguido parar de olhar para ela. Ela era tudo que ele tinha sonhado que ela deveria ser. Mas ela não o viu.

Na onda de calor de verão de 1948 Frank estava nos Estados Unidos, onde tinha conseguido trabalho como roteirista de Hollywood. Ele vivia em Nova York, mas tinha fugido do calor e se escondido em uma fazenda no campo que aceitava hóspedes. Foi lá que ele novamente viu "Hanna", sentada exatamente como se lembrava dela. Ele passou um dia reunindo coragem e então a abordou. Falou a ela sobre tê-la visto pela primeira vez em Berlim, sobre como ela se parecia com a garota idealizada de seu livro ("Hanna", disse ele, para encorajar), e então tentou beijá-la. Ela o rejeitou. Era casada com o jovem que ele vira no café, disse. Seu nome era Charlotte.

Ela o evitou durante três semanas, mas eles voltaram a se encontrar e dessa vez os sentimentos eram recíprocos. Na manhã seguinte ela telefonou para o marido pedindo o divórcio. No final de uma longa seqüência de acontecimentos extraordinários, Frank se casou com sua Hanna.

Para Frank a história "confirmou mais uma vez minha crença em que na vida humana o acaso deve ser sinônimo de destino".

CENTRAL DE ESPIÕES

Norman Mailer escreveu *Barbary Shore*, seu romance sobre um escritor e um grupo de espiões, quando vivia em Pierrepont Street, 102, Brooklyn, Nova York. Inicialmente ele não tinha a intenção de escrever sobre espiões, mas à medida que ele trabalhava no livro incluiu um espião russo e gradualmente o personagem começou a dominar a trama. Após o livro ter sido publicado em 1951, o Departamento de Imigração dos Estados Unidos prendeu um homem que vivia no andar seguinte ao de Mailer. Era o coronel Rudolf Abel, na época o espião russo mais procurado nos Estados Unidos. O dramaturgo Arthur Miller também viveu no mesmo prédio, embora Mailer não tenha escrito um livro sobre dramaturgos.

PALAVRAS MORTAIS

O chefão das drogas colombiano Pablo Escobar leu sobre a sua própria morte. Tom Clancy, autor de *Perigo real e imediato* – que mais tarde se tornou um grande sucesso de Hollywood – baseou seu chefão da droga ficcional em Escobar. Clancy descreve como seu chefão das drogas é morto pela polícia nacional colombiana como resultado da interceptação de uma ligação que ele faz de um telefone celular para sua família. Na vida real a polícia utilizou um computador que identificou a voz de Escobar no telefone e em minutos o localizou e se deslocou para matá-lo. Um exemplar do livro de Clancy cheio de anotações foi mais tarde encontrado no apartamento de Escobar, com a cena relativa ao telefonema sublinhada. No dia em que Escobar foi morto, a mesma cena estava sendo filmada.

O TAIFEIRO – RICHARD PARKER

Em 1884, Richard Parker, de 17 anos de idade, foi para o mar e se tornou taifeiro do navio *Mignonette*. O restante da tripulação era composto do capitão Thomas Dudley, o piloto Edwin Stephen e o marinheiro Edmund Brooks. Eles deixaram Southampton rumo à Austrália.

Eles estavam a 2.500 quilômetros da terra quando surgiu um furacão do Atlântico Sul. O *Mignonette* foi atingido por ondas enormes e afundou. No pânico para alcançar os botes salva-vidas, a tripulação não conseguiu resgatar provisões ou água, a não ser duas pequenas tinas de nabos.

A tripulação teve muito pouco para comer e beber durante 19 dias e ficou desesperada. Richard Parker bebeu água do mar e começou a delirar. O capitão Dudley pensou em tirar a sorte para escolher uma vítima que alimentasse o restante da tripulação. Brooks foi inteiramente contra qualquer morte, e Stephens estava indeciso, então o capitão decidiu matar o garoto, já que ele estava à beira da morte e não tinha dependentes.

Eles fizeram orações sobre o corpo adormecido de Richard. Dudley então o sacudiu pelos ombros e disse: "Richard, meu garoto, sua hora chegou." Os três marinheiros se alimentaram e sobreviveram do cadáver de Richard durante 35 dias, até serem resgatados pelo navio adequadamente batizado de SS *Montezuma* – em homenagem ao rei canibal dos astecas.

O caso de tribunal que resultou disso fascinou a sociedade vitoriana e se tornou o estudo mais bem documentado de canibalismo no Reino Unido. Dudley, Stephens e Brooks foram sentenciados a seis meses de trabalhos forçados e depois emigraram.

Mas a história tem uma estranha reviravolta no final. Meio século antes dos terríveis acontecimentos, em 1837, Edgar Allan Poe tinha escrito *The Narrative of Arthur Gordon Pym of Nantucket*. O livro fala de quatro náufragos que, após muitos dias de privação, tiram a sorte para decidir quem deveria ser morto e comido.

O taifeiro tirou o menor graveto. Seu nome era Richard Parker!

POSFÁCIO DE RICHARD PARKER

Ao que parece, coincidências levam a coincidências.

O avô de Craig Hamilton Parker era primo do jovem taifeiro Richard Parker. Craig registrou toda uma seqüência de coincidências posteriores relacionadas à história trágica de seus ancestrais.

"Meu primo Nigel Parker foi o primeiro a perceber a relação entre a história de Poe e os acontecimentos reais. Ele escreveu um relato e o enviou a Arthur Koestler, que o publicou no *Sunday Times* de 5 de maio de 1974.

"Koestler, autor de *The Roots of Coincidence*, relata como algum tempo depois da história ser publicada ele a mencionou casualmente a John Beloff, da Universidade de Edinburgh, que naquele dia tinha escrito sobre ela em seu diário.

"O pai de Nigel, Keith, achava que a história de Richard seria um bom tema para uma peça de rádio, e começou a preparar uma sinopse. Naquela época, para complementar sua renda de escritor ele resenhava livros para a editora Macmillan. O primeiro livro a chegar pelo correio foi *The Sinking of the Mignonette*. Algumas semanas depois foi pedido a ele que resenhasse outra peça, entre um conjunto de peças curtas, chamada *The Raft*. Era uma comédia para crianças que não tinha nada de sinistro, exceto a ilustração de capa. Três homens parecendo ameaçar um rapaz, algo que não tinha nenhuma relação com o tom da peça. *The Raft* tinha sido escrita por alguém chamado Richard Parker.

"No verão de 1993, meus pais receberam três estudantes de língua espanhola. Meu pai contou sobre Richard Parker durante um jantar. A televisão estava ligada, ao fundo. A conversa foi interrompida quando um programa local começou a falar sobre aquela história marcante. Papai quebrou o silêncio dizendo que coincidências estranhas surgem sempre que a história de Richard é mencionada. Ele contou sobre Edgar Allan Poe.

"Duas das garotas ficaram lívidas. 'Olhem o que eu trouxe hoje', disse uma delas. Ela procurou na bolsa e tirou um exemplar do livro de Poe. 'Eu também', disse a outra garota. As duas tinham ido às compras naquele dia e comprado, de modo independente, o mesmo livro contendo a história de Richard Parker."

PATRICIA HEARST

Patricia Hearst, filha de um rico empresário de comunicação, foi seqüestrada em 1974 por um grupo terrorista radical chamado Exército Simbionês de Libertação. Foi um dos mais estranhos casos de seqüestro de todos os tempos.

Ainda mais estranho era o fato de que um romance pornográfico chamado *Black Abductor*, de James Rusk Jr. (escrevendo sob o pseudônimo Harrison James) tinha sido publicado dois anos antes, descrevendo muitos dos fatos da história de Hearst com impressionante acurácia.

Assim que o seqüestro chegou às manchetes mundiais, a editora, Dell-Grove, não perdeu tempo em relançar o livro com um novo título, *Abduction: Fiction Before Fact*. Embora freqüentemente embrulhada em lúbricos relatos sexuais, a história tem certos paralelos assombrosos com o caso Hearst.

Ela fala sobre uma jovem estudante universitária chamada Patricia, filha de uma rica e proeminente personalidade de direita, que é seqüestrada perto do campus de sua universidade enquanto caminha com o namorado.

O namorado é violentamente agredido e se torna um dos principais suspeitos do FBI antes de ser inocentado.

Os seqüestradores pertencem a um grupo multirracial de ativistas radicais que se inspiram em terroristas latino-americanos e são liderados por um jovem e raivoso ex-condenado negro.

Eles exigem a libertação da prisão de um camarada preso por assassinato político, enviando fotos da garota em polaróide com seus comunicados ao pai dela e descrevendo o seqüestro como o primeiro "seqüestro político" dos Estados Unidos.

Inicialmente a jovem é uma cativa rebelde, mas depois se torna receptiva aos objetivos do grupo e se junta a eles.

Os seqüestradores ficcionais prevêem que seu esconderijo acabará sendo descoberto pela polícia e eles serão cercados, atacados com gás lacrimogêneo e mortos.

Dadas as semelhanças, o FBI esteve a ponto de pensar se Rusk participou do planejamento do seqüestro ou se o grupo tirou a idéia da leitura de seu livro.

Fonte: *Incredible Phenomena*, Orbis Publishing

MARIE COLLIER

No dia 8 de dezembro de 1971 a estrela da ópera Marie Collier caiu para morte da varanda de sua casa de Londres. Ele estava conversando com seu conselheiro financeiro sobre uma nova turnê pelos Estados Unidos quando abriu uma janela e caiu. Marie Collier tinha ficado famosa no papel da Tosca, que se lança para a morte de um muro no último ato. Esse foi o último papel de Collier antes de cair da janela.

O JUIZ DAVID YELDHAM

Em um caso em que a vida imita a arte – mesmo depois da arte ter caído em domínio público – o juiz aposentado da Suprema Corte David Yeldham cometeu suicídio alguns dias após ter sido ligado à pedofilia pelo Parlamento. Pai de três filhos, ele negou enfaticamente ser pedófilo. Contudo, um bilhete deixado ele revelou que ele tinha ficado deprimido ao receber uma intimação para se apresentar perante uma comissão na polícia de Nova Gales do Sul no dia em que foi citado no Parlamento. O juiz se matou com gás em seu próprio carro, que estava na garagem de casa – como tinham feito duas pessoas em um filme sobre pedofilia. O filme, *Whipping Boy*, tinha sido escrito por seu irmão roteirista, Peter. Ele conta uma história de corrupção envolvendo pedofilia e a proteção dos criminosos pela polícia e outras autoridades legais. O filme, baseado em um livro de mesmo título de Gabrielle Lord, tinha um juiz da Suprema Corte e um diretor de escola como os personagens principais, e estava programado para ser exibido na televisão – cinco dias depois da morte do juiz.

6. Acontecimentos oportunos

Você começou a espumar, discursando aos seus colegas de trabalho sobre os grandes problemas do chefe – sua arrogância, sua incompetência geral, sua incapacidade de compreender até mesmo os princípios da administração de pessoal. De repente, você se dá conta de que perdeu a atenção da platéia. Todos eles estão olhando para um ponto atrás de você. Você se vira para descobrir o cara parado junto à porta – olhando fixamente para você.

Tais manifestações são os lados ruins da coincidência. Algumas vezes, felizmente, elas podem agir a nosso favor.

A CONQUISTA DO ESPAÇO

Charles Carson tinha um problema frustrante. Ele estava produzindo *slides* de ilustrações de um livro para apresentar durante uma palestra que faria em sua sociedade astronômica. Mas estava faltando o livro mais importante e ele não estava conseguindo encontrá-lo em lugar nenhum.

A palestra era sobre artistas que produzem representações do espaço exterior. Carson tinha muitas pinturas do espaço exterior, mas nenhuma do mais respeitado artista da área, Chesley Bonestell. O livro de que ele necessitava, *The Conquest of the Space*, estava repleto de pinturas de Bonestell, mas uma busca no computador de sua livraria em Redbridge, Londres, revelou que não havia um único exemplar em qualquer lugar da cidade.

Duas horas mais tarde sua mulher foi a um bazar de caridade em Ilford e ele a seguiu, desanimado. Claro que ele deu uma olhada nos livros à venda, mas não havia nada ali que o interessasse.

Procurando alguma coisa para ajudar o tempo a passar, ele começou a folhear aleatoriamente uma seqüência de anuários de criança. Em meio a eles estava *The Conquest of the Space*, de Chesley Bonestell.

É UMA ILHA PEQUENA

Antes de se tornar um sucesso de vendas como escritor, Bill Bryson trabalhou como jornalista *freelance*. Em dado momento, uma revista lhe encomendou um artigo sobre coincidências marcantes. Ele conseguiu reunir muitas informações, mas não tinha exemplos suficientes para completar o trabalho, então escreveu para a revista para dizer que não poderia fazer o artigo. Ele deixou a carta de lado para colocá-la no correio no dia seguinte. Lendo o *Times* no dia seguinte notou um anúncio de venda de livros que tinham sido enviados para serem resenhados. O primeiro livro que chamou sua atenção foi *Remarkable True Coincidences*. Ele o abriu em uma história sobre um homem chamado Bryson (ver página 212). O livro tinha encontrado seu homem.
Fonte: *Notes from a Small Island*, de Bill Bryson

O ATOR E O LIVRO

Em 1971, o exemplar pessoal do romance de George Feifer *The Girl from Petrovka*, repleto de anotações nas margens, tinha sido roubado do carro do autor em uma rua de Londres. Dois anos mais tarde, os direitos de filmagem do romance foram vendidos, e Anthony Hopkins escalado para interpretar o papel principal.

Hopkins tentou comprar um exemplar do livro, mas, embora tenha procurado em diversas livrarias de Londres, não encontrou um único. Desapontado, resolveu voltar para casa. No caminho ele percebeu um pacote aberto na estação de metrô de Leicester Square. Ele suspeitou de uma bomba e o inspecionou com cuidado, mas era um livro – *The Girl from Petrovka*, de George Feifer – exatamente o livro que ele tinha tentado comprar. Mais tarde, encontrando Feifer em Viena, Hopkins mostrou o livro ao autor. Era o exemplar pessoal de Feifer, roubado dois anos antes.

SEMPRE FALE COM O CHEFE (A NÃO SER QUE O CHEFE FALE COM VOCÊ)

O agente de fotógrafos Mark George festejou o aniversário de 80 anos de seu pai Alfie pagando um jantar para ele no Savoy Grill de Londres. Durante a refeição, ele relatou uma experiência lamentável que tivera com um gerente irritante em um hotel de Lochinver, no oeste da Escócia.

Ele estava em férias de mergulho com amigos, e naquela noite eles tinham decidido jantar no Inver Lodge Hotel. Uma das atrações do restaurante do hotel é uma grande janela panorâmica com uma visão espetacular do lago e de suas margens. O restaurante estava quase vazio naquela noite, e quando o garçom ofereceu a eles uma mesa no fundo da sala Mark perguntou se eles não conseguiriam uma mesa junto da janela. O garçom olhou indeciso, e quando Mark e seus amigos começaram a cruzar a sala, o gerente, que estava ele mesmo comendo em uma mesa junto à janela, os barrou, dizendo que aquelas mesas não estavam disponíveis, pois estavam sendo preparadas para o café da manhã.

Aborrecidos, eles ainda assim aceitaram uma mesa pior. Na metade da noite, outro amigo que estava mergulhando com eles se juntou ao grupo para um drinque. Ele não tinha fome, mas pediu vinho. O garçom saiu com o pedido e então o gerente reapareceu dizendo que ele não poderia beber a não ser que também pedisse um prato. Exasperados, eles pediram o cardápio, para que seu amigo pudesse pedir alguma coisa. Nesse ponto, o gerente disse a eles que a cozinha estava fechada.

"Eu não podia acreditar que alguém pudesse ser tão intratável", disse Mark a seu pai, sacudindo a cabeça. Ele tinha feito uma queixa formal ao hotel, e tudo acabara assim.

Nesse momento, um homem que estava jantando em uma mesa ao lado da deles se aproximou e apresentou-se como lorde Vestey. Ele disse que não costumava de intrometer, mas que não pudera deixar de ouvir a conversa. "Lamento dizer que eu sou dono daquele hotel", informou. Ele pediu desculpas, prometeu investigar o assunto e convidou Mark a visitar o hotel novamente, por conta da casa.

XADREZ ISLANDÊS

Arthur Koestler descreveu o seguinte incidente como um "caso trivial mas típico de um padrão recorrente freqüente".

Ele escreveu: "Na primavera de 1972, *The Sunday Times* me convidou para escrever sobre a partida do campeonato de xadrez entre Bóris Spassky e Robert Fischer, que aconteceria naquele ano em Reikjavik, na Islândia. O xadrez era um passatempo desde quando eu era estudante, mas achei que precisava me colocar a par dos desenvolvimentos recentes; e também aprender algo sobre a Islândia, onde eu só tinha passado algumas horas em trânsito durante uma escala em um vôo transatlântico durante a guerra. Assim, certo dia de maio eu fui à London Library, em St. James Square, para comprar livros sobre esses dois assuntos díspares. Durante alguns instantes hesitei entre ir primeiramente para a seção da Islândia, ou à do xadrez, mas escolhi a última, porque era a mais próxima. Havia entre vinte e trinta livros sobre xadrez nas prateleiras, e o primeiro que chamou minha atenção foi um grande volume com o título *Xadrez na Islândia e na literatura islandesa*".

SALVO PELA CANÇÃO

A cantora e dançarina inglesa Phyllis Chester recorda a extraordinária coincidência que a salvou da morte quase certa no palco.

"Eu estava com o espetáculo da companhia americana de Noel Coward *This Year of Grace*. Após a temporada de Nova York, saímos para uma curta turnê no Canadá, e nos apresentamos em Londres, Ontário. Certa matinê, estávamos todos no palco para uma cena eu terminava com a canção de Miss Beatrice Lillie

'Britannia Rules the Waves'. No final do segundo verso estávamos todos alinhados em uma fila oblíqua fora do centro do palco, enquanto Bee nos dava um sermão ao melhor modo de Lillie. Sendo uma das "mudas" na linha de frente, eu de repente percebi uma angústia em seu olho, e para nosso espanto de repente nos demos conta de que ela estava repetindo novamente todo o segundo verso – nos mantendo presos em nossos lugares no palco, incapazes de nos movermos.

"De repente houve um grande barulho, e um dos maiores arcos de luz caiu no meio do palco vazio – onde na verdade deveríamos estar naquele momento – partindo-se em dois e espalhando cacos de vidro em todas as direções. Sem vacilar, Miss Lillie calmamente foi para o coro e nós obedientemente nos movemos para nossas posições, cobrindo todo o palco.

"Miss Lillie disse que nunca antes tivera um lapso de memória como aquele – e isso nunca mais voltou a acontecer."

Fonte: *Incredible Coincidence*, Alan Vaughan

CANTORA DE CASAMENTO

Tony Mills, de Bristol, planejou pedir à sua grande amiga Harriet que cantasse em seu casamento em junho de 1996. Ele tinha dito isso a ela casualmente alguns meses antes do dia do casamento. À medida que o momento se aproximava, por razões diversas a recepção foi preparada na correria. O gerente do pub onde aconteceria disse que cuidaria da diversão – ele conhecia uma grande dupla de cantoras. Tony se deu conta de que precisaria telefonar para Harriet e explicar, para que ela não se sentisse ofendida. Harriet respondeu dizendo que tinha acabado de ser contratada naquela tarde para cantar em uma recepção de casamento – o de Tony e sua noiva.

EIS A SUA MALDITA PÁ

No dia 23 de dezembro de 1946, Bill McCready, de sete anos de idade, saiu em meio a uma nevasca juntamente com seus pais e seu irmão menor no velho carro da família, de Wick para Glasgow, para passar o Natal com o restante da família. A viagem terminou em desastre quando eles caíram em uma vala. Felizmente, eles foram resgatados duas horas depois por um motorista de caminhão que os retirou de lá. Ele então partiu, deixando para trás sua pá. O pai de Bill sempre manteve a pá no porta-malas como um talismã de sorte. Dezessete anos mais tarde, Bill, então com 24 anos de idade, viu-se em um restaurante de Glasgow com o pai.

Bill conta: "Nós estávamos sentados lá e duas mesas depois havia três homens almoçando. Um deles estava falando sobre o inverno terrível de 46 e de como ele tinha encontrado uma família presa em um carro em uma vala. Ele estava explicando como ele os tinha retirado, mas que eles tinham partido, levando com eles sua 'maldita pá'.

"Meu pai não falou nada, mas se ergueu, saiu e voltou com a pá. Deu um tapinha no ombro do homem e disse: 'Eis a sua maldita pá'."

RÉQUIEM PARA UM MELRO

O irmão de Roy Smith morreu em 1993. Ele sempre se interessara por pássaros, e no período anterior à morte costumava atrair um melro em particular para seu jardim para alimentá-lo na mão. O dia do seu enterro foi marcado por uma chuva forte, quase torrencial. Já era bastante comovente, mas havia ainda mais uma doce pungência reservada.

"Estávamos ao redor do túmulo com guarda-chuvas, enquanto o vigário encomendava o corpo", diz Smith, "quando de repente nos demos conta do doce canto do pássaro. No teto de uma construção próxima havia um melro cantando do fundo do coração uma canção contínua e melodiosa, encharcado pela tempestade. Ficamos todos encantados".

Era tão raro ver um pássaro num clima daqueles, especialmente cantando como aquele estava fazendo, que o vigário declarou que já não acreditava em coincidência. "Para mim", disse Smith, "era a mão de Deus nos consolando em nossa dor".

É HORA, CAVALHEIROS

O despertador do relógio do papa Paulo VI tocou às 21:40 do dia 6 de agosto de 1978, mas o papa não acordou. Na verdade, ele tinha morrido naquele exato instante. Ainda mais estranho, o despertador na verdade estava ajustado para as seis horas da manhã seguinte.

Um acontecimento similar teria sido registrado quando o rei Luís XIV da França morreu às 7h45 do dia 1º de setembro de 1715, embora nesse caso o relógio que pertencia a ele supostamente teria parado. Considerando-se que Luís XIV provavelmente tinha 10 mil relógios, talvez isso não seja tão marcante.

7. Feitiços e maldições

O psicólogo Christopher French chefia a Unidade de Pesquisa de Psicologia Anomalística do Goldsmiths College de Londres. Seu objetivo é investigar os fatos por trás de alegações de fenômenos parapsicológicos – de percepção extra-sensorial a abdução por alienígenas.

O professor French não acredita que tais alegações tenham qualquer base na realidade científica. Estende seu ceticismo ao âmbito dos feitiços e das maldições – freqüentemente citados como causa de demoradas marés de azar.

Na maldição do Super-homem, apresentada antes, ele considera mera coincidência o catálogo de azares que se abateu sobre muitas pessoas ligadas à história do Homem de Aço. Os criadores da história do Super-homem venderam os direitos por uma ninharia, e muitos dos astros de adaptações para o cinema e a televisão sofreram trágicos acidentes e doenças – entre os quais o mais conhecido é Christopher Reeve. Mas o professor French destaca que muitas pessoas se saíram muito bem com todo o negócio do Super-homem. "Eu ficaria muito feliz em receber os direitos da história do Super-homem", diz ele. "Eu me arriscaria com a maldição."

Ele igualmente despreza o feitiço que supostamente afeta aqueles que violaram as tumbas dos faraós.

Está registrado, por exemplo, que na década de 1890 o professor S. Resden abriu uma tumba egípcia que trazia a inscrição: "Quem violar a tumba do príncipe Sennar será coberto pelas areias e destruído." Resden sabia que estava condenado, foi dito. Ele deixou o Egito de barco e morreu a bordo, vítima de sufocamento, sem causa identificada. Uma pequena quantidade de areia teria sido encontrada em suas mãos fechadas.

O professor French acredita que a maioria de histórias semelhantes de mortes prematuras misteriosas é absurda. Mas aqueles que são menos céticos que ele permanecem abertos ao que pode estar por trás de tais coincidências. Que força sobrenatural, maldição, feitiço ou maldito azar pode ser responsável pelas seguintes histórias de desastres, mortes e raios múltiplos?

A MALDIÇÃO DA MÚMIA

O Quinto Conde de Carnarvon e arqueólogo Howard Carter descobriu a tumba do faraó menino Tutancâmon no dia 26 de novembro de 1923, após anos de busca.

Lorde Carnarvon não conseguiu desfrutar de sua fama por muito tempo. Na verdade, ele não viveu o bastante para colocar os olhos nos fabulosos tesouros escondidos no interior da tumba. Apenas quatro meses depois de descobrir a entrada secreta, morreu de envenenamento do sangue causado por uma mordida de mosquito infeccionada. Ele tinha 53 anos de idade.

Diz-se que na hora de sua morte as luzes se apagaram em todo o Cairo. A empresa de eletricidade local não conseguiu explicar. Alguns relatórios afirmam também que exatamente no mesmo instante o cão de lorde Carnarvon, na Inglaterra, uivou de repente e caiu morto.

A morte de Carnarvon aconteceu apenas duas semanas depois de um alerta público feito pela romancista Marie Corelli de que haveria conseqüências trágicas para qualquer um que entrasse na tumba lacrada. Arthur Conan Doyle, criador de Sherlock Holmes e pessoa que acreditava em ocultismo, anunciou que a morte de Carnarvon poderia ter sido resultado de uma "maldição do faraó".

Um jornal chegou mesmo a publicar uma maldição que teria sido escrita em hieróglifos na entrada da tumba, cuja tradução seria:

> *Aqueles que entrarem nesta tumba sagrada serão imediatamente visitados pelas asas da morte.*

Isso se revelou uma obra de ficção, embora uma inscrição encontrada na tumba realmente dissesse:

> *Sou eu quem impede a areia de obstruir a câmara secreta. Eu sou a proteção do falecido.*

Porém, um repórter de grande imaginação acrescentou:

> *... e eu matarei todos aqueles que cruzarem esta passagem para os aposentos sagrados do Rei que vive para sempre.*

Jornalistas determinados a alimentar a história da maldição da múmia relataram outras mortes atribuídas à profanação da tumba do faraó.

Cinco meses após a morte de lorde Carnarvon, seu irmão mais jovem morreu repentinamente. Outra "baixa" foi o canário de estimação do descobridor da tumba, Howard Carter. O pássaro aparentemente foi engolido por uma cobra no dia em que a tumba foi aberta. Foi destacado que a cobra era um tradicional símbolo do poder do faraó.

De acordo com uma lista, dos 26 indivíduos presentes à abertura oficial da tumba, seis tinham morrido após uma década. Contudo, muitos dos indivíduos fundamentais ligados à descoberta e ao trabalho na tumba viveram até uma idade avançada.

Como descobridor da tumba, Howard Carter pode ter sido considerado o alvo primário da maldição. Ele tinha passado quase uma década trabalhando dentro dela. Mas Carter não morreu antes de março de 1939, pouco antes do seu 65º aniversário e quase 17 anos após ter entrado na tumba pela primeira vez.

Mesmo quando alguns dos tesouros de Tutancâmon foram levados para exposição do outro lado do Atlântico, na década de 1970 algumas pessoas ainda acreditavam que a maldição pudesse estar em curso. Em setembro de 1979, o guarda de segurança

George LaBrash teve um derrame quando vigiava a máscara de Tutancâmon em um museu de São Francisco. Ele processou as autoridades da cidade pedindo indenização, alegando que o derrame tinha sido um acidente de trabalho provocado pela maldição lançada sobre qualquer um ligado à violação da tumba. O juiz rejeitou a alegação.

A MALDIÇÃO DE PAPA DOC

Teria sido o coronel reformado do Corpo de Fuzileiros dos Estados Unidos Robert Debs Heinl vítima de uma maldição vodu?

Heinl serviu no Haiti de 1958 a 1963 como chefe da missão naval dos Estados Unidos, enquanto sua esposa Nancy estudava a religião vodu. Mais tarde, de volta aos Estados Unidos, eles começaram a escrever *Written in Blood – The History of the Haitian People*, uma história da ilha. Esperava-se que o livro fosse uma forte crítica à dinastia governante de François "Papa Doc" Duvalier. Algum tempo mais tarde, após a morte de Papa Doc, os Heinl descobriram em um jornal publicado por exilados haitianos que uma maldição tinha sido lançada sobre o livro pela viúva de Papa Doc, Simone.

O divertimento inicial se transformou em preocupação quando uma série de problemas se abateu sobre o livro. Primeiramente, o original desapareceu ao ser despachado para os editores. Os Heinls prepararam outra cópia e a mandaram para ser costurado, mas a máquina quebrou imediatamente. Um repórter do *Washington Post*, enviado para entrevistar os autores, foi derrubado com apendicite aguda. Então o coronel Heinl caiu de um palco quando fazia um discurso, quebrando uma perna. Ao caminhar perto de casa, foi atacado e mordido violentamente por um cachorro.

No dia 5 de maio de 1979 os Heinls estavam de férias na ilha de St. Barthelemy, perto do Haiti, quando o coronel foi fulminado por um ataque cardíaco. Sua viúva Nancy teria dito: "Há a crença de que quanto mais perto do Haiti você chega, mais forte se torna a mágica."

Fonte: *Incredible Phenomena*, Orbis

QUE PEDREIRA

Uma maldição muito poderosa parece pairar sobre o vulcão havaiano Mauna Loa.

Aqueles que visitam a bela ilha são alertados pelos moradores locais de que a remoção de pedras vulcânicas poderá irritar a deusa do vulcão, Pele, que aparentemente alertaria para a iminência de erupções. Mas parece que algumas pessoas simplesmente não são avisadas.

No verão de 1977, o vice-presidente de uma companhia aérea, Ralph Loffert, de Buffalo, Nova York, sua mulher e os quatro filhos visitaram o vulcão. Ignorando os avisos, eles decidiram levar para casa algumas pedras como lembrança.

Pouco após terem voltado para casa, o Mauna Loa entrou em erupção. Em alguns meses, um dos filhos de Loffert, Todd, desenvolveu apendicite, sofreu uma cirurgia na perna e quebrou o pulso. Outro filho, Mark, torceu um tornozelo e quebrou o braço; o terceiro filho, Dan, pegou uma infecção no olho e passou a usar óculos; e a filha, Rebecca, perdeu dois dentes da frente em uma queda. Em julho de 1978 os Lofferts enviaram as pedras para um amigo no Havaí, pedindo que ele as devolvesse ao vulcão. Mas os acidentes continuaram. Mark machucou o joelho, Rebecca quebrou outros três dentes, Dan fraturou um osso da mão e Todd deslocou um ombro e novamente fraturou o pulso. Mark então confessou que ainda tinha três pedras. Elas foram devolvidas, e a maré de azar passou.

A sra. Allison Raymond, de Ontário, Canadá, e sua família também levaram algumas pedras do vulcão. Ela disse aos repórteres: "Meu marido morreu em um acidente de carro e minha mãe morreu de câncer. Meu filho mais novo foi levado para o hospital com um problema no pâncreas que continua a piorar lentamente. Depois ele quebrou sua perna. O casamento da minha filha quase chegou ao fim, e foi só quando eu mandei as pedras de volta que nossa sorte melhorou."

Nixon Morris, comerciante de madeira de lei de El Paso, Texas, foi outro que em 1989 ignorou os alertas e levou para casa uma pedra do Mauna Loa. Ele imediatamente caiu do telhado, sua casa foi atingida por um raio e sua esposa caiu de cama com uma infecção misteriosa que deixou seu joelho inchado. Morris então quebrou a bacia e um fêmur ao lutar com um ladrão em casa, e sua neta caiu e quebrou o braço em dois pontos.

Morris tinha partido a pedra do Mauna Loa em duas e dado metade a um amigo. Ele disse: "Ele me devolveu a pedra após ter destruído quatro carros em menos de dois anos, embora ele nunca antes na vida tivesse batido."

Em março de 1981 Morris mandou as pedras de volta para o Havaí.

John Erickson, naturalista do Parque Nacional dos Vulcões do Havaí, diz que diariamente recebe quarenta pacotes com pedras de turistas que voltaram para casa e experimentaram uma estranha onda de azar.

Fonte: *Incredible Phenomena*, Orbis

CARRO ASSASSINO

James Dean morreu em 1955, quando seu esportivo Porsche Spyder saiu da estrada. O carro foi levado para uma garagem, onde caiu sobre um mecânico, quebrando sua perna. O motor foi vendido para um médico que o colocou em seu carro de corridas, o carro bateu e ele morreu. Na mesma corrida, um carro utilizando o eixo de direção do carro de Dean bateu, também matando o piloto. Quando a carroceria do carro foi colocada em exposição, a loja pegou fogo. Ele foi novamente exibido em Sacramento, e caiu de seu suporte sobre um espectador, quebrando sua bacia. O carro foi transportado para Oregon, onde quebrou os suportes e destruiu a vitrine de uma loja. Em 1959 ele teria se partido em nove pedaços quando estava apoiado sobre suportes de aço.

CADEIRA DE BEBÊ

As mulheres que trabalhavam na sede do consórcio de artes de Cardiff insistiram que uma cadeira de escritório específica fosse dada a um homem depois que quatro de suas colegas ficarem grávidas após a terem utilizado em 1987.

Uma coincidência mais impressionante aconteceu em um supermercado de Kent, onde nove mulheres engravidaram em um período de dez meses. Todas elas trabalharam na caixa 13.

O QUIMONO QUE INCENDIOU TÓQUIO

Um quimono que tinha pertencido sucessivamente a três adolescentes que morreram antes de terem uma oportunidade de usá-lo foi considerado tão azarado que acabou queimado por um sacerdote japonês em fevereiro de 1657. Mas quando a roupa estava sendo queimada começou uma forte ventania que avivou as chamas. O incêndio que se seguiu destruiu três quartos de Tóquio, arrasando 300 templos, 500 palácios, 9 mil lojas e 61 pontes, além de matar 100 mil pessoas.

A ELÉTRICA MARTHA

Ser casado com Martha Martika tem um lado positivo e outro negativo. O primeiro marido dessa búlgara, Randolph, foi morto por um raio durante uma tempestade. Martha ficou arrasada, mas se casou novamente – com um jovem chamado Charles Martaux. Ele também foi morto por um raio. Martha entrou em depressão e buscou ajuda com um médico. Eles se apaixonaram e casaram. Mas ele completou a sina de privação elétrica de Martha quando saiu durante uma tempestade e foi atingido e morto por um raio.

O RAIO ATACA NOVAMENTE

O major da cavalaria britânica Summerford estava lutando nos campos de Flandres no último ano da Primeira Guerra Mundial quando foi derrubado do cavalo por um raio. Ele ficou paralisado da cintura para baixo. Ele se mudou para Vancouver, no Canadá, onde, seis anos depois, quando pescava em um rio, foi novamente atingido por um raio, que paralisou o lado direito de seu corpo.

Dois anos depois estava suficientemente recuperado para passear por um parque local. Em um dia de verão em 1930, um raio o atingiu novamente, dessa vez provocando paralisia permanente. Ele morreu dois anos depois.

Zeus ainda não tinha se cansado do major Summerford. Quatro anos mais tarde, um raio destruiu o seu túmulo.

O RAIO GOSTA DE MIM

Kenny MacDonald merece ser perdoado por acreditar que os raios gostam dele. Durante os 34 anos em que trabalhou como funcionário de reparo de linhas telefônicas ele foi atingido por raios nada menos que três vezes.

"Isso na verdade não surpreende", admite ele. "Eu estava trabalhando em algumas áreas bem isoladas da Escócia, em linhas telefônicas que algumas vezes tinham 45 ou 70 quilômetros de comprimento. As linhas costumam ser derrubadas com o mau tempo, e eu era enviado para fazer os consertos. Pessoas em regiões isoladas dependem de seus telefones, então eu talvez tenha corrido alguns riscos que não deveria correr.

"Se você está no alto de um poste no final de um cabo de 50 quilômetros de comprimento no meio de uma tempestade, há uma verdadeira chance de que um raio o encontre. É uma espécie de acidente de trabalho. Eu fui atingido três ou talvez quatro vezes em todos esses anos, mas a eletricidade passou direto por mim e eu sobrevivi para contar a história. Se eu estivesse em terra poderia ter sido morto, mas tudo o que eu senti foi um comichão e meus cabelos arrepiados. Isso deixa na boca um gosto de cobre."

Kenny pensou que ao se aposentar, há alguns anos, seus embates com a violenta força elétrica da natureza fossem terminar. Mas ele estava errado.

Certo dia de horrível ventania ele acordou cedo e saiu de carro para pescar com o filho. Quando eles chegaram perto do lugar onde tinham planejado ficar, o tempo piorou. As nuvens ficaram mais pesadas, começou a cair granizo e teve início uma tempestade de raios.

"Um raio enorme nos atingiu sem aviso", diz Kenny, que reconhece um raio quando vê um. "Ele abriu um buraco no teto do carro. Houve uma grande explosão, chamas azuis e cheiro e gosto de cobre. Nossos ouvidos zumbiram durante vinte minutos.

"Meu filho se virou para mim e disse: 'Pai, isso foi o que eu acho que foi?' Eu disse que sim, e ele respondeu: 'Uau'."

Kenny diz que eles não foram feridos porque os pneus do carro impediram que o raio chegasse à terra. Se eles estivessem com um pneu furado, quase certamente teriam sido mortos.

Mas Kenny não estava disposto a permitir que uma besteira como um raio se metesse no caminho entre ele e sua adorada pescaria. Eles seguiram com dificuldades no carro danificado, em frente para um dia de pesca. Já no final do dia Kenny conseguiu pegar um salmão de três quilos. Ele o fisgou com uma isca chamada "Trovão e raio".

Recordando os acontecimentos, Kenny diz que não pode deixar de sentir que os raios o seguem. Ele se considera azarado por ter sido atingido tantas vezes, mas com sorte por ter saído ileso.

No futuro ele promete tomar mais cuidado com tempestades, especialmente se estiver pescando. "Essas novas varas de pescar de carbono são ótimas condutoras de eletricidade", diz ele. "Você precisa tomar muito cuidado."

E ele tem uma palavra de consolo para aquelas pessoas que se assustam com o som de um trovão. "Você nunca ouve o raio que o mata", diz ele.

8. A história se repete

O caso do piloto da bicicleta motorizada que morreu em uma colisão com o mesmo táxi que tinha matado seu irmão na mesma bicicleta motorizada, exatamente um ano antes, nos mostra que a história tem o péssimo hábito de se repetir.

Por que parece que as coisas ruins da vida costumam acontecer uma segunda vez?

ASSASSINATOS SEMELHANTES

Duas jovens da mesma idade foram assassinadas no mesmo dia do ano, no mesmo lugar, com 157 anos de diferença. Mary Ashford, 20 anos, foi encontrada morta em Erdington, norte de Birmingham, no dia 27 de maio de 1817. O corpo estrangulado de Barbara Forrest, também de 20 anos, foi encontrado no mesmo lugar, então um subúrbio de Birmingham, no dia 27 de maio de 1974.

Os corpos foram encontrados em pontos distantes apenas 350 metros um do outro. As duas jovens tinham visitado uma amiga mais cedo na noite e ambas tinham ido mudar de roupa para sair para dançar. As duas garotas foram violentadas antes de serem assassinadas. As mortes ocorreram aproximadamente na mesma hora do dia e nos dois casos aparentemente houve tentativas de esconder os corpos.

Os dois homens detidos pelos assassinatos se chamavam Thornton – Abraham Thornton e Michael Thornton. Os dois juraram inocência e os dois foram inocentados.

LISA POTTER

Em agosto de 1995 Lisa estava caminhando com a mãe quando chegaram à passagem de nível Moots Lane, em Essex. O pai de Lisa tinha sido morto ali 11 anos antes e sua mãe se recusava peremptoriamente a ir mais adiante. Lisa decidiu que era hora de sua mãe abandonar aquela superstição e tentou encorajá-la a cruzar. Quando ela parou no cruzamento, um trem apareceu repentinamente e atingiu Lisa, matando-a na frente de sua mãe.

ACIDENTE FERROVIÁRIO

Uma característica do acidente ferroviário em Selby, North Yorkshire, que atraiu a atenção do público foi o fato de que a locomotiva de trás do trem de passageiros também tinha estado envolvida no acidente em Hatfield no mês de outubro anterior. Mas havia uma coincidência ainda mais impressionante ligada ao acidente.

Ela envolvia Ginny Shaw, que foi ferido no acidente de Selby, mas sobreviveu. Quinze anos antes, seu marido Bill e seus dois filhos tinham sobrevivido a um fatal choque de trens quase idêntico em Lockington – a menos de cinco quilômetros de Selby. Os dois descarrilamentos foram provocados pelo choque do trem com um veículo na linha.

Que Bill e as crianças tivessem sobrevivido ao acidente já era em si uma coincidência. Atrasados por se encontrarem com amigos do lado de fora da estação, eles não tinham conseguido os lugares habituais no trem.

Bills diz: "Normalmente nós teríamos viajado na frente do trem, que era o preferido das crianças. Nos acabamos no terceiro dos quatro vagões. Estava tudo bem até chegarmos a Lockington, quando ouve um estrondo alto. O trem estava chacoalhando, então eu gritei para que as crianças se segurassem. O trem acabou parando. Eu e os garotos não nos machucamos, mas outras pessoas no vagão da frente tinham morrido. Era horrível."

Bill conseguiu telefonar para sua esposa para contar o que tinha acontecido.

Ele diz: "Ela ficou chocada. Ela se deu conta de que todos poderíamos ter morrido se estivéssemos no vagão da frente. Foi uma feliz coincidência que não tenhamos entrado nele."

Então, quinze anos depois os papéis se trocaram, foi Bill que recebeu um telefonema após o acidente em Great Heck, perto de Selby. Diz Bill: "Eu estava adormecido na cama e fui acordado pelo telefone. Eram dez para as sete. Minha esposa estava dizendo que o trem dela tinha sofrido um acidente. Ela tinha quebrado uma perna, mas fora isso estava tudo bem."

Dado o pequeno número de pessoas que morrem em ferrovias, Bill hoje freqüentemente se pergunta quais seriam as chances de um dos dois estar envolvido em um acidente de trem fatal.

CRUZAMENTO

Um homem cuja filha tinha sido morta por um trem em uma passagem de nível quatro anos antes morreu no mesmo local e à mesma hora. O trem estava sendo conduzido pelo mesmo homem, Domenico Serafino.

Vittorio Vernoni, de 57 anos de idade, costumava dirigir indo e voltando para o trabalho várias vezes por dia pelo cruzamento da Via Cartoccio, perto de Reggio Emilia, Norte da Itália, onde sua filha Cristina, de 19 anos, tinha sido morta em 1991. O cruzamento, vazio e sem uma barreira de proteção – determinação legal para as ferrovias locais da Itália – tinha duas luzes intermitentes e um sino para alertar os motoristas para a aproximação de trens. O cruzamento propriamente dito estava situado perto de uma curva. Sua filha tinha sido atingida no cruzamento em uma clara manhã de inverno e Vittorio passou pelo cruzamento pela última vez com seu Renault em uma manhã de sol de novembro de 1995. Quando o maquinista Domenico Serafino viu o carro nos trilhos e puxou o freio já era tarde demais. A locomotiva esmagou o carro e o arrastou durante dezenas de metros.

A insinuação de que Vittorio tinha decidido pôr fim à vida

no mesmo lugar em que sua filha tinha morrido foi repudiada por sua família e pelo maquinista. Os investigadores disseram que sua morte tinha sido acidental. O filho de Vittorio, Andrea, de 22 anos, descreveu isso como uma inacreditável e absurda coincidência fatal.

SÓ UM TOLO COMETE O MESMO ERRO DUAS VEZES

Embora este capítulo possa ter sugerido algo diferente, a história nem sempre se repete apenas para nos prejudicar. Algumas vezes pode ser útil quando ela decide dar uma outra volta. Isso certamente foi útil para um dos autores deste livro, Martin Plimmer, quando ele estava procurando seu primeiro emprego de repórter em um jornal local.

Na época Martin não sabia muito sobre a vida, mas em algum momento ele tinha ouvido a máxima de que nós devemos aprender com nossos erros. Mesmo que isso ainda não tivesse sido absorvido, aqui está um exemplo deste princípio que é um presente do céu.

Martin tinha acabado de sair da faculdade de jornalismo, especializado em Direito, prática jornalística, difamação, taquigrafia, redação e técnicas de entrevista. Seu conhecimento de religião, porém, era lamentavelmente pequeno. Ele aprendeu como isso podia ser importante em sua primeira entrevista profissional.

Era um antiquado jornal local de Yeovil, Somerset, em um alto e melancolicamente desencorajador prédio vitoriano. O editor se sentava em um canto de um escritório, aparentemente isolado do zumbido e da balbúrdia da vida dos anos 1960. Ao final da entrevista, que foi bastante formal, o editor disse: "Eu gostaria de aferir o seu conhecimento geral." Ele se levantou, foi até a estante e pegou um grosso livro azul. Abriu o livro ao acaso, percorreu a página, fechou-o, abriu-o novamente ao acaso e disse: "Ah, sim, 'Religião'. 1. Qual era o nome da montanha em que a arca de Noé acabou após o Dilúvio?"

"Monte Sinai", respondeu Martin. O editor franziu o cenho e fez mais nove perguntas. Martin errou oito delas. Ele perdeu o emprego.

Quando voltou para casa naquela noite seu pai quis saber como tinha sido a entrevista. Ele contou sobre as perguntas religiosas. "Que perguntas?", perguntou seu pai.

"Qual era o nome da montanha em que a arca de Noé acabou depois do Dilúvio?"

"Ararat, claro. O que você disse?"

"Sinai."

"Não, essa foi a montanha em que Moisés recebeu os Dez Mandamentos." E assim foi com as dez perguntas.

Uma semana mais tarde Martin foi fazer sua segunda entrevista, no *Bucks Herald*, em Aylesbury. Dessa vez era um prédio moderno, e mais uma vez a entrevista foi no escritório do editor. Tudo parecia estar indo bem, mas Martin gelou quando o editor levantou dizendo: "Eu gostaria de fazer algumas perguntas de conhecimentos gerais", caminhou até a estante e pegou um grande livro azul. Ele abriu o livro ao acaso e disse: "Ah, isso serve: Religião..."

Martin precisou se esforçar para não responder às dez perguntas rápido demais. Deliberadamente errou uma, de modo a não parecer arrogante. Ele conseguiu o emprego.

9. Ecos

Experiências de coincidência podem ranger como fantasmas, insinuando-se nos processos de pensamento e sub-repticiamente transferindo você para um lugar inteiramente diferente. Essas estranhas e fantásticas reverberações ou ecos podem produzir tristeza, satisfação e mesmo perplexidade. Ou podem produzir compreensão. Como uma experiência que aconteceu com Stephen Osborne, editor da revista cultural e literária canadense *Geist*.

Osborne estava relaxando em um bar com amigos quando a conversa passou a girar em torno de um homem chamado Richard Simmins, curador, crítico de arte e escritor que tinha sido importante para a vida de Osborne 25 anos antes. Osborne considerava Simmins seu mentor, mas não o encontrava havia 17 anos.

Após algum tempo os amigos perceberam que a música no bar tinha se tornado sombria, e quando disseram isso ao balconista ele deu de ombros e fez uma piada sobre aquela ser uma casa funerária.

Mais tarde, com uma disposição reflexiva, Osborne chegou em casa e pegou uma revista para ler em uma pilha no banheiro. Ela abriu em um poema escrito em memória de Richard Simmins. "Naquele momento eu compreendi que ele já não estava vivo", disse Osborne. "A revista tinha seis meses; o poema, escrito por sua filha, poderia ser muito mais velho que isso? Eu acendi uma vela em homenagem do homem que eu tinha amado, mas que eu não tinha visto desde 1986."

O CARTÃO-POSTAL VOLTA PARA CASA

Arthur Butterworth estava estacionado em Taverham Hall, perto de Norwich, quando prestava serviço militar no exército durante a Segunda Guerra Mundial. Certo dia chegou pelo correio um livro de música de segunda mão que ele tinha encomendado. O remetente poderia não ter idéia de para onde o livro iria, já que o endereço de Taverham Hall tinha sido dado como um código postal militar. Quando Butterworth desembrulhou o pacote, de pé junto à janela, um cartão-postal deslizou do livro e caiu no chão. Provavelmente era um velho marcador de livro, e o que estava escrito mostrava que ele tinha sido enviado em 1913. Quando o virou, ele trazia a mesma imagem que ele podia ver através da janela – Taverham Hall.

NO PONTO

O observador de coincidências Craig Hamilton Parker mantém um *web site* que convida os leitores a publicar suas próprias histórias de coincidência. Entre elas está esta contribuição de uma fonte anônima:

"Eu li um anúncio em um boletim da *Fleet Air Arm* perguntando se algum piloto da Segunda Guerra Mundial tinha uma referência de algum aparelho Swordfish que tivesse caído intacto. O autor estava procurando peças adicionais para montar um aparelho completo que seria exibido em seu novo museu.

"Eu nunca esquecerei quando o aparelho do meu amigo caiu em 1943 durante manobras de treinamento perto de Firth of Tay, na costa da Escócia. Uma confusão frenética tinha feito com que entrássemos nos aparelhos errados. Meu rádio estava fora do ar quando aconteceu o acidente fatal, e todos na base pensaram que eu é que tinha morrido. O acontecimento ficou em minha cabeça durante muitos anos.

"Eu fui até o sótão e procurei meu antigo diário de bordo para ver se conseguia encontrar a informação perdida. Eu descobri que o acidente tinha acontecido exatamente 50 anos antes daquele dia. Não apenas isso, mas que tinha sido no mesmo dia da semana (uma segunda-feira) e do mês. O diário dizia que o acidente tinha acontecido exatamente às 10 horas. Eu olhei no relógio. Eram exatamente dez horas."

O TÚMULO DO CAPITÃO FLEMING

A morte trágica de um colega oficial que ele não tinha conhecido voltou para assombrar Robin Gray, 34 anos depois do acontecimento. O capitão Ian Fleming morreu em um acidente de avião sobre Berlim no dia 5 de abril de 1948, três anos depois do final da guerra, vítima, juntamente com todos os outros passageiros do avião britânico, fretado pelos militares, de uma exibição gratuita de intimidação soviética.

Na época Robin Gray era tenente dos fuzileiros reais, baseado no posto de treinamento de Ayrshire. O relatório da morte do capitão Fleming não era um assunto pessoal. Gray sequer sabia seu nome de batismo e ele não era membro de seu regimento. Fleming era um membro do Batalhão de Atiradores Escoceses que tinha sido transferido para os fuzileiros. Na época de sua morte estava a caminho de se juntar ao seu 2º Batalhão, em Spandau. Ainda assim, a tristeza e falta de sentido do incidente deixaram suas marcas em Gray.

Era um momento de crescente tensão entre a Rússia e seus antigos aliados ocidentais, o ano em que a Cortina de Ferro desceu e Berlim permaneceu isolada, a não ser por ar. A força aérea russa tinha o hábito de dar vôos rasantes sobre aeronaves ocidentais de modo a intimidar passageiros e tripulações, e foi um erro de cálculo na velocidade ou na direção durante uma dessas manobras perigosas realizadas por um caça YAK russo que provocou a colisão.

"Mas era uma época de muito trabalho", disse Gray, "e isso rapidamente ficou em segundo plano. Depois que todos os cuidados diplomáticos tinham terminado, o incidente e a morte foram esquecidos".

Até o início de 1982, ou seja, quando Gray, hoje um homem

de negócios, conversou com um cliente em Glasgow. O tema da conversa passou a ser Berlim, onde o cliente de Gray tinha estado pouco antes em uma mistura de viagem de negócios e de férias – a sua primeira visita, disse ele, desde a década de 1950, quando tinha sido aquartelado ali como recruta. Ele então falou sobre o incidente com o avião. Ele tinha a impressão de que tinha sido derrubado intencionalmente, e Gray o corrigiu dizendo que tinha sido um acidente.

"Porém, a conversa reavivou lembranças daquele dia", disse Gray, "e as terríveis conseqüências do erro do piloto. Em me lembrei do piloto que nenhum de nós do regimento tinha conhecido, que tinha morrido de forma tão terrível e que poderia ter deixado pais ou mesmo mulher e filhos sofrendo. Meu amigo perguntou se as pessoas mortas tinham sido enterradas no setor americano, onde o avião caíra, ou levadas para o setor britânico para serem enterradas no Cemitério Militar Britânico. Eu tive de admitir que nunca mais ouvira falar sobre o acidente".

No dia seguinte a essa conversa Gray tinha um almoço de negócios com outro cliente em Helensburgh, a aproximadamente 30 quilômetros do centro de Glasgow. Ele tinha se atrasado em tudo naquela manhã, e chegou a Helensburgh tarde demais para seu encontro. Fez um lanche, e como era um belo dia e ele de repente estava com tempo, decidiu caminhar até Craigendoran, uma pequena aldeia perto da cidade.

Gray nunca tinha estado na região antes, mas como sabia que as ruas de Helensburgh eram dispostas em um sistema de grade, planejou retornar por outra estrada paralela. Porém, quando ele chegou ao fim da estrada se deu conta de que tinha tomado estradas secundárias e que a única forma de chegar à estrada paralela naquele ponto era atravessando um grande cemitério. No cemitério, seguiu na direção do que ele achou que era um portão acessível, mas ao chegar lá viu que era uma grande prancha de madeira utilizada pelos entalhadores de lápides, que tinha sido apoiada contra o muro. Enquanto permanecia parado, pensando sobre o que fazer a seguir, seu olhar foi atraído para a lápide exatamente ao lado da prancha. Ela tinha a inscrição:

CONSAGRADO À MEMÓRIA
DE
IAN JAMES ARMOUR FLEMING
CAPITÃO, ATIRADORES, (SR)
NASCIDO EM 2 DE MARÇO DE 1920
MORTO SOBRE BERLIM
5 DE ABRIL DE 1948
MARIDO MUITO AMADO
DE
HILDRED ELENOR MACMILLAN

"Em vinte horas, todas as perguntas que eu tinha feito no dia anterior estavam respondidas", disse Gray. "Seu nome completo, seu posto, sua idade, o fato de que ele era casado e, o que é mais significativo, que seu corpo tinha sito trasladado de volta para este país e enterrado aqui, o que não era comum na época.

"Eu admito que fiquei gelado ao ver a lápide e tentei imaginar as chances disso ter acontecido por acaso. O homem estava morto havia 34 anos. Eu nunca o tinha visto, e até o dia anterior mal tinha pensado no acontecimento que o matara.

"Eu esperava que mais alguma coisa acontecesse para dar continuidade àquela coincidência impressionante, que parecia ter todos os elementos de uma direção objetiva. Mas tudo acabou no cemitério. Desde então nada aconteceu para dar continuidade ao mistério."

Exceto o efeito que isso teve sobre Robin Gray; um efeito que mesmo este homem articulado e de coração forte acha difícil descrever. Ele retornou ao seu carro e dirigiu de volta ao cemitério para fotografar a lápide, embora tivesse apenas uma câmera Polaroid. Diz que um dia voltará a Helensburgh com sua melhor câmera para fazer uma foto boa. Ele não consegue deixar de pensar no que isso significa e acha que deve haver mais.

"Talvez eu devesse entrar em contato com sua esposa, se ela ainda estiver viva... Eu não sei, mas todo o episódio permanece comigo desde então."

Fonte: depoimento pessoal de Robin Gray aos autores

QUEBRA-CABEÇAS MEMORIAL

Stuart Spencer estava viúvo havia três anos em janeiro de 2000, quando sua filha deu de presente a ele um quebra-cabeças de mil peças. Ela tinha encontrado um de um vapor de pás em Norfolk Broads, onde Stuart e sua falecida esposa Anne tinham passado muitas férias. Quando colocou uma peça para completar uma figura em cadeira de rodas na popa do barco, ele viu que era sua esposa.

REUNINDO O PASSADO

Uma coincidência semelhante foi experimentada por Jean Jones, de Eastbourne, East Sussex.

"Uma amiga que eu conhecia desde dos tempos de escola viu um quebra-cabeças em um bazar de caridade em Woking e decidiu comprá-lo – era uma imagem do adorável Carpet Gardens de Eastbourne, que ela conhecia muito bem, tendo ficado lá comigo muitas vezes.

"Ela o levou para casa e começou a montá-lo. Quando ela colocou a última peça, reconheceu a mim e meu falecido marido Cyril caminhando pelos jardins!

"Ela não me falou sobre a impressionante coincidência até colocar tudo em um quadro para que eu pendurasse como uma fotografia. Inicialmente eu não consegui acreditar, e mesmo hoje, cinco anos depois da morte do meu marido, eu ainda acho que é uma chance em um milhão. Desde então minha amiga e eu vimos muitos quebra-cabeças com a mesma fotografia, mas sem eu e meu marido nela."

Fonte: *The Express*, 27 de janeiro de 2001

DUPLA EXPOSIÇÃO

Pouco antes da eclosão da Primeira Guerra Mundial, uma mãe alemã tirou uma fotografia de seu filho pequeno. Ela deixou a placa para ser revelada em Strasbourg, na França, mas o início da guerra a impediu de pegá-la de volta. Dois anos depois, em

Frankfurt, ela comprou outro filme para fotografar sua filha recém-nascida. Quando o filme foi revelado, mostrou-se uma dupla exposição. A camada inferior da foto era a de seu filho pequeno, tirada em 1914.

Fonte: *Coincidence and Fate*, Wilhelm von Scholz

MAL CONCEBIDO

Como a sua irmã Diana, que se casou com o líder fascista britânico Oswald Mosley, Unity Mitford tendia para a política de direita. Ela provocou um escândalo quando foi à Alemanha imediatamente antes do início da Segunda Guerra Mundial, e se tornou parte da *entourage* de Adolf Hitler. Com o início da guerra, ela tentou o suicídio. A história registra que Unity foi concebida em uma cidade chamada Swastika, em Ontário, Canadá.

SINAL NA ESCOLA

Objetos e associações algumas vezes vêm juntos aparentemente com tal perspicácia que você fica certo de que elas devem estar tentando dizer algo a você. Exatamente o que elas estão tentando dizer, porém, não é tão claro.

Isso aconteceu com Martin Plimmer quando ele se seu filho de 11 anos de idade estavam vendo as escolas secundárias que ele poderia freqüentar no Sul de Londres. Eles estavam visitando o departamento de geografia de uma determinada escola quando Martin pegou um dos livros e disse: "Geografia era uma das poucas matérias de que eu gostava na minha escola. Ela é direta e abrange uma área muito interessante." Abrindo o livro ao acaso, ele se deu conta de que estava olhando para uma página com um mapa em grande escala da vila de Winnersh, em Nerkshire, com a escola secundária que ele freqüentou quase quarenta anos antes claramente indicada.

O efeito dessa associação súbita de idéia e imagem foi produzir em Martin uma mistura de emoção e alguma confusão. Sua própria educação tantos anos antes, a de seu filho prestes a começar e todas as suas esperanças e preocupações associadas pareceram ser repentinamente condensadas naquele momento simbólico específico. O que era aquilo senão um sinal? E se era um sinal, o que queria dizer?

Poderia aquilo significar que aquela era a escola perfeita para seu filho ou, exatamente o contrário (já que ele tinha detestado o período na escola de Winnersh), que aquela era a escola errada para seu filho? Elas podiam ser noções opostas, mas as duas idéias eram estranhamente fortes. Isso até Martin recuperar o juízo alguns segundos depois ao concluir que aquilo não era profecia alguma. Não havia respostas para a questão do significado da coincidência. Era apenas uma demonstração de que até mesmo o mais cético de nós pode momentaneamente se mostrar crédulo quando a paranormalidade nos dá uma cotovelada nas costelas.

TORNADO

Um tornado que provocou destruição em East St. Louis, Illinois, no dia 27 de maio de 1896, parece ter tido uma tendência infernal a destruir a memória do grande engenheiro James B. Eades.

Eades tinha construído a ponte sobre o rio Mississipi que leva seu nome. Uma janela em sua homenagem na igreja episcopal Mount Calvary tem a inscrição "Em memória de James B. Eades. Nascido em 23 de maio de 1820. Falecido em 8 de março de 1887".

O tornado de 1896 derrubou a seção leste da ponte Eades exatamente no mesmo instante em que explodiu a janela. Foi a única janela da igreja danificada.

COINCIDÊNCIA SIMULADA

O departamento de informações dos Estados Unidos estava planejando, em um exercício simulado, a colisão de uma aeronave com uma torre de escritórios na mesma manhã do ataque terrorista de 11 de setembro às torres gêneas do World Trade Center.

Funcionários do Departamento Nacional de Reconhecimento em Chantilly, na Virgínia, tinham programado um exercício em que um pequeno jato executivo iria se "chocar" contra uma das quatro torres do prédio-sede do departamento. O terrorismo não era um dos fatores do roteiro. A aeronave teria problemas mecânicos.

O edifício do órgão fica a cerca de seis quilômetros das pistas do aeroporto internacional de Dulles, em Washington. Chefes do órgão conceberam o roteiro para testar a capacidade dos empregados de reagir ao desastre. Não havia nenhum avião real envolvido. Para simular os danos do choque, algumas escadas e saídas seriam fechadas, para obrigar os empregados a encontrar outras formas de evacuar o prédio. "Foi apenas uma inacreditável coincidência que isso envolvesse um avião colidindo contra nossas instalações", disse o porta-voz Art Haubold. "Assim que soubemos dos acontecimentos reais nós cancelamos o exercício."

O vôo 77 da American Airlines – o Boeing 767 que foi sequestrado e se chocou contra o Pentágono – decolou de Dulles às 8h10 no dia 11 de setembro, menos de uma hora antes da hora marcada para o exercício. Ele atingiu o Pentágono por volta de 9h40, matando 64 pessoas a bordo e 125 em terra.

Em outro detalhe extraordinário, o piloto do vôo 77, Charles Burlingame, ex-piloto da Marinha, tinha, em sua última missão militar, ajudado a preparar planos de reação do Pentágono na eventualidade de um avisão comercial acertar o prédio.

O CASAL QUE NÃO PODIA *NÃO* SE ENCONTRAR

Alan e Susan se conheceram em 1970, em uma festa à qual nenhum dos dois queria ir, com pessoas que eles não conheciam. Eles não ficaram muito tempo juntos, mas Susan está convencida de que eles foram colocados um na vida do outro pelo destino. "Ele realmente foi o amor da minha vida", disse ela.

Susan foi para Liverpool algumas semanas depois. Ela tinha 18 anos de idade, e acabara de sair de casa. Estava desesperada para encontrar um lugar para ficar. Certa noite ela foi ver uma vaga em Shiel Road, 52. Ela se perdeu, chegou tarde e descobriu que o quarto já tinha sido dado à pessoa que tinha marcado hora depois dela. Felizmente, o proprietário tinha outro imóvel a oito minutos de distância a pé dali, e ela foi para lá.

Certa noite estava havendo uma festa no quarto acima dela. Uma das estudantes, sabendo que ela estava sozinha, bateu em sua porta para perguntar se ela não queria se juntar a eles. Ela recusou porque estava cansada, mas mais tarde a garota voltou e dessa vez a convenceu a subir. A festa estava boa, mas Susan realmente não estava no estado de espírito. Na verdade, estava com dor de cabeça.

Ela já estava saindo quando um homem perguntou se queria algo para beber. Seu nome era Alan. Ele também não estava em clima de festa; na verdade, ele estava pretendendo ir a outro lugar naquela noite, mas a pessoa com quem ele tinha combinado não aparecera. Então ele tinha dado de cara com outra pessoa que conhecia, que o levara para a festa. Acabou que Alan vivia na Shiel Road, 52.

Esta pode não parecer uma das coincidências mais impressionantes deste livro, mas como sempre quando diz respeito a coincidências, é o ponto de vista pessoal que dá importância à combinação de elementos. Susan considerava a ligação Shiel Road profundamente significativa. Ela sentia que como não tinha se encontrado com Alan na primeira vez que fora a Shiel Road, alguma força benéfica relativa a colocar em contato elementos que se combinam tinha dado uma forma de eles se encontrarem depois.

As circunstâncias não eram propícias, mas eles se apaixonaram e se casaram seis meses depois, no dia 17 de abril de 1971. Um ano mais tarde Susan deu à luz um filho, Peter. Alan foi morto em um acidente em 1974. "Eu realmente acho que o destino ou os deuses queriam isso", diz Susan hoje. "Certamente eu nunca encontrarei ninguém para substituí-lo e nada como isso acontecerá novamente. Nós devíamos nos encontrar. Eu sei disso."

AZAR NO MAR

Aqueles que consideram até mesmo uma travessia do canal por *ferry* uma experiência perturbadora terão enorme simpatia pela tripulação e pelos passageiros envolvidos nesta extraordinária história de azar marítimo.

No dia 16 de outubro de 1829, a escuna *Mermaid* deixou Sydney rumo a Collier Bay, na costa noroeste da Austrália ocidental. Estavam a bordo 18 tripulantes e três passageiros. O nome do capitão era Samuel Nolbrow.

Quatro dias depois, um vendaval no estreito de Torres jogou o barco contra os recifes, deixando todos a bordo ilhados por três dias até eles serem resgatado pelo brigue *Swifture*.

Cinco dias depois, o *Swiftsure* foi apanhado por uma forte corrente na costa da Nova Guiné e naufragou nas pedras, embora o conjunto de tripulantes e passageiros tenha conseguido chegar a terra em segurança.

Oito horas mais tarde eles foram todos resgatados pela escuna *Governor Ready*, mas três horas depois o cargueiro de madeira pegou fogo, fazendo todos correrem para os botes salva-vidas.

O cúter *Comet* resgatou todos sem qualquer perda de vidas. Uma semana mais tarde o *Comet* foi apanhado por uma borrasca e quebrou o mastro. A tripulação pegou o único bote em condições, deixando os tripulantes e passageiros resgatados anteriormente por sua própria conta. Durante 18 horas eles se agarraram ao navio naufragado até acabarem sendo resgatados pelo paquete *Jupiter*.

Por uma coincidência ainda mais estranha, um passageiro do *Jupiter* era uma senhora idosa de Yorkshire que estava a caminho da Austrália para procurar o filho que não via havia 15 anos. Ela o encontrou – era um dos tripulantes do *Mermaid*.

PUDIM DE AMEIXAS

Quando era garoto em Orleans, um certo sr. Duchamps recebeu um pedaço de pudim de ameixas de um sr. de Fortgibu. Dez anos mais tarde ele tentou comprar uma fatia de pudim de ameixas em um restaurante de Paris, mas ouviu que ela já tinha sido vendida – para o sr. de Fortgibu.

Muitos anos mais tarde, o sr. Deschamps estava desfrutando

de um pudim de ameixas com amigos e percebeu que a única coisa que faltava era o sr. de Fortgibu. Naquele momento a porta se abriu e um homem velho e um tanto confuso entrou. Ele se desculpou, explicando que tinha errado o endereço. Era o sr. de Fortgibu.

Fonte: história registrada por Carl Jung

MORTE NA PONTE

Em fevereiro de 1957 Richard Besinger, de 90 anos de idade, foi atropelado e morto quando andava no meio da ponte Big Lagoon, em Eureka, Califórnia. Dois anos depois seu filho Hiram foi morto na mesma ponte quando um caminhão de madeira tombou sobre ele. Seis anos depois disso, seu bisneto David Whisler, de 14 anos, foi morto por um carro – na mesma ponte.

10. Nomes

Assim como nos deliciamos ao saber que um conhecido faz aniversário no mesmo dia que nós, podemos ter igual prazer de saber que ele ou ela partilha nosso nome. Mas se alguém partilha nosso nome e nosso dia de aniversário – podemos ter um problema. Como foi o caso na história das duas Belindas.

As mulheres tinham nascido no dia 7 de janeiro de 1969, e ambas se chamavam Belinda Lee Perry. Elas tomaram conhecimento uma da outra quando se registraram na mesma Biblioteca de Sydney – e o cartão de Belinda Um foi cancelado, causando problemas a Belinda Dois. Mais tarde as duas foram investigadas por fraude quando ambas fizeram pedidos de bolsas de estudos.

Quando Belinda Dois se mudou, Belinda Um foi retirada da lista de votação. Após concluírem os estudos as duas trabalharam no serviço público de Nova Gales do Sul como escreventes durante 18 meses, então ambas trabalharam na Universidade de Sydney por aproximadamente o mesmo tempo. Finalmente se encontraram quando foram admitidas como estudantes "maduras" na universidade. Elas descobriram que tinham muito em comum.

OS PÁSSAROS

O carro de Margaret Bird se envolveu em uma colisão com outro carro e uma van. Todos os três motoristas se chamavam Bird.

A PANELINHA BINGHAM POWELL

Três ingleses eram os únicos ocupantes de um vagão em uma viagem de trem pelo Peru na década de 1920. Seus nomes eram Bingham, Powell e Bingan-Powell.

Fonte: *Reader's Digest Mysteries of the Unexplained*

PAGEANDO O SR. PAPE

Como soldado na Segunda Guerra Mundial, as cartas para o sr. Page (n° 1509321, tropa A) eram freqüentemente enviadas para o sr. Pape (n° 1509322, tropa B), e vice-versa. Após a guerra, como motorista de ônibus do serviço de transporte de Londres, o sr. Page (carteira n° 29222) recebeu um envelope de pagamento do sr. Pape (carteira n° 29223), e vice-versa.

Fonte: *The Sunday Times*, 5 de maio de 1974

HIERARQUIA SOCIAL

Na lista de empregados de um criador de patos de Lincolnshire havia duas pessoas chamadas Crow (corvo), quatro de nome Robbins (tordo), um Sparrow (pardal), um Gosling (ganso) e um Dickie Bird (pássaro).

NOME DA NOIVA REVISITADO

O sábado 11 de agosto de 1985 foi uma tarde confusa para um vigário de Wolverhampton. Ao meio-dia ele celebrou o casamento de Karen Dawn Southwick, de 22 anos de idade, que foi conduzida por seu pai, Alfred. Três horas mais tarde, o mesmo vigário celebrou o casamento de outra Karen Dawn Southwick, também de 22 anos de idade, que também foi conduzida pelo seu pai, Alfred. As duas Karens viviam a poucos quilômetros de distância, mas não eram parentes e nunca tinham se encontrado.

NOME ENCANTADO

Coletes salva-vidas, botes salva-vidas e rações de emergência são coisas úteis na eventualidade de um naufrágio, mas ter o nome certo também pode ajudar. Hugh Williams foi o único sobrevivente de um barco que afundou no estreito de Dover no dia 5 de dezembro de 1660. Cento e vinte e um anos depois, outro acidente de barco nas mesmas águas custou as vidas de todos a bordo, com exceção de um homem com o nome aparentemente encantado de Hugh Williams. No dia 5 de agosto de 1820, quando um barco de passeio virou no Tâmisa, todos se afogaram, com a exceção de um garoto de cinco anos de idade – Hugh Williams. No dia 10 de julho de 1940, uma traineira britânica foi destruída por uma mina alemã. Apenas dois homens sobreviveram, tio e sobrinho, ambos chamados Hugh Williams.

ESSES ANÕES SÃO SEUS, MADAME?

Uma série de assaltos à mão armada em Barcelona, Espanha, se revelaram obra de um bando de sete anões comandados por uma loura alta de boa aparência cujo nome era Nieves, que em espanhol significa Neve.

Fonte: *Sunday Express*, 3 de setembro de 1979

FEITOS UM PARA O OUTRO

Um golfista viu a bola de sua tacada perfeita colidir em pleno vôo com outra boa – um golpe de recuperação de outro jogador na direção oposta. Espantado com a coincidência, O'Brian e o outro jogador correram para o local da colisão para se apresentarem um ao outro. Os dois se chamavam Kevin O'Brian.

GREENBERRY HILL

Um magistrado foi assassinado em 1678. Três homens foram presos, julgados e considerados culpados da morte de Sir Edmund

Godfrey. ...es foram enforcados em Greenbery Hill. Seus nomes eram Green, Berry e Hill.

CARTA PARA O SR. BRYSON

George D. Bryson estava viajando a negócios para Louisville, Kentucky, e tinha feito reservas no Brown Hotel. Ele se registrou, recebeu as chaves do quarto 307 e perguntou se havia chegado alguma carta para ele. Ele recebeu uma carta endereçada ao sr. George D. Bryson, quarto 307. Mas a carta não era para ele. O destinatário é o hóspede anterior do quarto 307, outro George D. Bryson.

Fonte: *Incredible Coincidence*, Alan Vaughan

EU ME PRENDO EM NOME DA LEI

Em março de 1987 o policial Douglas McKenzie foi enviado para prender um homem detido em uma farmácia de Sydney por utilização de receitas falsas. Ao receber o pedido de uma prova de identidade, o homem alegou ser Douglas McKenzie e apresentou uma certidão de nascimento, dois talões de cheques e um cartão de seguro-saúde, todos em nome de McKenzie.

Todos os itens tinham sido roubados do policial McKenzie dois anos antes.

"Foi a prisão mais estranha que eu fiz", disse ele.

CHANCE DUPLA

Era uma chance em um milhão. O motociclista Frederick Chance colidiu com um carro dirigido por ninguém menos que Frederick Chance. O encontro de chances aconteceu em Stourbridge, Worcestershire. Embora houvesse uma chance, nem Fred nem Fred se feriram gravemente.

Fonte: revista *Modern People*, outubro de 1974

ADIVINHE EM QUEM EU ESBARREI?

O dr. Alan McGlashan relembra a coincidência que aconteceu com seu enteado Bunny quando ele dirigia de volta de Londres para sua casa de praia por volta das 2h certa madrugada.

"Um homem saindo de uma estrada secundária foi direto em cima de seu carro. Ele estava nos arredores de uma cidade e o policial local por acaso estava por perto em uma ronda noturna. Ele pegou seu caderno e perguntou ao motorista do outro carro: 'Seu nome, por favor?' O homem respondeu: 'Ian Purvis.' Meu enteado, que gosta de se fazer de cínico, não falou nada. O policial então se virou para Bunny e disse: 'E seu nome, senhor?' E Bunny disse: 'Ian Purvis'. 'Olhe aqui', disse o guarda, 'não é hora de brincadeiras idiotas'. Mas era verdade. Um Ian Purvis tinha esbarrado em outro Ian Purvis."

MORTES GÊMEAS

Dois irmãos gêmeos finlandeses de 71 anos de idade foram mortos em acidentes de bicicleta idênticos no mesmo trecho de estrada com apenas duas horas de diferença. "Embora a estrada seja movimentada, não há acidentes todos os dias", disse a policial Marja-Leena Huhtala. "Eu fiquei de cabelos em pé quando soube que os dois eram irmãos, além de tudo gêmeos idênticos. É uma coincidência inacreditável. Isso faz você pensar que talvez alguém lá em cima tenha algo a ver com isso."

CONFUSÃO

Interessada em *mah jong*, a jogadora Jill Newton anunciou em um jornal, procurando um conjunto de peças de *mah jong* e recebeu uma resposta de uma família de Gillingham. No caminho para ver o jogo, seu carro se envolveu em um pequeno acidente. Ela trocou cartões com o outro motorista. O nome de sua família era Mah Jong.

UM CONTO DE DUAS TURPINS

Uma carta aérea endereçada à srta. S. Turpin foi entregue em 1955 na casa da Marquesa de Cabriñana, na Calle Goya 8, Madri, e aberta por Sallie Turpin, governanta inglesa dos filhos da marquesa. Mas Sallie não entendeu nada da carta, que se referia a pessoas de quem ela nunca tinha ouvido falar e estava assinada por "Sua querida mãe". Após fazer perguntas a empregados de casas vizinhas, ela descobriu que uma jovem americana chamada Susie Turpin vivia na Calle Goya 12.

A carta equivocadamente endereçada criou uma amizade entre as duas jovens, que chegaram mesmo a tirar férias juntas. Sallie (hoje Sallie Colak-Antic) diz: "Eu sempre pensei sobre a probabilidade de que duas jovens, uma da Inglaterra e outra dos Estados Unidos, com o mesmo sobrenome e inicial do prenome descobrissem que viviam em um país estrangeiro a uma distância de duas portas uma da outra."

CONVERSA DE BANHEIRO

Durante muito tempo houve uma grande controvérsia entre acadêmicos e bêbados sobre as origens da palavra "*crap*" (merda). É hora de esclarecer.

A idéia popular é de que a palavra deriva do nome de Thomas Crapper, que tinha um bem-sucedido negócio de equipamentos sanitários na Inglaterra no século XIX e teria inventado o vaso com descarga. Não foi assim. A ligação é pura coincidência.

A palavra provavelmente deriva do inglês médio "*crappe*", ou "*chaff*" (refugo) (possivelmente relacionado ao holandês "*crappen*", separar-se). A partir daí, foi aplicada a outros resíduos indesejados.

Ele estava havia muito tempo consolidada na sua acepção vulgar quando Thomas Crapper nasceu em 1836, e fez sua primeira aparição em um dicionário de gírias em 1846, quando ele tinha apenas dez anos de idade, jovem demais até mesmo para que uma pessoa hábil como ele tivesse criado uma lenda hidráulica.

É fácil dizer apenas "coincidência" e embrulhar tudo em uma explicação de uma só palavra, mas há um preço a pagar ao fazer isso, pois nós eliminamos o charme da história. Quem pode dizer, dadas suas associações, que seu nome não desempenhou um papel na escolha profissional do garoto? Quem pode dizer que o jovem Crapper não estava predisposto a ver seu destino escrito, senão nas estrelas, então em algo mais confiavelmente sólido sobre o qual pudesse ser construído um império sanitário? Certamente alguma noção de missão deve ter impelido o garoto a deixar sua Yorkshire natal aos 14 anos de idade para ser aprendiz de um mestre bombeiro em Chelsea, Londres.

Thomas Crapper faz parte de uma festejada lista de profissionais cujos nomes os ligam a seus trabalhos, incluindo o sr. Rose, jardineiro da Brimingham School. O dr. Zoltan Ovary, ginecologista de Nova York, A. Moron (idiota), comissário de educação para as Ilhas Virgens; o reverendo God of Congaree; o doctor Doctor, médico; a sra. Screech (guincho), professora de canto; I.C. Shivers (calafrio), geleiro; Lawless e Lynch (ilegal e linchar), advogados da Jamaica; Plumber e Leek (bombeiro e vazamento), bombeiros de Norfolk; Shine Soon Sun, geofísico do Texas; Wyre (de *wire*, pegar em armadilha) e Tapping (grampo telefônico), detetives particulares de Nova York e o sr. Vroom, vendedor de motocicletas sul-africano.

Um homem menor poderia ter mudado seu nome para Thomas Nariz-Empoado, mas Crapper nunca se envergonhou. Destacou seu nome no teto da companhia que fundou. De fato, ele era uma espécie de autopromotor, e foi pioneiro do salão de banheiros, em que suas louças eram apresentadas nas ruas, fazendo damas refinadas desmaiar com a vulgaridade de tudo aquilo. Nada disso impediu um fluxo de encomendas reais de dois reis seguidos. Ele era o Richard Branson da época.

Talvez ele, porém, tenha inspirado a utilização pelos americanos da palavra *crapper* significando toalete. Diz-se que soldados americanos estacionados na Grã-Bretanha durante a Primeira Guerra Mundial adotaram a expressão após verem as palavras T. Crapper – Chelsea gravada em cisternas britânicas.

11. Vidas paralelas

Imagine que não há um universo, mas incontáveis universos. Em cada um deles, a história se desenrola de forma semelhante, mas não idêntica. O tempo passa no mesmo ritmo em cada um desses universos, mas não é sincronizado – as diferenças são chocantes.

Como regra, esses universos são autocontidos e não têm influência uns sobre os outros. Mas algumas vezes o tecido que separa esses universos paralelos é danificado e acontecimentos de uma existência escorrem para dentro de outra.

Isso parece uma explicação perfeitamente plausível para pelo menos algumas das seguintes histórias de vidas paralelas. Certamente isso não é apenas coincidência, é?

UMA WANDA DEMAIS

As probabilidades contra as coincidências que ligam as vidas de duas Wanda Marie Johnson são impressionantes. A história dessas vidas quase duplicadas foi contada pela primeira vez no *Washington Post* de 20 de abril de 1978.

Na época, Wanda Marie Johnson de Adelphi, Maryland, no condado de Prince Georges, trabalhava como carregadora na Union Station, em Washington.

Wanda Marie Johnson vivia em Suitland, Maryland, também no condado Prince Georges, e trabalhava como enfermeira no DC General Hospital em Washington.

As duas mulheres tinham nascido no dia 15 de junho de 1953 e eram ex-moradoras do Distrito de Colúmbia que tinham se mudado para Prince Georges. As duas tinham dois filhos e ambas possuíam carros Ford Granada de duas portas.

O número de série de 11 dígitos de seus carros era o mesmo, com exceção dos três últimos dígitos. Suas carteiras de motorista de Maryland eram idênticas porque um computador estabelece o número de cada carteira a partir do nome e da data de nascimento.

Assim, Wanda Marie Johnson de Adelphi se tornou vítima de registros médicos misturados e cobranças de pagamento de dívidas que ela não tinha feito, recebia telefonemas de estranhos e ouviu de funcionários do departamento de trânsito de Maryland que deveria usar óculos quando estivesse dirigindo. Era a Wanda de Suitland que tinha miopia.

Os problemas tinham começado quando as duas mulheres ainda viviam no Distrito de Colúmbia – uma na Girard Street, outra na New Jersey Avenue.

As duas tiveram seus filhos no Hospital Universitário Howard e freqüentavam a mesma clínica de Harvard. A Wanda de Girard Street se deu conta de que havia algo errado quando os médicos da clínica começaram a fazer referências às informações clínicas da outra Wanda.

Todos os seus esforços para localizar sua homônima fracassaram.

As duas Wandas acabaram sendo aproximadas por um repórter de jornal. Elas se deram bastante bem, mas nenhuma das duas estava preparada para mudar de nome.

UMBERTO, DEUXBERTO

Umberto, proprietário de restaurante, tinha uma grande semelhança com o rei Umberto I da Itália. Ele tinha o mesmo nome e também tinha nascido no dia 14 de março de 1844, na mesma cidade. Também tinha se casado no dia 22 de abril, com uma mulher também chamada Margherita. Seu filho, assim como o do rei, chamava-se Vittorio, e no dia da coroação do rei em 1878 ele abriu seu restaurante.

Nada disso teria importância se o rei e o proprietário de restaurante nunca se encontrassem, mas como em um conto de fadas, os caminhos dos dois Umbertos se cruzaram. Eles iriam descobrir que suas vidas tinham mais semelhanças do que apenas esses simples fatos.

O rei tinha ido a Monza, perto de Milão, para entregar prêmios a atletas. Na noite anterior ao torneio ele e seu ajudante foram jantar no restaurante de Umberto. Ao se sentar, o rei percebeu a semelhança física entre Umberto e si mesmo. Ele chamou o homem e enquanto trocavam estatísticas vitais os dois começaram a ficar maravilhados. A lista de semelhanças foi repassada, saboreada e refeita, e então para culminar, eles descobriram que ambos tinham sido condecorados por bravura no mesmo dia, em duas ocasiões, em 1866 e em 1870. Em dado momento o rei decidiu fazer do *restaurateur* um *Cavaliere* da Coroa da Itália e o convidou para o torneio de atletismo no dia seguinte.

Como muitos contos de fadas, este também tem um final violento. Na manhã seguinte não havia sinal de Umberto, e quando o rei perguntou por ele foi informado de que o *restaurateur* tinha morrido naquela noite em um acidente com arma de fogo. Entristecido, Umberto declarou que iria ao seu funeral. Não deveria ser. O rei foi assassinado naquele dia com três tiros disparados da pistola do assassino Gaetano Bresci.

NÃO SE SENTINDO

Nós gostamos de ver as coincidências como sendo benignas ou divertidas, mas freqüentemente o oposto é a verdade. Aqui estão os ingredientes de um pesadelo: dois pacientes no mesmo hospital, com o mesmo prenome e o mesmo sobrenome, ambos com tumores cerebrais e sem que ninguém percebesse a ligação entre eles.

Neste caso, uma simples coincidência provocou semanas de medo e confusão para duas famílias de Gillingham, Kent, embora graças à sorte uma segunda coincidência tornou possível a solução do problema.

Quando o filho de Sheila Fennell, Stephen, começou a ter uma seqüência cada vez mais grave de depressões e apagões, e acabou sofrendo uma convulsão, seu médico marcou para ele um eletroencefalograma. A família então enfrentou uma longa e tensa espera pelos resultados. Oito semanas se passaram, os resultados não tinham chegado, e a saúde de Stephen piorava rapidamente. Quando sofreu outra convulsão, Sheila chamou uma ambulância e ele foi internado no hospital. Mas ainda não havia o resultado do exame. Outros dez dias se passaram. O hospital continuou a dizer a Sheila que ele tinha feito um exame no dia 31 de agosto e que estava bem. Stephen não tinha feito um exame no dia 31.

Confusos e cada vez mais desesperados, os Fennells começaram a se agarrar a qualquer oportunidade. Sheila se lembrou de que seu marido certa vez mencionara que na usina em que trabalhava alguém tinha um filho que também se chamava Stephen Fennell. Parecia pouco provável, mas ele concordou em perguntar àquele Stephen se ele um dia tinha feito um exame no cérebro. Claro que ele tinha feito, e sua família também estava desesperada, mas por motivo diferente: eles tinham recebido resultados dizendo que seu Stephen tinha um tumor cerebral muito grande e inoperável.

Claro que os resultados tinham sido enviados para os pacientes errados, mas isso não trouxe nenhum alívio para Sheila, porque agora seu filho parecia estar lutando contra a morte. Felizmente, o tumor acabou se revelando benigno e, embora grande, podia ser retirado. Stephen começou a melhorar e após dois anos começou a se parecer mais como seu antigo eu.

A confusão não era o bastante. Três anos depois ele recebeu uma carta pedindo para procurar urgentemente o especialista. O médico perguntou se ele ainda estava sentindo as dores de cabeça de que tinha falado em março. Daquela vez eles puderam levar o médico a examinar seus arquivos com mais cuidado. Mais uma vez os dois arquivos tinham sido fundidos.

Sabendo o que tinha acontecido antes, isso é algo de que eles podem se livrar facilmente, mas Sheila freqüentemente pensa em como a história teria terminado se por coincidência seu marido não trabalhasse com um homem chamado Stephen Fennell.

MARTIN GUERRE

No verão de 1557, o francês Martin Guerre retornou à aldeia de Artigat após oito anos fora de casa, lutando nas guerras que tinham culminado, em agosto daquele ano, na batalha de St. Quentin, na qual os ingleses e espanhóis derrotaram os franceses.

Guerre, um rico proprietário de terras, logo retomou a vida familiar com a esposa Bertrande e seus parentes. A vida era confortável, com uma boa renda oriunda de suas propriedades. Para completar, nasceu seu primeiro herdeiro, uma menina.

Mas alguns membros de sua família, especialmente o irmão mais jovem de Guerre, Pierre, achavam que a batalha o tinha modificado um pouco mais do que parecia possível. Ele parecia ter esquecido de expressões comuns de seu dialeto, não demonstrava interesse em seus antes principais interesses, esgrima e acrobacia, e, pior, tinha vendido algumas propriedades que pertenciam à família há gerações.

Outros na aldeia acreditavam que ele era genuíno, e Bertrande, que percebera que ele era um impostor, mas preferira este homem caloroso e charmoso a seu marido insensível (e além de tudo ausente), insistia que era.

Alguns anos mais tarde, Pierre, que nunca tinha parado de fazer campanha contra o homem, conseguiu que ele fosse preso como impostor. Um demorado e complicado caso jurídico se seguiu, com muitas testemunhas depondo. O caso foi para recurso em Toulouse e, dada a natureza inacreditavelmente divergente dos testemunhos, a corte estava prestes a dar ao acusado o benefício da dúvida quando um perneta de muletas mancou para dentro da sala do tribunal. Bertrande desmaiou. Era o verdadeiro Martin Guerre, que (talvez tendo ouvido falar do caso) tinha retornado da Espanha, onde tinha passado os últimos anos levando uma vida nova.

A verdade é que durante uma batalha em Flandres, Martin Guerre tinha perdido uma das pernas e fora deixado para morrer no campo de batalha. Outro soldado, Arnaud du Tilh, passou por Guerre e, percebendo como eram parecidos, chegando mesmo a ter a mesma unha encravada, as mesmas quatro verrugas na mão direita e uma cicatriz idêntica na testa, concluiu que suas necessidades materiais estariam atendidas se tomasse o lugar do homem que ele supunha morto. Arnaud du Tilh, vigarista inteligente e ator de talento, entrou na aldeia em 1557 e assumiu a casa de Guerre.

Para du Tilh restaram apenas os grilhões. Bertrande, poupada da forca por ser mulher, foi forçada a assistir à execução do homem que passara a amar e voltou a viver com o homem frio que a tinha abandonado para viver na Espanha.

IRMÃS GÊMEAS

Tamara Rabi e Adriana Scott não conseguiam entender porque estranhos continuavam a se aproximar delas nas ruas dizendo que as conheciam.

As jovens, ambas alunas de universidades próximas em Nova York, começaram a ficar cada vez mais confusas. Aquilo acontecia com tanta freqüência que elas começaram a acreditar que deveriam ter duplos ou *doppelgangers* na vizinhança.

A explicação era que na verdade Tamara e Adriana eram gêmeas idênticas, nascidas no México em 1983 e entregues para adoção ao nascerem. Elas foram entregues a dois diferentes casais de pais adotivos, que tinham vindo dos Estados Unidos.

Por uma extraordinária coincidência, elas acabaram indo viver a apenas 40 quilômetros de distância uma da outra, mas a formação de ambas era inteiramente diferente. Tamara tinha sido adotada por um casal judeu que vivia perto do Central Park, em Manhattan; Adriana cresceu em uma família católica, no subúrbio de Valley Stream, em Long Island.

Elas acabaram se encontrando no seu aniversário de 20 anos. Justin Latorre, amigo de Tamara, por acaso tinha sido convidado para a festa de Adriana. Ele ficou chocado com a semelhança entre as duas garotas e decidiu que aquilo não podia ser mera coincidência. Ele insistiu para que a dupla entrasse em contato.

As duas garotas sabiam que tinham nascido no México e eram adotivas, mas não sabiam da existência uma da outra. Adriana enviou a Tamara uma fotografia sua.

"Eu tinha visto o rosto dela todas as vezes que me olhara no espelho", disse Tamara. "Eu senti como se a tivesse conhecido toda a minha vida." As duas garotas fizeram algumas perguntas a suas mães adotivas, e a verdade apareceu.

Alguns dias mais tarde, as duas jovens se encontraram pela primeira vez e passaram as semanas seguintes conhecendo uma à outra. Elas descobriram que ambas tinham perdido os pais adotivos para o câncer: Adriana aos 11 anos de idade, e Tamara no outono anterior. Ambas se chocaram contra portas de vidro laminado na infância e ambas gostavam de música e dança. Ambas tinham até mesmo fotografias quando bebês vestindo idênticos macacões da Minnie.

"Então descobrimos que ambas tínhamos o mesmo sonho recorrente", disse Tamara. "Ele envolve um barulho muito alto, então tudo fica quieto, e então barulhento de novo, e é sempre muito assustador", disse Adriana. "Deve ter sido algo que nos aconteceu quando estávamos no útero de nossa mãe", disse Tamara.

Fonte: *Sunday Telegraph*, 9 de março de 2003

EFEITO DUPLO

Albert Rivers e Betty Cheetam, de Swindow, dividiram uma mesa com outro casal no jantar do Hotel Tourkhalf da Tunísia no início de 1998. O outro casal se apresentou: Albert Cheetam e Betty Rivers, de Derby. Todos estavam na faixa dos 70 anos de idade. Outras semelhanças surgiram. Os dois casais tinham se casado no mesmo dia e na mesma hora. Ambos tinham dois filhos, nascidos em 1943 e 1945, ambos tinham cinco netos e quatro bisnetos. As Bettys tinham trabalhado em agências do correio em suas cidades natais enquanto seus maridos tinham sido construtores de vagões em oficinas de ferrovias. Nenhuma das mulheres podia mostrar a aliança de casamento, pois ambas as tinham perdido, mas elas tinham relógios de pulso idênticos, que tinham consertos nos mesmos elos.

SE A CHAVE SERVIR

O representante de vendas Robert Beame certamente merece ser perdoado por acreditar que entrou em um universo paralelo em 1954 quando estava viajando por Iowa.

Ao deixar seu hotel certa manhã, ele voltou ao carro e começou sua viagem para o primeiro encontro comercial do dia, em uma cidade próxima. Após alguns quilômetros, parou para olhar alguns documentos em sua pasta, que ainda estava no mesmo banco do carona onde a tinha deixado na noite anterior.

Ao pegar alguns documentos descobriu, perplexo, que não pertenciam a ele. Ao verificar o conteúdo da maleta com mais cuidado se deu conta que não era sua. Teria alguém trocado as maletas? Nada mais parecia estar fora do lugar no carro, que não parecia ter sido arrombado, ele então verificou o porta-luvas e encontrou outros objetos que não lhe pertenciam. Beame acabou chegando à conclusão inevitável de que de alguma forma tinha entrado no carro errado.

Ele voltou para o lugar onde tinha estacionado na noite anterior e lá estava um homem em frente a um carro idêntico. O proprietário do carro que ele tinha levado por engano era um homem com quem dividira alojamento na faculdade, sete anos antes. Eles não se encontravam desde então. Quando os dois homens verificaram os carros, descobriram que eram idênticos inclusive no acessório de capô que os dois tinham especialmente encomendado.

"Eu me lembro de que minha chave serviu no carro dele, mas sua chave não serviu no meu", diz Robert.

Fonte: *The Coincidence File*, Ken Anderson

PRATA E OURO

Foi um momento precioso para Kathleen Silver, de Victoria, Austrália, quando ela foi a uma reunião de mulheres de militares no exterior. Usando seu crachá com o nome "Silver", ela se descobriu junto a uma mulher cujo crachá dizia "Goldie". As coincidências não terminavam aí. Ambas tinham vindo da Inglaterra e tinham vivido na mesma rua em Hove, Sussex, antes de migrarem para a Austrália. Ambas conheceram seus maridos da Força Aérea, no salão de baile do Brighton Regent. Ambas tinham sido casadas pelo mesmo ministro, na mesma igreja, e ambas tinham uma filha e dois filhos.

O DIREITO É MEU PASTOR

Em 1957, o magistrado estipendiário Frederick Sheppard, de Nova Gales do Sul, estava ouvindo um promotor policial relacionar as condenações anteriores do acusado no banco dos réus. Sua atenção foi despertada quando o promotor leu: "Tribunal de pequenas causas de Charlesville (Queensland), perante o sr. Fred Shepherd SM – seis meses de 'trabalhos forçados'."

O magistrado disse que deveria haver algum engano. Ele nunca tinha estado em Charlesville e, de qualquer maneira, não tinha jurisdição lá.

Depois ele investigou e descobriu que outro Fred Shepherd (com grafia diferente) era magistrado em Queensland. Ele entrou em contato com seu homófono e descobriu que, embora seus sobrenomes fossem grafados de forma diferente, eles tinham o mesmo bisavô inglês e que suas vidas tinham seguido um padrão surpreendentemente parecido. Fred Sheppard nasceu em Brewongle, Nova Gales do Sul, em 1902. Fred Shepherd em Brighton, Inglaterra, em 1905. Ambos ingressaram no funcionalismo público; ambos saíram em 1924. Naquele ano o sr. Sheppard foi nomeado escrevente júnior no escritório de pequenas causas em Albury, Nova Gales do Sul – e o sr. Shepherd, escrevente no escritório de pequenas causas em Maryborough, Queensland.

Eles foram aprovados nos exames no mesmo ano, e em 1929 ambos foram indicados meirinhos de pequenas causas. Ambos se tornaram encarregados de investigar mortes suspeitas em 1948, e em 1954 foram nomeados magistrados estipendiários – Sheppard em Glen Innes, Nova Gales do Sul, e Shepherd em Charlesville, Queensland.

Eles acabaram se encontrando em 1957 e descobriram que pareciam muito... Diferentes.

LINCOLN E KENNEDY

Um estudo das vidas e mortes violentas dos presidentes Abraham Lincoln e John F. Kennedy revela algumas coincidências marcantes. O eminente matemático Ian Stewart não está convencido de que os paralelos signifiquem algo "além da coincidência", mas ele admite que nem tudo o que acontece no Universo pode ser compreendido ou explicado. As circunstâncias, ele concorda, certamente são muito fortes.

Muitos livros, jornais e *sites* da internet catalogaram as coincidências entre Kennedy e Lincoln. Em seu entusiasmo, a maioria deles contém imprecisões, distorções e exageros. Mas a maioria concorda nos seguintes detalhes:

- Lincoln foi eleito presidente em 1860. Exatos cem anos depois, em 1960, Kennedy foi eleito presidente.
- Os dois estavam envolvidos com os direitos civis.
- Ambos foram assassinados em uma sexta-feira, na presença de suas esposas.
- Ambos foram mortos por uma bala que penetrou na cabeça vinda de trás.
- Lincoln foi morto no Teatro Ford. Kennedy encontrou a morte em um Lincoln conversível fabricado pela Ford Motor Company.
- Ambos foram sucedidos por vice-presidentes chamados Johnson que eram democratas sulistas e ex-senadores.

- Andrew Johnson nasceu em 1808. Lyndon Johnson nasceu em 1908, exatamente cem anos depois.
- O assassino John Wilkes Booth nasceu em 1839. O assassino Lee Harvey Oswald nasceu em 1939, cem anos depois.
- Ambos os assassinos eram sulistas. Ambos foram assassinados antes que pudessem ser levados a julgamento.
- Booth matou Lincoln em um teatro e fugiu para um galpão. Oswald matou Kennedy de um armazém e fugiu para um teatro.

Mas até mesmo esta visão de consenso contém pelo menos um grande erro, muitas vezes repetido – Booth, na verdade, nasceu em 1838, não em 1939.

A investigação mais detalhada das coincidências Kennedy/Lincoln foi realizada pelo escritor australiano Ken Anderson. Em seu livro *The Coincidence File* ele concorda que as coincidências envolvendo os dois presidentes freqüentemente são equivocadamente relatadas, mas diz que acredita que descobriu paralelos que compensam em muito.

Entre os pontos para os quais ele chama atenção estão:

- Tanto Oswald quanto Booth acertaram suas vítimas na cabeça. De acordo com Anderson, assassinos em locais públicos tendem a mirar no coração ou em outras partes do corpo vulneráveis quando estão utilizando uma arma – especialmente nos Estados Unidos. Os exemplos incluem Charles Guiteau, cuja bala acertou o presidente James Garfield no pâncreas, no dia 2 de julho de 1881, e Arthur H. Bremmer, que atirou no governador do Alabama George Wallace cinco vezes no corpo, no dia 15 de maio de 1972.
- Tanto Lincoln quanto Kennedy gostavam de poder viajar livremente pelo país e não gostavam de ser cercados por guardas. Kennedy tinha determinado a retirada do teto do seu Lincoln Continental de modo que ele e sua esposa Jackie pudessem ser mais facilmente vistos, durante seu desfile por Dallas. Quando Booth entrou no Teatro Ford ele encon-

trou o camarote presidencial sem vigilância. Joh Parker, o policial da Casa Branca encarregado de proteger o presidente tinha saído do seu lado diversas vezes, uma vez para pegar uma bebida e em outra oportunidade para ter uma visão melhor da produção.
- No momento dos assassinatos, os dois presidentes estavam acompanhados de suas esposas e outro casal. Nos dois casos o outro homem foi ferido pelo assassino. John Connally, o governador do Texas, e sua esposa estavam viajando no carro com o presidente Kennedy. Uma bala atravessou o corpo de Connally e saiu para atingi-lo no pulso antes de penetrar em sua coxa. O major Henry Rathbone e sua noiva miss Clara Harris estavam no camarote do teatro com o presidente Lincoln. Rathbone tentou derrubar Booth após o tiro e foi esfaqueado no braço com uma faca de caça.
- Os dois presidentes estavam sentados ao lado das esposas no momento dos disparos. Nenhuma das duas mulheres foi ferida. As duas mulheres seguraram nas mãos as cabeças de seus maridos agonizantes. Ambas tiveram de esperar enquanto médicos faziam esforços desesperados, mas inúteis, de tentar salvar seus maridos. As duas mulheres se casaram aos 24 anos de idade. Ambas tinham três filhos e ambas viram um filho morrer enquanto estiveram na Casa Branca.
- Pouco depois dos disparos, tanto Oswald quanto Booth foram detidos e interrogados, mas liberados.
- Oswald e Booth foram assassinados em circunstâncias semelhantes. Ambos foram cercados pelos que os tinham prendido sob luzes intensas. Seus assassinos, Jack Ruby e Boston Cornett, usaram ambos um revólver Colt e dispararam um único tiro.

Então, o que deve entrar nesse catálogo bem extraordinário de semelhanças? Se você remover os erros, as distorções e os exageros, e conceder que semelhanças podem ser encontradas nas vidas de quaisquer seres humanos, as coincidências Kennedy/Lincoln ainda pedem alguma explicação.

GÊMEOS IDÊNTICOS

Garotos gêmeos, nascidos em Ohio, foram adotados por famílias diferentes pouco após o nascimento. Em 1979, após 39 anos separados, eles se reuniram. Descobriu-se que ambos tinham recebido o nome de James; que cada um deles tinha recebido instrução legal; que ambos gostavam de desenho mecânico e carpintaria. Ambos se casaram com uma mulher chamada Linda e tiveram um filho – um chamado James Alan e o outro James Allan. Ambos se divorciaram e então tiveram uma segunda esposa, chamada Bettty. Ambos tiveram quatro cães chamados Toy. E também ambos preferiam passar as férias na mesma praia de St. Petersburg, Flórida.

Fonte: *Reader's Digest*, Janeiro de 1980

UMA VIDA ÚNICA

Gêmeos solteirões, Bill e John Bloomfield morreram como viveram – inseparavelmente. Eles viveram juntos toda a vida, vestiam-se da mesma forma, usavam o mesmo tipo de óculos e mantinham o mesmo corte de cabelo. À medida que envelheciam, ambos fizeram operações no quadril e passaram a carregar bengalas idênticas. Em maio de 1996, os gêmeos, então com 61 anos de idade, participaram de uma competição de fisiculturismo. De repente, um deles teve um colapso. Os funcionários chamaram uma ambulância. O chamado foi atendido às 12h14. Às 12h16, o telefone da emergência soou novamente. O outro gêmeo tinha sofrido um colapso. Nenhum dos dois se recuperou.

OS VERDADEIROS KUMARS DO NÚMERO 42

Não há provas registradas de um verdadeiro Alf Garnett gritando ofensas de terraços de West Ham nem de um Basil Fawlty abusando de convidados em uma casa de hóspedes em Torquay – mas isso não serviu de consolo para os Kumars do nº 42.

Krishan Kumar, professor aposentado de 67 anos de idade, seu filho Arun e seis outros membros da família tinham uma modesta joalheria no número 42 de Cannock Road, Wolverhampton.

Suas vidas foram viradas pelo avesso como resultado de sua ligação por coincidência com a popular série de televisão inglesa *The Kumars at nº 42*.

Fãs curiosos do programa de TV passaram a bater na porta dos Kumars de verdade.

"Há um monte de gente vindo e dando risinhos", diz Aron Kumar. Ele destaca que Meera Syal, atriz que interpreta a franca vovó Sushila na série de televisão, nasceu e cresceu a apenas alguns quilômetros de Cannock Road. "Eu quase nunca vejo o programa, embora nós estejamos cada vez mais sendo chamados de 'os Kumars do nº 42' por aqui."

Fonte: *The Guardian*, 29 de abril de 2003

GÊMEAS GARGALHADAS

Elas são conhecidas como as "Gêmeas gargalhada", mas não foi apenas a risada sonora idêntica que levou os cientistas a estudar as vidas de Barbara e Daphne Goodship, de 58 anos de idade.

As gêmeas foram separadas no nascimento e não tiveram contato até quarenta anos mais tarde, quando Barbara decidiu procurar sua verdadeira mãe... E descobriu que tinha uma irmã gêmea. "Eu encontrei Daphne na estação de King's Cross, em Londres", diz Barbara. "Nós não nos abraçamos e não nos beijamos. Não era necessário. Foi como encontrar uma velha amiga. Apenas saímos andando e jogando conversa fora. O engraçado é que ambas estávamos vestindo um vestido bege e um paletó marrom."

Seu idêntico gosto por roupas se revelou apenas o primeiro de uma impressionante seqüência de coincidências ligando as gêmeas.

Ambas conheceram seus maridos em um baile de Natal. Ambas usaram vestidos de casamento azuis com laços brancos. As duas primeiras gestações terminaram em um aborto no mesmo mês do mesmo ano. Ambas tiveram dois filhos e uma filha. Ambas tiveram o segundo filho no mesmo mês do mesmo ano.

A lista de semelhanças continua. Ambas, estranhamente, tomam café puro e frio, sem açúcar, ambas detestam altura, ambas tingem os cabelos grisalhos com o mesmo tom castanho-avermelhado.

Na escola, ambas detestavam jogos e matemática e leram exatamente os mesmos livros. "Agora Daphne me telefona e diz que comprou o livro tal e tal para que eu não compre", diz Barbara.

Geneticistas americanos, fascinados com as extraordinárias coincidências, realizaram uma série de testes comportamentais em Barbara e Daphne. Eles identificaram marcantes semelhanças nas suas respostas a muitas perguntas. Em certo teste Barbara recebeu o pedido de escrever uma frase. Ela escreveu descuidadamente "O gat sentou no capacho". Quando foi feito o mesmo pedido a Daphne, ela escreveu exatamente a mesma frase, inclusive com o mesmo erro de ortografia.

"Esse tipo de coisa acontece o tempo todo", diz Barbara, que vive em Dover. "Certa vez Daphne telefonou para bater papo quando eu estava cozinhando, e descobrimos que estávamos preparando o mesmo prato."

"Nós não nos surpreendemos com mais nada", diz Daphne, que vive em Luton. "Eu pareço sempre ficar doente primeiro. Então telefono para Barbara e digo o que ela vai pegar!"

Fonte: *Sunday Mirror*, 7 de setembro de 1997

UNIDOS NA MORTE

Os gêmeos John e Arthur Mowfort vieram ao mundo juntos, e foi assim que eles o deixaram. Na tarde de 22 de maio de 1975, os irmãos, que viviam a uma distância de 130 quilômetros um do outro, tiveram fortes dores no peito e foram levados para diferentes hospitais. As famílias dos dois homens desconheciam a doença do outro. Os dois gêmeos morreram de ataque cardíaco pouco depois de chegarem ao hospital.

A MÃE DE TODAS AS COINCIDÊNCIAS

Houve alguma confusão no ala de obstetrícia do Hospital Maelor de Wrexhgam, em Gales do Norte, com a chegada de mães grávidas de mesmo nome.

Carole Williams, de Wrexham, e Carol Williams de Rosset, perto de Wrexham, deram à luz meninas no mesmo dia. Também era o dia do aniversário das duas senhoras Williams.

Fonte: *People*, 13 de dezembro de 1998

12. Boa Sorte

Má sorte aparece com facilidade. Tudo o que você precisa é quebrar um espelho, passar por baixo de uma escada ou derramar sal. Na verdade, é ainda mais fácil; basta você ficar quieto – o azar irá encontrar você.

Alguns psicólogos argumentam que o azar é o estado natural das coisas. Os pessimistas, dizem eles, compreenderam isso.

Mas a sorte pode ser conseguida. Isso exige uma dose de fé cega, uma enorme quantidade de energia e a habilidade de ver as coisas ruins que acontecem a você como desafios que o ajudarão a se tornar uma pessoa melhor.

Ou você pode apenas confiar em coincidências felizes como estas:

UMA BOLADA

O bolão da loteria dos dez empregados da padaria Pennington, em Rhos-on-Sea, Gales do Norte, poucas vezes deu aos seus apostadores mais do que algumas libras.

Mas então dois dos empregados quebraram a banca com suas próprias apostas pessoas. A gerente de contas Barbara Bluff foi a primeira a ganhar o primeiro prêmio, recebendo 1,8 milhão de libras. Depois a pasteleira Linda Carroll se saiu ainda melhor, dividindo 3,5 milhões de libras com mãe, irmão e irmã.

Fonte: *Daily Mail*, 14 de maio de 1998

SORTE AUSTRALIANA

Algumas pessoas têm toda a sorte do mundo.

Alec e Vivienne, de Freemantle, Austrália Ocidental, puderam pagar suas férias em Londres após receberem 700 mil dólares australianos na loteria estadual. Eles tinham acabado de chegar quando receberam a notícia de que tinham ganhado novamente. Desta vez, 1,2 milhão de dólares australianos. O casal disse que planejava continuar com as férias. Provavelmente para sempre.

Funcionários da loteria disseram que eles tinham derrotado uma probabilidade de uma contra 64 milhões de vencer duas vezes em seis meses.

MAPAS PERDIDOS QUE QUEREM SER ACHADOS

O biólogo e pesquisador de coincidências Paul Kammerer percebeu que as coincidências freqüentemente vêm em grupos ou séries. Assim como todos os jogadores que já viveram. O professor C.E. Sherman, presidente do departamento de engenharia civil da Universidade Estadual de Ohio, em Columbus, fez a mesma descoberta quando dez anos de boa sorte caíram em sua cabeça em doze horas, certo dia de 1909. Sherman escreveu um relato deste dia perfeito em seu livro *Land of Kingdom Come*, do qual foram extraídos estes detalhes.

Na época Sherman tinha assumido a impossível tarefa de fazer um atlas rodoviário de Ohio. O problema era que os mapas dos condados do sudoeste do estado não estavam disponíveis ou não existiam. O departamento de pesquisa geológica dos Estados Unidos ainda não tinha mapeado a área, e as únicas cartas disponíveis eram velhos atlas municipais. Estes normalmente ficavam nos próprios condados e precisavam ser localizados e recuperados pelo correio. Ele acabou conseguindo garantir os atlas da maioria dos condados, mas restavam dois, Pike e Highland, para os quais não havia nada. Apesar de todas as suas cartas, Sherman não podia sequer ter a certeza que algum dia tinham sido feitos mapas da região. Sem eles, seria uma tarefa monumental fazer uma pesquisa rodoviária adequada. Sherman também precisava de um bom mapa do rio Ohio.

A única coisa a fazer era levantar os dados em campo, casa por casa se necessário. Sherman fez as malas num sábado e, desanimado, pegou um trem, avisando aos amigos que provavelmente ficaria fora duas semanas. Inacreditavelmente, ele encontrou tudo o que precisava em doze horas.

A primeira parada foi em Cincinnati, onde, no departamento de engenharia dos Estados Unidos, encontrou um excelente mapa do rio Ohio. Ele então pegou um trem para o condado de Highland, mas precisou esperar em Norwood por uma conexão para Hillsboro. Quando conversou sobre sua busca com o bilheteiro, este disse: "Há um velho livro desse tipo na sala dos fundos, eu acho." Eles procuraram juntos no velho depósito empoeirado e lá estava o quase lendário *Highland County Atlas*.

Sherman então pegou um trem para Pike, e na rápida parada para uma conexão em Chillicothe desceu a rua para fazer uma ligação não prevista para um velho amigo. Ele mal tinha saído quando viu seu amigo andando em sua direção, como se eles tivessem combinado se encontrar na estação. Eles conversaram, e Sherman voltou para pegar seu trem. Quando estava embarcando, foi abordado por um homem que no dia anterior tinha enviado a ele uma carta sobre algum assunto, que disse que poderia poupar Sherman de algum trabalho se ele pudesse responder sua pergunta imediatamente.

Sherman só conhecia duas pessoas em Waverly, sede do condado de Pike. Uma era um estudante de engenharia mecânica, a outra um estudante de engenharia civil. Ele não tinha idéia de se algum dos dois estava lá, mas viu o engenheiro mecânico descendo do vagão, na frente do seu, em Waverly. Enquanto caminhavam juntos para o hotel, ele disse que iria mandar alguém ver se o outro homem estava em casa. Sherman tinha acabado de jantar quando o engenheiro civil apareceu. Ele não sabia de nenhum mapa do condado de Pike, disse, mas talvez seu pai soubesse. "Aí está ele!"

Ao ser perguntado sobre o mapa, o pai disse que achava que

o contador do condado poderia ter um. Naquele momento eles viram o contador caminhando pela rua. Era noite de sábado, mas o contador os convidou a irem ao seu escritório na câmara do outro lado da rua e lá, atrás de sua mesa, estava pendurado um belo velho mapa do condado de Pike.

Neste ponto do relato, temendo que uma dieta de sorte pródiga pudesse abalar sua credibilidade, Sherman se desculpou: "Mesmo o menor acontecimento parecia se ajustar perfeitamente no todo harmônico", escreveu ele, antes de lançar dúvidas sobre sua própria imparcialidade, em função de seu estado psicológico na época. "Eu estava havia meses em busca de todos os dados e quando este último e mais difícil problema começou a ser resolvido tão facilmente, isso me lançou em um estado em que eu só tinha olhos para circunstâncias benéficas."

Mas havia uma enorme dose dessas circunstâncias. Por exemplo: o bilheteiro de Norwood não tinha querido vender seu atlas, mas ficou feliz em emprestá-lo; o amigo que ele encontrou em Chillicothe estava a caminho da estação para deixar a cidade no trem que saía após o de Sherman; o papel de desenho que ele pegara ao acaso em uma pilha naquela manhã se ajustava perfeitamente ao mapa de parede do condado de Pike; e o engenheiro civil, que poderia estar em qualquer lugar do mundo que quisesse, estava à disposição para ajudá-lo a reproduzir o mapa. E quem esperaria entrar em uma Câmara fechada em uma noite de sábado para encontrar um mapa que até aquele momento ele sequer sabia que existia?

"Eu me deitei naquela noite", escreveu Sherman, "com a sensação de que tinha vivido um dia perfeito".

SOBRE ASAS E PEÇAS

Um raro biplano de propriedade do autor de *Fernão Capelo, gaivota*, Richard Bach, capotou em 1966 ao pousar em Palmyra, Wisconsin. Os pilotos conseguiram recuperar o aparelho, mas um suporte fundamental tinha se partido irremediavelmente. O avião, um Detroit-Parks P-2A Speedster 1929, era um dos oito que tinham sido construídos, portanto a possibilidade de conseguir outra peça para ele parecia desanimadora. Mas o proprietário de um hangar próximo, vendo o avião quebrado, aproximou-se e disse que tinha montes de peças do hangar e que eles eram bem-vindos. Lá, em uma pilha de peças, estava o suporte que eles precisavam para completar o avião.

Em seu livro *Nothing By Chance* Richard Bach escreve: "A probabilidade de quebrarmos o biplano em uma cidadezinha que por acaso era lar de um homem com a peça de 40 anos de idade para consertá-lo; a probabilidade de que ele estivesse em cena quando o fato aconteceu; a probabilidade de que tenhamos empurrado o avião exatamente para perto do seu hangar, a quatro metros da peça de que precisávamos – a probabilidade era tão pequena que coincidência era uma resposta tola."

Fonte: *Nothing By Chance*, Richard Bach

JULGAMENTO DUPLO

A ascensorista Betty Lou Oliver conseguiu escapar miraculosamente quando um bombardeiro B52 se chocou contra o Empire State Building em meio a um denso nevoeiro no dia 28 de julho de 1945.

Às 9h40, o aparelho bateu no 74º andar daquele que era na época o mais alto edifício do mundo. Betty foi apanhada pela bola de fogo que subiu pelo poço do elevador, e se queimou seriamente.

Ela recebeu os primeiros socorros e então foi colocada em um segundo elevador, que parecia não ter sido danificado, para ser levada para baixo, onde uma ambulância a esperava.

Mas a equipe de resgate não sabia que o segundo elevador tinha sido danificado pelo impacto da aeronave. Um motor e parte da fuselagem do bombardeiro tinham caído pelo poço e enfraquecido os cabos.

Quando as portas do elevador se fecharam, os membros da equipe de resgate ouviram o que parecia um tiro quando os cabos se romperam. O elevador despencou 330 metros do 75º andar até o porão.

Inacreditavelmente, Betty sobreviveu. Os cabos rompidos abaixo do elevador formaram uma pilha e funcionaram como uma mola, freando-o. A descida também foi desacelerada pelo ar contido no poço, que formou um colchão de ar no fundo do poço.

Betty precisou ser arrancada das ferragens retorcidas, mas por uma sorte impressionante, estava viva.

ÔNIBUS ERRADO

O "médium" britânico Douglas Johnson pegou um ônibus errado certa tarde, mas não se deu conta do engano antes de ter percorrido uma boa distância.

Em uma conferência na Sociedade de Pesquisa Psíquica da Universidade de Cambridge em 1967, Johnson explicou que, em vez de sair, decidiu continuar a viagem e apreciar a vista.

Por acaso o ônibus passou pelo prédio de apartamentos de uma mulher que tinha sido sua cliente dois anos antes. Impulsivamente, decidiu sair do ônibus e visitá-la. Seguiu para o apartamento e bateu na porta, mas ninguém respondeu. Então ele sentiu cheiro de gás. Arrombou a porta e encontrou a mulher inconsciente, com a cabeça dentro do forno. Por uma incrível coincidência, Johnson tinha chegado bem a tempo de salvar sua vida.

TACO DE HÓQUEI

Os policiais que tentavam identificar as vítimas de Fred e Rosemary West enfrentavam uma difícil tarefa. Todos os corpos estavam em adiantado estado de decomposição, e a polícia trabalhava com uma lista de mais de 10 mil garotas desaparecidas. Sua única esperança era confiar na medicina legal, em registros dentários e em uma instância extraordinária, uma ótima sorte.

O professor David Whittaker, que identificou todas as 12 vítimas, trabalhou com a polícia de Gloucestershire durante um ano e meio. Ele disse: "Quase todas as terças-feiras eu voltava a Gloucester para falar com os detetives e ajudar a manter o moral alto.

"Certa noite eu peguei uma foto de um conjunto dos restos de uma menina que tinha duas coroas temporárias nos dentes da frente. Coroas são feitas de porcelana, e geralmente demoram a ser feitas, então os dentistas colocam coroas temporárias, normalmente de plástico.

"Ela provavelmente usava as coroas porque tinha sofrido algum tipo de ferimento ou danificado seus dentes. Eu disse aos detetives que ela provavelmente tinha sido atingida na boca ou caído da bicicleta, colocado as coroas provisórias e então sido assassinada."

Uma das detetives levantou a mão e disse que tinha jogado hóquei com uma garota que tinha sido atingida por um taco de hóquei, danificado dois dentes da frente e os consertado.

"Era uma chance em 10 mil, mas eu me virei para o superintendente John Bennett, que cuidava do caso, e disse que deveria ser investigado, já que era uma possibilidade", disse o professor Whittaker.

O palpite da detetive foi investigado e revelou-se que era a mesma garota. Outra das vítimas dos West tinha sido identificada.

O professor Whitaker acrescentou: "Por mais ciência que tenhamos, e temos muita na odontologia-legal, nós precisávamos mesmo era de sorte, e foi o que aconteceu neste caso."

Fonte: *Western Mail*, 5 de abril de 2003

FELIZ ENGANO

Um ex-astro do futebol da Irlanda do Norte conseguiu ganhar na loteria graças ao erro da funcionária de uma loja. Dessie Dickson, conhecido como Dedley Des, em seu tempo no Coleraine e na seleção da Irlanda na década de 1970, ganhou 7 mil libras quando seus números foram sorteados depois que uma funcionária de um quiosque deu a ele um bilhete Lucky Dip, em vez do habital Hotpicks.

O astro, de Ballymoney, County Adrim, disse: "Eu sempre jogo os mesmos números, mas a garota cometeu um engano com o meu bilhete. Mas para mim foi um feliz engano."

Fonte: *News of the World*, 13 de abril de 2003

ANJO DA GUARDA ÀS CINCO HORAS

O piloto da Real Força Aérea Derek Sharp teve mais que uma boa dose de sorte em seus encontros íntimos com a morte. E passou a acreditar que ter sobrevivido contra todas as probabilidades pode ter sido resultado de mais que apenas coincidência.

Ele descobriu que a sorte com a qual foi abençoado se estende por duas gerações. Seu tio, um piloto da Segunda Guerra Mundial igualmente chamado Derek Sharp, também teve uma vida encantada, experimentando mais de um quase acidente aeronáutico. Ele acabou sendo morto em uma missão na noite em que seu sobrinho foi concebido – e Derek agora começa a pensar se o tio se tornou seu anjo da guarda.

Derek certamente parece ter sido abençoado com sete vidas. "Todos os outros pilotos com os quais eu treinei em Jaguars estão mortos", diz ele. "Acho que comecei a pensar que era à prova de balas, que aquilo nunca aconteceria comigo. Eu não acho que seja exatamente sorte, e na época eu não achei que houvesse alguém lá em cima cuidando de mim. Talvez tenha sido apenas arrogância."

Sua primeira grande aposta com a morte foi, talvez, a mais dramática. Aconteceu em fevereiro de 1983, durante um vôo com um jovem navegador chamado Les Pearce. Eles estavam voando a cerca de 800 quilômetros por hora sobre as cidades e aldeias de Cambridgeshire quando seu jato Hawk da RAF bateu de frente contra um pato selvagem.

O pássaro atravessou o pára-brisas da aeronave e atingiu Derek diretamente no rosto. Ele arrancou seu olho esquerdo da órbita, quebrou ossos de sua garganta e esmagou ossos e nervos no rosto. A morte parecia certa e iminente para os dois homens a bordo.

Tudo do que Sharp lembra é de uma pancada seca: "Era como se alguém tivesse batido em minha cabeça com um cobertor molhado. O instinto deve ter me levado a puxar o manche para trás, que é o que você é treinado a fazer em uma emergência a baixa altitude. Isso o leva para o alto e dá tempo para pensar."

"Então tudo apagou. Só Deus sabe para onde o avião foi enquanto eu estava apagado, e devo ter ficado inconsciente durante pelo menos dois ou três minutos, porque quando acordei estávamos descendo a 1,5 mil metros."

E ele ficou horrorizado ao perceber que não conseguia enxergar. "De início eu achei que eram apenas restos nos meus olhos (...) Eu continuei tentando tirar aquilo, mas então senti aquela massa pegajosa nos dedos e percebi que na verdade eu estava arrancando pedaços do meu rosto. Não senti dor alguma, mas meu olho esquerdo tinha sido tirado da órbita.

"Meu olho direito estava cheio de sangue e pedaços de pato esmagado. Tudo estava muito fora de foco. Era como olhar através de musselina." Ele só conseguia ver as luzes de alerta vermelhas no painel de instrumentos à sua frente que mostravam que o motor tinha parado.

"Parece que o pato me acertou diretamente no rosto, rolou por cima dos instrumentos, esmagando muitos deles, então caiu e desligou o motor. Eu estava em uma corredeira sem remos."

De algum modo ele conseguiu ligar novamente o motor e recuperar impulso. Seu navegador aterrorizado enviou um chamado de emergência e uma controladora de vôo da RAF acabou conseguindo mandá-los para Cambridgeshire, a seis minutos de vôo.

Fraco devido à perda de sangue, Derek não estava convencido de que conseguiria. O pato tinha aberto um buraco de 60 centímetros de largura no pára-brisas do jato, e o vento entrava na cabine com a força de um furacão, aumentando os problemas. Ele precisava se encolher junto ao painel da aeronave para proteger seu rosto ferido e ao mesmo tempo tentar manter o jato em rota, enquanto Pearce gritava para ele as leituras dos instrumentos.

"Quando chegamos mais perto, a controladora perguntou quanto combustível tinha sobrado. Eu gritei que não era com o combustível que eu estava preocupado. Eu só tinha mais cinco minutos de sangue. Acho que então eles se deram conta da gravidade do problema."

Derek descartou a possibilidade de se ejetar e pousar de pára-quedas em segurança. Ele temia que o jato abandonado pudesse se chocar contra edifícios abaixo. Sua bravura mais tarde seria recompensada com a Cruz da Força Aérea.

Enquanto as equipes de emergência observavam da terra, Derek começou sua descida seguindo as instruções da controladora. Inacreditavelmente, ele fez um pouso perfeito.

"Eu não sei se tive sorte ou azar", diz Derek. "Acho que tive sorte de pousar o avião em segurança, mas azar de ter sido atingido pelo pato em primeiro lugar. Eu só ouvi falar de outro acidente semelhante na história da aviação, e o cara envolvido morreu. Sua cabeça foi arrancada."

Derek não sobreviveu sem seqüelas. Ele ficou arrasado ao saber que nunca mais enxergaria do olho esquerdo. Tinha apenas 38 anos de idade, e voar era tudo o que ele queria. Mas a sorte ainda estava do seu lado, e ele convenceu a RAF que lhe permitisse pilotar grandes aviões de transporte com um co-piloto.

Isso deveria ser menos perigoso que pilotar caças, mas inacreditavelmente Derek conseguiu ser miraculosamente salvo mais duas vezes. Em 1992 ele estava transportando 20 toneladas de cápsulas altamente explosivas em Skopje, Macedônia, durante a guerra dos Bálcãs, quando um raio atingiu o nariz do avião. Isso mandou pelo corredor uma bola de fogo que saiu pela cauda. De alguma forma, os explosivos não detonaram.

Então, durante a Guerra do Golfo, um míssil Patriot americano acidentalmente se fixou no seu avião. "No último minuto eles se deram conta de que estavam apontando para um velho jato desajeitado da RAF e não para um míssil Scud iraquiano, e abortaram a derrubada", disse Derek. "Estranhamente, eu não estava nem um pouco preocupado enquanto ele se dirigia para nós. De alguma forma eu sabia que tudo ficaria bem."

Derek agora está na reserva da RAF e não voa mais, mas recentemente teve uma noção da sorte que se instalou em sua família de pilotos.

Um veterano da Segunda Guerra Mundial tinha enviado uma foto do tio de Derek, com quem tinha servido, para o jornal *Daily Mail*. Queria saber se algum leitor o reconhecia ou sabia o que tinha acontecido com ele.

Sharp reconheceu imediatamente seu tio a partir de fotos de família. Na reportagem que acompanhava a foto ele pela primeira vez soube das impressionantes proezas aéreas de seu tio.

Tio Derek tinha sido um dos 8 mil pilotos da RAF enviados para treinamento nos Estados Unidos durante a guerra. Em fevereiro de 1942 um instrutor levou aquele novato um pouco entusiasmado demais em um avião Stearman de dois lugares. Na metade do vôo, o instrutor empurrou o manche para frente, apontando o nariz do avião para baixo e arremessando no ar Derek Sharp sênior, que não tinha afivelado o cinto de segurança, centenas de metros acima do solo. Ele flutuou no ar durante vários segundos antes de aterrissar, por uma sorte inacreditável, na cauda do avião.

Quando ele se agarrou na cauda, o instrutor subiu para 600 metros – altitude segura para pular de pára-quedas – e mandou o novato pular – mas Tio Derek não estava usando um pára-quedas. O instrutor foi obrigado a aterrissar ainda com Sharp agarrado à cauda.

Mas as aventuras de Tio Derek não tinham terminado. Alguns dias mais tarde ele quase morreu enquanto esperava para decolar em um Tuscaloosa. Um piloto que chegava avaliou mal o tempo de aterrissagem, e a ponta de sua asa passou a apenas 15 centímetros da cabeça de Sharp.

As sete vidas de Tio Derek finalmente acabaram. Ele morreu alguns anos mais tarde quando seu bombardeiro Lancaster se perdeu durante um ataque aéreo a Gelsenkirshen, na Alemanha.

"Agora que eu sei ao que Tio Derek sobreviveu, penso de uma forma um pouco diferente sobre a sugestão de minha mãe de que eu era sua reencarnação. Eu realmente não acredito nesse tipo de coisa, mas quando os fatos parecem se ajustar e tantas coisas ficam sem explicação, você começa a pensar.

"Há muitas semelhanças entre eu e meu tio. Temos o mesmo nome, somos parecidos, ambos éramos pilotos e ambos escapamos por um triz várias vezes. Ele morreu na noite em que eu fui concebido.

"Certamente eu me vi em duas ou três situações em que pela lógica eu deveria ter morrido. Quer dizer, pousar um jato quando você está cego e sangrando até a morte e todos os instrumentos estão quebrados não parece possível. É bom pensar que se anjos da guarda existem, que talvez Tio Derek estivesse cuidando de mim."

LES SORTUDO

O londrino Les Carvell foi apelidado de "o homem mais sortudo da Grã-Bretanha" por causa de uma impressionante aposta dupla.

Pouco após ganhar 1,1 milhão de libras na loteria nacional, Les festejou novamente, desta vez por ganhar 74.407 libras com uma apostas de 5,20 libras nos cavalos. As chances da acumulada de cinco cavalos eram de 740 mil contra uma. As chances de ganhar na loteria são de 14 milhões contra uma. Então as chances combinadas são... Astronômicas.

Les parece ter nascido com uma sorte fenomenal. Aquela tinha sido a quarta vez que ele ganhava na loteria. Antes tinha conseguido os cinco números sorteados em três outras oportunidades, recebendo a cada vez entre 1,5 mil e 1,7 mil libras.

Les, de 63 anos de idade, disse: "Eu ainda tenho meu filão de sorte. Não tenho fórmula mágica. Simplesmente ganho. Mesmo quando ganhei na loteria, ganhei com múmeros ao acaso." Sobre sua última vitória, ele falou: "Não conseguia acreditar quando percebi o quanto tinha ganhado. Eu precisei me beliscar."

"Precisei ir à agência para conferir se minhas contas estavam certas. Os agenciadores começaram a tremer quando me viram chegar."

Les esperou pegar o cheque antes de contar às três filhas e aos seis netos, para não "azarar" sua sorte.

Fonte: *Daly Mail*, 27 de junho de 2002

TODOS AO MAR

Uma chance em um milhão quase custou a vida de um garoto quando ele praticava *bodyboarding* na costa de Redcar, no nordeste da Inglaterra.

Espectadores perceberam que Chris Whaites, de 12 anos de idade, estava em dificuldades e chamaram o serviço de emergência. Uma lancha de resgate foi imediatamente enviada, mas por uma cruel coincidência um windsurfista também teve problemas exatamente ao mesmo tempo, praticamente no mesmo local.

O barco de Teesmouth resgatou o windurfista, mas então retornou à base sem perceber que havia outra pessoa em apuros.

Mas o incrível azar de Chris Whaites foi então substituído por uma boa dose de sorte. David Cammish, o responsável pela lancha de resgate de Redcar, próximo dali, por acaso estava em casa acompanhando o resgate pelo seu rádio VHF.

Ele percebeu que as chamadas de emergência continuavam mesmo depois da lancha de Teesmouth ter concluído a operação de resgate. Imediatamente enviou a lancha de Redcar.

A tripulação encontrou Chris boiando com o rosto dentro da água. O sr. Cammish disse: "Eu diria que ele estava a apenas dois ou três minutos de morrer. O timoneiro da lancha disse que quando chegaram perto, ele estava engolindo água, boiando imóvel na superfície. Ele teve sorte, muita sorte. Foi uma coincidência de uma em um milhão."

A ESCOLHA FELIZ DE CHURCHILL

O acontecimento que transformou Winston Churchill em uma celebridade em 1899, aos 24 anos de idade, foi fugir, com característico sangue-frio e plena expectativa de sucesso, de uma prisão de Pretória durante a Guerra dos Bôeres. Se não fosse por uma improvável coincidência, ele teria passado o resto da guerra na prisão.

Churchill estava na África do Sul trabalhando como correspondente especial de *The Morning Post*, e nessa função tinha acompanhado um trem armado que ia para Ladysmith quando foi emboscado por guerrilheiros bôeres. Churchill foi feito prisioneiro, mas conseguiu escapar escalando uma janela de banheiro e saindo diretamente pelo portão da prisão.

Ele pulou em um trem de carvão, escondendo-se entre os

sacos. Quando se deu conta de que não estava indo na direção que queria, saltou novamente. Perambulou ao acaso durante muito tempo sem ser percebido, mas estava ficando cada vez com mais fome. Acabou decidindo que não tinha alternativa a não ser bater na porta de alguém e pedir ajuda. Ele estava em Witbank, uma cidade bôer a 120 quilômetros de Pretória e ainda a quase 500 quilômetros da fronteira britânica. Sua famosa sorte deu uma mãozinha. Churchill escolheu bater na porta da frente do único inglês do distrito, John Howard, gerente de mina de carvão, que o escondeu e conseguiu que ele fosse retirado do país.

VÔO DOS ANJOS

Um ataque cardíaco durante um longo vôo transatlântico poder ser considerado muito azar. Isso aconteceu com Dorothy Fletcher, de 67 anos de idade, de Liverpool, em uma viagem para a Flórida, mas nessa oportunidade a sorte veio em seu socorro. Quando a aeromoça ansiosa chamou um médico, 15 cardiologistas se ergueram. Todos eles estavam a caminho de uma conferência de cardiologia no Canadá.

Dorothy estava em ótimas mãos, e o ataque foi controlado com a ajuda do kit médico do avião. O avião foi desviado para a Carolina do Norte, onde a sra. Fletcher se recuperou na unidade de tratamento intensivo de um hospital. "Os médicos foram maravilhosos", disse ela mais tarde. "Eles salvaram a minha vida. Eu gostaria de agradecer a eles, mas não tem idéia de quem são."

13. Datas, números e números errados

Nossas vidas são repletas de números – dos números de nossas casas e telefones a números de contas bancárias e códigos de alarme. Nós temos a habilidade de lembrar de um grande volume de dígitos e a capacidade de reconhecê-los quando os números surgem por coincidência, de formas surpreendentes.

Por exemplo: o endereço de Howard Trend, de Fresno, Califórnia, termina com os números 742, assim como seu número de telefone e número de conta bancária. O número de um cheque de indenização que ele recebeu após se ferir era 99742, que batia com os últimos cinco dígitos do número do seu telefone. Os números de série de um jogo de pneus que ele comprou terminavam em 742 e o número da placa de seu carro é FDC742.

Alguns números são carregados de significado cultural. Nossa data de aniversário é particularmente especial para muitos de nós, já que está ligada à nossa crença de que todo o nosso destino é determinado por ela. Outros números, acredita-se, estão relacionados ao azar ou ao perigo. O número 666, por exemplo, é considerado a "marca da besta", e para milhões de pessoas o número 13 é um certo sinal de azar.

Engenheiros que trabalhavam na ferrovia indiana Hassan-Mangalore no final da década de 1970 podem muito bem ter sofrido de *tridecafobia*, o medo do número 13. Eles relataram muitos problemas na construção do túnel número 13. Uma série de cinco grandes desmoronamentos interrompeu o trabalho durante meses. De acordo com a *Rail Gazette International* de abril de 1979, "O túnel foi rebatizado de 12-A e de repente tudo deu certo".

Astronautas não são grandes fãs do número 13 desde que a explosão de um tanque de oxigênio impediu a malfadada Apollo 13 de chegar à Lua e quase custou a vida de sua tripulação.

Mas os números podem se divertidos – e também ser lucrativos.

O jogo de bingo é fundamentalmente um jogo de coincidência. O jogador experiente desenvolve um bom olho para a sincronicidade entre os números no seu cartão e aqueles anunciados. Há pouco risco de perder um par de Kelly's Eyes ou um grampo de Clickety Clicks. A identificação de coincidências também é exigida de apostadores de loteria – com recompensas potenciais ainda maiores.

A natureza está cheia de coincidências numéricas. O matemático Ian Stewart destaca que muitas flores têm cinco ou oito pétalas, mas muito poucas têm seis ou sete. Algo aparentemente tão aleatório quanto um floco de neve sempre tem "simetria sêxtupla". Todo o nosso universo está cheio de coincidências matemáticas – a maioria delas não inteiramente compreendidas.

DOIS ERROS DÃO UM NÚMERO CERTO

O policial de Essex Peter Moscardi deu a um amigo o que ele pensava ser o número do telefone de sua delegacia de polícia – 40166. No dia seguinte ele percebeu que o número certo na verdade era 40116 – mas não conseguiu transmitir a informação ao amigo.

Naquela noite, quando patrulhava uma área industrial com um colega, Moscardi percebeu que a porta da frente do prédio de uma fábrica estava aberta e que a luz estava acesa. Os dois policiais entraram no escritório do gerente e viram que estava vazio. Naquele instante o telefone tocou e Moscardi atendeu. Era o seu amigo chamando. O número do telefone do escritório do gerente da fábrica era o mesmo número que ele equivocadamente tinha dado a ele.

COMO PERDER SETE XELINS

A seguinte lembrança, enviada a Arthur Koestler após a publicação de seu livro *The Roots of Coincidence* em 1973, talvez pudesse estar no capítulo Apócrifa deste livro.

O autor da carta, Anthony S. Clancy, de Dublin, Irlanda, escreve: "Eu nasci no sétimo dia da semana, sétimo dia do mês, sétimo mês do ano, sétimo ano do século. Eu fui o sétimo filho de um sétimo filho e eu tenho sete irmãos; isso dá sete setes. No meu 27º aniversário, em uma corrida, quando eu olhei para o programa para escolher um vencedor para o sétimo páreo, o cavalo de número sete tinha o nome de Sétimo Céu, com um *handicap* de sete. As chances eram de sete por um. Eu apostei sete xelins neste cavalo. Ele chegou em sétimo."

GOLPE NO MERCADO DE AÇÕES

A ascensão e a queda dos preços do mercado de ações é reconhecidamente algo difícil de prever. Jogar no mercado pode ser um caminho rápido para a penúria, portanto, quando um corretor de ações específico começou a demonstrar uma capacidade quase sobre-humana de detectar tendências de mercado, ele encontrou muito demanda por seus serviços. Isso era puro acaso, coincidência – ou algo mais?

Na verdade, neste caso específico, havia algo além da coincidência... embora nada de natureza paranormal ou sobrenatural. O editor de um boletim de ações mandava 64 mil exemplares exaltando sua fantástica base de dados, seus contatos internos e seus sofisticados modelos econômicos. Em 32 mil desses exemplares ele previa uma alta em determinado índice de ações na semana seguinte – e nos outros 32 mil previa uma queda.

O que quer que acontecesse no mercado de ações naquela semana, ele mandaria uma mensagem posterior – mas apenas para aquelas 32 mil pessoas para as quais ele tinha feito a "previsão" correta. Para 16 mil deles ele previa uma alta na semana seguinte e para 16 mil, uma queda. O que quer que acontecesse, ele teria enviado duas consecutivas previsões corretas para 16 mil pessoas, e assim por diante. Dessa forma, construiu a ilusão de que ele sabia sobre o que estava falando.

Seu objetivo era enxugar a base até as cerca de mil pessoas que tinham recebido seis previsões absolutamente corretas (por coincidência) em seqüência. Elas achariam que tinham um bom motivo para pagar as 1.000 libras que o editor do boletim pedia por novas dicas "oraculares".

DICA DE UM CARRO

Uma placa de carro pareceu enviar uma mensagem para o corretor de ações Roy Smith quando este o ultrapassou na ponte de Sydney em 1980 e se colocou na sua frente, "quase como se estivesse querendo atrair a minha atenção". Para começar, ela tinha o seu nome – ROY – embora o número – 776 –não fizesse sentido para ele naquele momento. Mas isso tinha ficado em sua memória quando ele voltou a trabalhar na Inglaterra em 1981. Naquela época o preço de mercado do cobre estava oscilando entre 800 e 810, e caindo. Smith começou a comprar cobre até o preço chegar ao piso de 776. Depois disso ele voltou a subir, e Smith teve um grande lucro.

Algo semelhante aconteceu em 1982. Ele de repente percebeu um carro na Cannon Street de Londres com uma placa atípica: ROI 6170. Dessa vez ele estava negociando com estanho, e mais uma vez o preço estava caindo rapidamente. Ele chegou ao ponto mais baixo, em 6170. "Isso claramente era mais do que coincidência", disse Smith. "Forças paranormais em ação?"

DOPPEL CARRO

Quando dirigiu até a igreja em uma manhã de domingo, a única vaga que Ernest Halton conseguiu encontrar era do lado de um Vauxall Cavalier. Não apenas o carro era do mesmo modelo que aquele que ele estava dirigindo, mas quando ele olhou mais de perto viu que tinha também a mesma placa. Na igreja, ele perguntou pelo motorista do carro com a placa MLD 208V e descobriu que pertencia a um amigo seu, Tony Gowers. Gowers tinha comprado o carro quatro semanas antes. Eles descobriram que a loja que lhe vendera o carro tinha renovado a placa e os números saíram embaralhados. Deveria ter sido MLD 280V.

NÚMERO ERRADO, ESCOLHA CERTA

Como muitos adolescentes que se desentendem com os pais, Julia Tant saiu de casa com uma mala, furiosa, jurando nunca mais voltar. Inicialmente foi para o seu clube para relaxar, e lá uma boa amiga a convenceu a telefonar para a mãe, no mínimo para que ela soubesse para onde estava indo.

Agitada, sem se dar conta, discou o número errado. Uma mulher que parecia sua mãe atendeu: "Sou eu", disse Julia.

"Onde você está?", perguntou a mulher.

Julia disse que estava no clube e que iria para a casa da avó. Nesse momento a mulher começou a falar palavrões e a gritar: "Júlia, volte para casa!"

Embora ela tivesse dito o seu nome, Julia estava começando a perceber que alguma coisa não estava certa. "Por que você está falando palavrões? Você nunca fala palavrões", disse.

Nesse momento a mulher também estava percebendo que Julia não era sua filha. Ela se recompôs, explicando que sua filha Julia tinha saído e desaparecido.

Julia tinha se metido em uma situação mais séria e extrema que a sua, embora assustadoramente semelhante em muitos aspectos. O telefonema a acalmou e depois ela voltou para a casa dos pais. Hoje, anos depois, ela diz: "Eu senti uma espécie de presságio, então voltei para casa. Se aquilo não era um presságio, certamente parecia ser."

A ÚLTIMA TACADA

O golfista Tony Wright morreu em dezembro de 1991 no décimo quarto buraco do campo de golfe de sua cidade, 14 meses após seu pai Les ter sofrido um colapso e morrido no mesmo local. Os dois homens estavam se preparando para a tacada quando sofreram ataques cardíacos.

O MENSAGEIRO CÉTICO

David Tebutt achou que o aluno de seu curso em Windsor que lhe pediu que levasse uma mensagem para a Nigéria ("caso você dê de cara com meu amigo John Coley") estava sendo otimista ao extremo. O trabalho de David como instrutor na empresa de computadores ICL exigia que ele desse um curso em Lagos, mas o amigo do aluno aparentemente trabalhava para a British Petroleum em Port Harcourt. Ainda assim, o aluno rabiscou o bilhete, David o colocou em sua agenda e esqueceu do assunto.

Nos primeiros três dias em Lagos os colegas de David o levaram a um restaurante chamado Antoine's. No quarto dia ele foi para lá sozinho. O lugar estava lotado e perguntaram se ele importaria de dividir uma mesa. Outro inglês sentou-se do lado oposto. David perguntou o que o trazia ali.

"Eu trabalho para a British Petroleum em Port Harcourt. Estou passando o dia aqui."

"Qual é seu nome?"

"John Coley"

"Eu tenho uma mensagem para você." E David pegou sua agenda.

Dois anos mais tarde David participava de outro curso, em Stevenage, Hertfordshire. Certa noite um grupo saiu para jantar em um restaurante indiano e a conversa levou David a contar, para incredulidade de todos, a história de John Colley e a mensagem. Mais tarde o grupo se transferiu para um pub próximo. Eles mal tinham acabado de se sentar quando um homem se aproximou de David e perguntou se ele se lembrava dele. Era o aluno de Windsor.

"Ah, sim", disse David. "Eu dei sua mensagem a John Colley."

"Eu sei", disse o outro, "Eu dei de cara com ele em Stevenage semana passada."

Tudo isso aconteceu na década de 1970. "No grande esquema das coisas a história é totalmente irrelevante", disse David, "mas absolutamente verdadeira".

O CARTÃO DE ANIVERSÁRIO QUE NUNCA DESISTIU

Quando a mãe da sra. J. Robinson morreu em 1989, ela descobriu entre seus pertences um cartão de aniversário que a mãe tinha enviado para a sua sobrinha em 1929. O cartão tinha sido devolvido pelos correios porque o endereço estava errado. Embora elas não costumassem se falar, a sra. Robinson achou que a prima ainda poderia querer ver o cartão, então o enviou para ela novamente. Ela não tinha idéia de que iria chegar no dia do seu aniversário, com exatamente 60 anos de atraso.

A CAPA NO VERSO

Uma fotografia que a sra. G.L. Kilsby herdou de sua mãe tinha começado a irritá-la, então, no dia 1º de março de 1981 ela decidiu retirá-la da moldura. Dentro estava a capa de uma revista cuja data – 1º de março de 1881 – era de exatamente 100 anos antes daquele dia. A sra. Kilsby ficou tão encantada com a coincidência que jogou a foto fora e emoldurou a capa da revista.

DESTINO DE NASCENÇA

Emily Beard veio ao mundo no 12º dia do 12º mês, 12 minutos depois das 12. Seu pai David tinha nascido no quarto dia do quarto mês, 40 minutos depois das 4h. Sua mãe Helen tinha nascido no décimo dia do décimo mês. O irmão Harry, de três anos, nasceu no sexto dia do sexto mês. A avó Sylvia Carpenter nasceu no 11º dia do 11º mês.

Emily quase destruiu o padrão. Tudo estava pronto duas horas antes, mas complicações atrasaram o parto. David, de

Gosport, Hampshire, disse: "É esquisito; é como 'você estar na quinta dimensão'. Foi só quando eu telefonei para minha mãe para avisar sobre Emily que ela me contou que eu tinha nascido às 4h40. Foi quando nos demos conta de como tudo aquilo era esquisito. Nós agora vamos jogar todos esses números na loteria. Deve dar sorte."

Fonte: *Daily Mirror*, 23 de dezembro de 1997

13 AZARADO

Um artigo do *New Scientist* destaca que a última tabela de números da loteria britânica traz provas científicas de uma natural *tridecafobia*. O número 13 aparece no fim da lista, tendo sido sorteado apenas 65 vezes desde o começo da loteria, um número baixo se comparado com a média de 88.

Fonte: *New Scientist*, 1º de dezembro de 2001.

SORTE PARA ALGUNS

O romancista David Ambrose tem dançado um tango com o número 13.

Sua excepcional associação com o número considerado azarado por muitos começou quando ele estava escrevendo um romance chamado *Superstition*. Trabalhando em um computador, ele praticamente todos os dias conferia quantas palavras tinha escrito. O mecanismo de contagem de palavras também lhe dava quantas linhas e parágrafos tinha escrito e a média de palavras por frase.

"Eu descobri que estava consistentemente escrevendo uma média de 13 palavras por frase", diz David. "Achei que talvez sempre escrevesse 13 palavras por frase; achava difícil acreditar que estivesse fazendo aquilo apenas naquele momento, inconscientemente, por estar escrevendo um romance chamado *Superstition*. Mas quando eu verifiquei os originais de outros romances e contos, descobri que minha média era de 14 ou 16 palavras por frase, nunca 13".

Há muito tempo, antes que começasse a escrever o romance, ele tinha vendido os direitos de filmagem com base em uma sinopse de 13 páginas. "Não me lembro de conscientemente ter registrado o momento em que o acordo foi fechado", diz ele, "mas pouco depois vi em minha agenda que isso aconteceu na tarde de terça-feira, 13 de fevereiro de 1996. Os produtores do filme me pediram que os encontrasse no festival de Cannes de 1997. O único dia que eu consegui foi terça-feira, 13 de maio. Em junho eles me levaram para Los Angeles para outras reuniões. Ninguém ainda estava ativamente pensando em '13'. Eu cheguei no dia 8, pretendendo voar para Nova York para ver os editores americanos de *Superstition* na sexta-feira seguinte – que era o dia 13 de junho. Quando estava em Los Angeles peguei com meu agente uma cópia do contrato finalizado. A carta de apresentação do departamento jurídico da agência era datada de 13 de maio – coincidentemente, o mesmo dia em que eu tinha almoçado com os produtores em Cannes."

Apesar de ter se esforçado muito para terminar antes, ele só concluiu a versão do roteiro de *Superstition* no dia 13 de outubro. "Em fevereiro de 1998 eu precisei ter uma reunião com meus editores londrinos para negociar a versão em brochura do livro. A única data possível para todos foi sexta-feira, 13 de fevereiro."

David insiste em que na época desconhecia inteiramente todas essas coincidências. "Se nós estivéssemos fazendo isso acontecer pelo menos de forma parcialmente consciente, certamente teríamos lançado o livro em um dia 13", diz ele. "Mas ele foi lançado no dia 10 de junho. Contudo, meu editor e eu não pudemos fazer um almoço comemorativo naquele dia, então transferimos para a segunda-feira seguinte. Que era dia 13."

A coincidência final diz respeito ao número de programas de rádio e televisão em que David foi entrevistado sobre o livro. "Ninguém nunca pensou sobre o número de entrevistas. Como sempre, a questão era conseguir o maior número possível. No final da semana, quando conferi minha agenda e contei o número de entrevistas que tinha concedido, vi que tinham sido 13."

NÚMEROS GÊMEOS

O número vencedor do sorteio da noite da loteria de números de três dígitos de Nova York, no dia 11 de setembro de 2002, foi o do serviço de emergência: 911.

Fonte: ABC *News*

O MAU DIA DO CAPITÃO CLARK

O romancista William Burroughs tinha algo com o número 23. Ele sempre aparecia nas coincidências que ele percebia. Em 1958 ele se encontrou com um capitão Clark quando vivia em Tânger, que se jactou de que navegava havia 23 anos sem um único acidente. Naquele dia o capitão Clark saiu com seu barco e teve um acidente. Mais tarde Burroughs ouviu no rádio uma notícia sobre um acidente aéreo. O vôo tinha o número 23; o nome do piloto era capitão Clark.

QUÊ!?

Mesmo em um esporte com obsessão por estatísticas como o críquete, a coincidência que ligou duas partidas da liga de críquete de Yorkshire foi bastante marcante.

Os times principais de Hampsthwaite e Studely Royal disputaram uma partida que acabou empatada, com os dois lados terminando em 154.

No mesmo dia, os segundos times dos dois clubes se encontraram e também empataram – terminando em 154. Nos dois jogos, Hampsthwaite rebateu por último e os dois *innings* terminaram com a última bola da 44ª seqüência quando os rebatedores estavam fora.

MEU NÚMERO CHAMANDO

Um homem chamado Todd estava na grande final do campeonato australiano de futebol em 1990, em que os espectadores estavam arrancando páginas de catálogos telefônicos e as jogando para o alto sempre que um gol era marcado. Uma tira rasgada pousou no colo de Todd. Quando ele ia retirá-la, percebeu que estava olhando para seu próprio nome, endereço e número de telefone.

NÚMEROS DA BÍBLIA

Numerologistas de olhos afiados identificaram algumas coincidências interessantes na Bíblia.

Eles destacam que o Salmo 118 é o capítulo do meio da Bíblia; que imediatamente antes dele, o Salmo 117 é o menor capítulo e que o Salmo 119 é o maior capítulo.

A Bíblia tem 594 capítulos antes do Salmo 118, e 594 capítulos depois do Salmo 118. Se você somar todos os capítulos, exceto o Salmo 118, você chega a 1.188 capítulos. Se você tomar o número 1.188 como o capítulo 118 dos salmos, verso 8, irá descobrir o verso central de toda a Bíblia – "É melhor confiar no Senhor que dar confiança ao homem."

Alguns diriam que essa é a mensagem central da Bíblia – pelo menos numericamente falando.

14. Coincidências psíquicas?

Se você descarta a possibilidade de que muitas, se não todas, as histórias deste livro são fruto de mera coincidência, então você precisa procurar outra explicação.

Como já vimos, grandes mentes como Arthur Koestler, Walfgang Pauli e Carl Jung tentaram encontrar provas, teóricas ou de outro tipo, de alguma espécie de fonte unificadora universal que explique o tipo de fenômeno que é com tanta freqüência descartado como puro acaso.

Em seu livro *Incredible Coincidence* Alan Vaughan escreve:

> Eu sonhei que estava conversando com a parapsicóloga Gertrude Schmeidler sobre sincronicidade. Ela perguntou: "Mas onde acaba a sincronicidade e começa o acaso?"
>
> "Mas você não percebe", exclamei eu. "Tudo é sincronicidade. Nada acontece por acaso." Quando eu disse essas palavras em meu sonho, uma energia impressionante passou por meu cérebro e me obrigou a acordar, levando-me a refletir sobre essa resposta intuitiva.
>
> E se fosse verdade? E se, momento a momento, nós criássemos nossas próprias realidades por intermédio de nossa consciência? Literalmente.

Bem, isso explicaria algumas das seguintes histórias.

MULHER DOS SONHOS

Pat Swain estava em lua-de-mel em Bled, Eslovênia, quando sonhou que via a prima de sua melhor amiga caminhando com a irmã. No sonho Pat estava olhando para fora de uma janela e via as duas mulheres abaixo dela. O estranho do sonho era por que ele mostrava especificamente aquelas duas mulheres, já que ela não via Hilda, a prima de sua amiga, há 25 anos, e mal conhecia a irmã, Stella. Certamente ela não as tinha em mente naquele momento.

Dois dias depois, Pat e seu marido visitaram o castelo na montanha acima de Bled. Ela estava olhando a paisagem acima de um muro quando identificou as duas mulheres de seu sonho andando logo abaixo. Eles desceram para cumprimentá-las e Hilda contou que tinham ido a Bled em uma viagem de um dia, desde seu balneário na costa. "Por um décimo de segundo não teríamos nos encontrado", disse Pat.

A DOR VIAJA

Susie Court sonhou que sua amiga Elaine Hudson estava sentindo dores terríveis em um leito de hospital. Ela não falava com a amiga havia meses, mas seu sonho tinha sido muito real. Nele, sua amiga estava se contorcendo em agonia e Susan tentava confortá-la. Era a noite de 1º de agosto de 1988.

Susie acordou preocupada e tentou telefonar para ela. Mas Elaine se mudara e o número do seu telefone estava desligado. Ela passou várias horas telefonando para amigos comuns antes de conseguir localizar a cunhada de Eliane. Queria saber se Eliane estava bem.

Muito bem, disse a cunhada. Elaine tinha dado à luz um menino, Sean, durante a noite. "Eu nem sequer sabia que ela estava grávida", disse Susie.

CHAMANDO ESMERELDA

Um telefone tocando bem cedo na manhã acordou a sra. M. Rigby quando ela estava no apartamento de amigos em 1976. Percebendo que não poderia ser para ela, voltou a dormir e começou a sonhar sobre telefonemas. Sonhou que estava na mesma cama, no mesmo apartamento, mas que quando o telefone tocava novamente ela levantava e ia para a sala atender. A voz triste de uma mulher perguntava se podia falar com Esmerelda. A sra. Rigby dizia que lamentava, mas que não havia ali ninguém com aquele nome. A mulher perguntava novamente, e novamente a sra. Rigby dizia que não havia nenhuma Esmerelda. No sonho, ela desligava e voltava para cama.

Depois, naquela mesma manhã, tomando café da manhã na cozinha, ela perguntou aos amigos quem tinha telefonado tão cedo. Um dos amigos, Johnny, disse que tinha sido sua mãe. A sra. Rigby então contou seu sonho e Johnny ficou quieto. Ele disse que antes de nascer sua mãe tivera uma menina que sobrevivera apenas três semanas. Antes de morrer, tinha sido batizada. Seu nome era Esmerelda.

GOLPE DE VENTO

O ocultista e astrônomo francês do século XIX Camille Flammarion estava escrevendo um capítulo sobre vento para seu livro sobre a atmosfera, quando uma rajada passou pela janela, ergueu da mesa as páginas soltas que ele tinha escrito e as jogou para fora da janela. Dias mais tarde, como de hábito, ele recebeu um pacote com as últimas provas de seu editor, mas contendo transcrições exatamente das páginas que tinham sido perdidas. O porteiro, que costumava servir de mensageiro para Flammarion, solucionou o mistério. Ele por acaso estava passando pela casa, viu as páginas na rua e as levou para o editor como sempre.

DIAS DE CÃO EM COMORO

Ali Soilih era um ditadorzinho supersticioso. Quatro semanas depois das Ilhas Comoro, localizadas entre Madagascar e o continente africano, tornarem-se independentes da França em 1975, Soilih tomou o poder com a ajuda do mercenário francês coronel Bob Denard, e submeteu a população a um regime tirânico. Uma bruxa disse que ele encontraria seu fim nas mãos de um homem com um cachorro, então Soilih condenou à morte todos os cães das ilhas. Foi quando Denard, na época trabalhando para o lado rival, chegou para enfrentar seu antigo chefe. Ele estava conduzindo um pastor alemão. Se Denard sabia da profecia, o que parece provável, e levou um cão consigo para deliberadamente transmitir um mau agouro, não sabemos.

O LIVRINHO

Em *The Challenge of Chance*, Arthur Koestler conta um episódio de sincronicidade relativo a um livro – uma experiência tão dramática que o converteu em um crente nos fenômenos psíquicos.

O ano era 1937, Koestler tinha sido preso na Espanha pelo regime de Franco e aguardava a ordem para sua execução.

"Em tais situações", escreve Koestler, "as pessoas tendem a buscar confortos metafísicos, e certo dia eu me lembrei de repente de um certo episódio do romance *Os Buddenbrooks*, de Thomas Mann. Um dos personagens, o cônsul Thomas Buddenbrook, embora estivesse apenas na faixa dos 40 anos de idade, sabia que estava prestes a morrer. Ele nunca tinha sido dado a especulações religiosas, mas tinha sido encantado por um 'livrinho' que durante anos tinha ficado em sua biblioteca sem ser lido e que explicava que a morte não era um fim, apenas uma transição para outro tipo impessoal de existência, uma reunião com um estado de unidade cósmica. O livro era o ensaio de Schopenhauer sobre a morte".

Koestler foi trocado por um refém tomado pelo outro lado em guerra e no dia de sua libertação escreveu a Thomas Mann para agradecer pelo consolo que recebera da passagem que refletia o ensaio de Schopenhauer. Mann respondeu que não tinha lido o ensaio por 40 anos, mas alguns minutos antes do carteiro lhe entregar a carta de Koestler, tinha sentido um súbito impulso de pegar o exemplar em sua biblioteca.

DOR POR AFINIDADE

A treinadora do time feminino de hóquei da Inglaterra, Jane Powell, quebrou a perna com tal gravidade que precisou implantar uma placa para consolidar a fratura. Ela permaneceu três dias no hospital antes de ter a oportunidade de telefonar para sua irmã na Austrália para contar o que tinha acontecido. Disse que sentira muita dor, mas que a operação tinha sido um sucesso e que tudo ficaria bem.

"Graças a Deus", disse sua irmã. "Eu não consegui andar durante três dias." Os pais de Jane, que estavam na Austrália visitando a filha, tinham ficado tão preocupados com a misteriosa doença da filha que estavam prestes a levá-la para exames no hospital.

Mas a notícia de que a perna de Jane estava melhor foi a cura. Sua irmã imediatamente conseguiu se erguer e andar.

JUNG ATACA NOVAMENTE

O escritor e aventureiro Laurens van der Post conta esta história sobre o amigo Carl Jung em seu livro *Carl Jung ant the Story of Our Time*.

"Há alguns anos eu estava fazendo um filme sobre a história da vida de Jung. O cronograma tinha sido estabelecido quase um ano antes de começarmos a filmar. A seqüência final do último dia deveria ser filmada na antiga casa de Jung. Trabalhamos a manhã inteira em sua casa, e durante todo o dia o cinegrafista, o produtor e eu mesmo – sem termos dito isso uns aos outros – tínhamos tido uma sensação indescritível de que Jung estava perto de nós. Eu ouvi o cinegrafista dizer a um assistente, como que brincando: 'Sabe que eu acabei de ter a sensação de que Jung estava olhando por cima do meu ombro?'

"Era uma tarde seca, quente e resplandescente, e saímos da casa na hora do almoço para fazer algumas cenas de fundo de tarde na parte velha de Zurique, pretendendo retornar para filmar a cena final em sua casa ao pôr-do-sol. De repente, em nosso caminho de Zurique para Kusnacht, saindo do nada, nuvens carregadas surgiram inesperadamente no quente céu azul. No momento em que chegamos a Kusnacht, havia raios, trovões e a chuva caía.

"Quando chegou a hora de eu falar diretamente com o cinegrafista sobre a morte de Jung e o momento de descrever como um raio tinha derrubado a sua árvore favorita (duas horas após sua morte), um raio caiu novamente no jardim. O trovão foi tão forte que eu estremeci, e hoje o trovão, o estremecimento e a mudez provocados por ele estão no filme para todos verem."

15. Lançamento de bebês e bolas de golfe

Algumas histórias de coincidências que desafiam classificação...

O AVÔ INSTANTÂNEO

A família do texano Rin Thompson aumentou em quatro em menos de 24 horas em 1990, quando três de suas filhas, Mary, Joan e Carol, deram à luz quatro meninos.

A primeira da lista foi Mary, de 28 anos de idade, que foi levada para o hospital por sua irmã Joan, de 19 anos (também com nove meses de gravidez). Cinco horas mais tarde, Mary deu à luz Shane. Sete horas depois, a própria Joan foi levada para o hospital, por sua irmã grávida Carol, e pariu um menino, Jeremy, um minuto após a meia-noite. Então, Carol, de 24 anos, entrou em trabalho de parto, tendo gêmeos pouco depois de 3 horas da manhã.

HOLE IN ONE

O golfista americano Scott Palmer alega ter conseguido 19 *holes in ones*. As chances de conseguir um são de cerca de 43.000 por uma. Scott, que reuniu 65 testemunhas para confirmar sua alegação, diz que conseguiu quatro deles em dias consecutivos de outubro de 1983.

Palmer diz que seu método é criar uma imagem mental de uma mulher sem rosto, enchendo um copo de leite no momento em que dá a tacada. Parece bastante simples

A MORTE TIRA FÉRIAS

Em 1946 Mildred West decidiu tirar uma semana de férias. Ela era a autora dos obituários do *Alton Evening Telegraph*, de Nova York. Pela primeira vez nas lembranças de todas as pessoas do jornal, durante os sete dias em que ela esteve fora não foi registrada nenhuma morte em Alton, uma cidade de 32 mil habitantes. Normalmente são em média dez por semana.

Fonte: *New York Times*, 1946

VIZINHOS BARULHENTOS

Duas placas comemorativas azuis em uma rua de Londres revelam que Jimi Hendrix e George Frederick Handel moraram em casas vizinhas.

Handel (1685-1759) viveu e morreu no número 25 da Brook Street; Hendrix (1942-70) viveu um ano no número 23.

MONGE NO RESGATE

O pintor de retratos austríaco do século XIX Joseph Aigner tinha vontade de morrer, mas graças às repetidas intervenções de um monge capuchinho demorou 50 anos para realizar seu desejo. Ele tentou se matar pela primeira vez quando tinha apenas 18 anos de idade. Seus desajeitados esforços de se enforcar foram interrompidos pela chegada do monge misterioso. Quatro anos depois fez uma segunda tentativa de se enforcar, mas ela foi novamente frustrada pelo mesmo monge. Aos 30 anos de idade, achava que seu desejo de morrer seria finalmente atendido quando foi sentenciado a ser enforcado por sua atuação política. Mais uma vez, foi salvo pela intervenção do monge.

Aigner estava com 68 anos de idade quando finalmente conseguiu pôr fim à vida. Ele atirou em si mesmo com uma pistola. Sua cerimônia fúnebre foi oficiada pelo mesmo monge capuchinho – um homem cujo nome Aigner nunca soube.

Fonte: *Ripleys Giant Book of Believe It or Not!*

AS QUATRO TORRES

Logo depois da tragédia com o World Trade Center, em 11 de setembro de 2001, um grupo que chamava a si mesmo de Organização de Protesto Duas Torres começou uma campanha para impedir que o segundo filme da trilogia O senhor dos anéis tivesse o título de As duas torres. Embora o filme tivesse o nome do livro de J.R.R. Tolkien, escrito e intitulado há mais de 50 anos, a organização de protesto rejeitava o argumento de que o título não passava de uma coincidência inocente.

A organização, que se descrevia como sendo composta de "indivíduos semelhantes que foram muito afetados" pelo atentado de 11 de setembro, divulgou um comunicado que dizia: "Acreditamos que os atos de Peter Jackson [o produtor do filme] e da New Line Cinema são na verdade um discurso odioso. O filme está sendo intencionalmente batizado de As duas torres de modo a capitalizar a tragédia de 11 de setembro. Vocês claramente não podem negar o fato de que isso é discurso odioso. Acreditamos que se não mudarem o nome espontaneamente, o governo deveria interferir para impedir a produção do filme ou forçar a mudança do título."

O projeto do filme As duas torres foi batizado muito antes da tragédia, em função do segundo livro da trilogia de Tolkien. Imediatamente após a crise do 11 de setembro, Jackson pensou em rebatizá-lo, mas decidiu não fazê-lo por temer aborrecer os fãs de Tolkien e também porque o livro com este título está em catálogo e vende bem. Outro fato que as pessoas pareceram ignorar, no meio de toda essa desordem, foi que o World Trade Center nunca foi chamado de Duas Torres, mas de Torres Gêmeas.

O ANAGRAMA INFELIZ

O naturalista sir Peter Scott acreditava entusiasmadamente no monstro de Loch Ness. De fato, acreditava tanto na existência da criatura que defendeu o uso de seu nome grego: *Nessiteras rhombopteryx*. Esse nome, que ele e o fotógrafo mergulhador Robert Rines cunharam em desembro de 1975, pode ser grosseiramente traduzido como "o monstro de Ness com barbatana em forma de diamante". Como os jornais de Londres logo destacaram, o nome também é um anagrama das palavras inglesas "*Monster Hoax by Sir Peter S.*", ou Mistificação de monstro por Sir Peter S.

DOIS ERROS NÃO FAZEM UM ACERTO

Telespectadores do Reino Unido que sintonizaram o canal Women's Entertainment, no dia 8 de março de 2003, para assistir ao filme de Taiwan *The River*, dirigido por Tsai Ming-liang, foram surpreendidos ao ver, em vez dele, um filme de 1984 estrelado por Sissy Spacek e Mel Gibson, também intitulado *The River*. Alguns espectadores desapontados fizeram então uma segunda escolha, um filme britânico de 1991, *Under Suspiction*, com Liam Neeson, programado para o canal Bravo. Mas em vez do filme de Neeson, o Bravo estava apresentando um filme de 2000 com Morgan Freeman e Gene Hackman, também chamado *Under Suspiction*. Nos dois casos, as listas estavam certas, porque o guia de TV na tela dava a mesma informação.

MÚÚ

O código postal de um fazendeiro canadense chamado MacDonald tinha a seqüência de letras EIEIO.

POBRE JOGADA

Em uma tentativa de demonstrar uma probabilidade de meio a meio em sua primeira palestra em uma nova universidade, um professor de estatística jogou uma moeda que caiu de pé em um chão liso. A probabilidade de isso acontecer foi estimada em aproximadamente de um bilhão por uma.

DUDLEY EM PERIGO

Certa vez o comediante Peter Cook escreveu sobre seu "pequeno parceiro comedor de alga" Dudley Moore ter um medo irracional de um dos seus esquetes mais surrealistas. Essa seqüência envolvia um relato gráfico, um tanto escatológico, de lagostas subindo pelo traseiro da falecida atriz Jayne Mansfield.

Disse Cook: "Dudley morria de medo de ser reduzido a pó por Mickey Hargitay, o forte ex-marido de Jayne. Eu falei com Dudley ontem. Ele acabou de alugar uma casa em Los Angeles por seis meses. Só depois de se mudar descobriu a identidade de seu vizinho de porta. É Mickey Hargitay."

16. Apócrifa

Não é possível garantir a plena autenticidade de todas as histórias neste livro. Histórias de coincidência são freqüentemente exageradas, distorcidas e – Deus nos ajude – inventadas.

Por exemplo: os fãs de coincidências se deliciam em destacar que houve um tornado no Kansas no dia em que Judy Garland morreu.

Bem, isso não é exatamente algo marcante. Kansas tem a terceira mais alta de incidência de tornados de todos os estados dos Estados Unidos, algumas vezes experimentando mais de 100 por ano. Claro que os tornados foram comparativamente raros em 1969 – apenas 17. Mas continua a ser bastante provável que um tornado possa ter surgido para levar o espírito de Judy Garland para algum lugar além do arco-íris.

E aqui está esta história de Aisling O'Hagan:

Era 1978 e eu estava em uma caminhada organizada por um clube em Lake District. Havia cerca de 30 pessoas caminhando por uma larga estrada nas montanhas quando chegamos a uma cabine telefônica no meio do nada – e o telefone começou a tocar. Ele como que implorava para ser atendido. Eu peguei o telefone e disse alô. A pessoa do outro lado da linha disse: "Alo, Rory?" Eu disse: "Não, não é Rory. Quem fala?" E a pessoa disse: "É Una. Una O'Connor."

Era uma antiga amiga de escola tentando telefonar para seu irmão Rory no País de Gales, discando o número errado e me encontrando em uma caminhada no meio de nada. Foi uma das coisas mais extraordinárias que aconteceram comigo.

Não há absolutamente nenhuma razão para duvidar do relato de Aisling O'Hagan sobre sua experiência em Lake District. Só que muitas pessoas contam uma história muito semelhante – e é muito provável que nem todas estejam dizendo a verdade. É o tipo de história excitante que gostaríamos que tivesse acontecido conosco. Podemos recontar a história para sempre.

Tal é o nosso amor pela coincidência que freqüentemente nos sentimos compelidos a embelezar os fatos. Não conseguimos evitar. Mas isso faz com que seja difícil distinguir entre histórias verdadeiras de coincidências incríveis e aquelas que são um tanto duvidosas.

Veja, por exemplo, os muitos relatos que circulam sobre coisas preciosas encontradas em barrigas de peixes. Histórias como estas:

O pescador norueguês Waldemar Andersen fez uma fantástica descoberta quando estripou um bacalhau que tinha acabado de fisgar no Mar do Norte. Dentro de seu estômago estava um brinco de ouro que sua mulher tinha perdido na semana anterior.

Eis outra versão:

No verão de 1979, Robert Johansen, de 15 anos de idade, pescou um bacalhau de 4,5 quilos em um fiorde norueguês. Ele o deu a sua mãe, para que ela o preparasse para o jantar. Dentro de seu estômago ela encontrou um anel de diamante – um patrimônio da família que ela tinha perdido quando pescava no fiorde dez anos antes.

E outra:

Joseph Cross, de Newport News, Virgínia, perdeu seu anel em uma enchente durante uma tempestade em 1980. Em fevereiro de 1982 um dono de restaurante de Charlottesville, Virgínia, encontrou o anel – dentro de um peixe.

A história original do anel dentro do estômago do peixe provavelmente remonta aos dias do antigo Egito.

Heródoto conta como o faraó Amasis aconselhou seu aliado Polícrates a jogar seu precioso anel no mar como presente aos deuses. Polícrates o fez, mas alguns dias mais tarde um pescador lhe deu de presente um grande peixe que tinha acabado de pescar. Dentro de seu estômago estava o anel. Era um mau agouro. Tendo ouvido o que acontecera, Amasis rompeu a aliança e pouco depois Polícrates foi assassinado.

Essa antiga história parece mais provável do que esta, contada como sendo verdade no *Ripley's Giant Book of Believe It or Not!*

A mulher de Howard Ramage perdeu sua aliança de casamento em uma enchente em 1918 e um homem de Vancouver o encontrou 36 anos depois no estômago de um peixe e a devolveu à sra. Rampage.

Essas histórias aparecem em todos os lugares – algumas vezes em fontes bastante respeitáveis. O estômago envolvido nem sempre é o de um peixe:

No dia 28 de março de 1982, o Sunday Express *e o* News of the World *publicaram que dois anos antes o fazendeiro Ferdi Parker tinha perdido uma antiga aliança de casamento e um veterinário a encontrou no estômago de uma vaca quando fazia uma autópsia.*

Há aqui uma lição clara: se você perder seu anel, procure nos estômagos de animais. Eis outro exemplo:

Evelyn Noestmo perdeu sua aliança de casamento em 1993 quando empurrava seu carro para fora de uma vala. Ela apareceu no estômago de um alce caçado por seu marido em 1996.

E quão provável é esta?

Um pescador americano perdeu o dedo em um acidente de barco. O dedo que faltava acabou sendo recuperado no estômago de um peixe.

Não parece muito provável, não é? Mas de acordo com o especialista em coincidências Ken Anderson, é verdade. O escritor australiano relata que o pescador sujeito a acidentes foi localizado e os "fatos" confirmados além de qualquer discussão.

O homem era o americano Robert Lindsey, de 32 anos de idade, um soldador da estrada de ferro Union Pacific. Ele tinha saído para pescar no barco de um amigo em Flaming Gorge Reservoir, Wyoming, quando a onda levantada por um navio de cruzeiro o arrancou do convés. Ele ficou embaixo do barco, onde as lâminas da hélice cortaram profundamente sua perna, deceparam seu polegar e quase removeram dois outros dedos.

Cerca de seis meses depois, quando tinha quase se recuperado dos ferimentos, sua esposa mostrou a ele uma matéria de jornal. O próprio Lindsey conta a história: "A matéria era sobre um homem que saíra para pescar e encontrara um polegar humano dentro de um peixe que fisgara, a menos de oito quilômetros de onde eu tinha sofrido o acidente. Eu imaginei que poderia ser meu dedo, então telefonei para o legista, que inicialmente achou que eu estava brincando. Mas eu fui vê-lo, e ao dedo. Ele era parecido ao meu dedo. Estava em bom estado, considerando-se tudo."

Radiografias posteriores confirmaram que era o dedo de Robert. Ele hoje o mantém em um pote de formaldeído. Morda-se, Damien Hirst.

Uma das históricas apócrifas mais resistentes à verdade insiste em que Clint Eastwood é filho de Stan Laurel. A história deriva de uma semelhança facial entre os dois homens. Provavelmente ninguém nunca teria percebido isso se não tivesse sido destacado por um jornal italiano que publicou lado a lado retratos dos dois homens sorrindo. Então uma revista infantil britânica publicou uma fotografia de Eastwood com seu cabelo arrepiado, sugerindo que ele poderia ser filho de Laurel. O boato se espalhou como fogo no mato, ajudado pela notória reticência de Eastwood em revelar detalhes de sua vida privada, que tornou informações confiáveis sobre ele mais raras que unicórnios. E há a segunda coincidência, Eastwood nasceu no dia 31 de maio de 1930, mesmo ano e mês em que a mulher de Stan Laurel, Lois, deu à luz um menino, que morreu nove dias depois. Os contadores de lendas urbanas mais imaginativos gostam de alegar que na verdade o bebê sobreviveu e deu início a uma famosa carreira em espaguete *westerns*, ignorando inteiramente o fato de que não há nenhum mistério sobre os pais de Eastwood. Ele nasceu em São Francisco, filho de Clinton Eastwood Sr e Margareth Eastwood.

Nós os deixamos com uma seleção de histórias que têm o brilho da falsidade. Isso, claro – como sabemos – não é prova de que não possam ter ou não tenham ocorrido. Elas na verdade são fato ou ficção, incrível coincidência ou algo além da coincidência? Vocês decidem.

ERROS DE ESCRITA

Uma especialista em caligrafia se ofereceu para fazer leituras de amostras enviadas a ela. Uma mulher enviou um bilhete escrito por seu namorado e perguntou se ele daria um bom marido. A grafologista respondeu que isso era muito improvável, já que ele tinha sido "um péssimo marido para mim nos últimos três anos". E em um PS ela agradeceu pela "prova".

PULANDO A CERCA

Após descobrir que seu marido tinha sido infiel, Vera Czermak, de Praga, jogou-se da varanda do terceiro andar, para aterrissar, por uma extraordinária coincidência, sobre seu marido, que passava por baixo. Ela o matou, mas escapou com poucos ferimentos.

O TÁXI ERRADO

Um motorista de táxi ateniense ficou espantado quando um passageiro deu como destino seu próprio endereço. Ao chegar em casa o motorista viu o homem pegar uma chave e entrar. Utilizando sua própria chave, o motorista o seguiu e flagrou o homem quando ia fazer amor com sua esposa.

CHUVA DE BEBÊS

Em Detroit, na década de 1930, um homem chamado Joseph Figlock estava descendo uma rua quando foi atingido por um bebê que caíra de uma janela alta. A queda do bebê foi amortecida e homem e bebê escaparam sem ferimentos. Um ano mais tarde, o mesmo bebê caiu da mesma janela sobre o pobre Figlock, que novamente estava passando por baixo. Mais uma vez, ambos sobreviveram à experiência.

IMPASSÍVEL

Quando Robert Fallon recebeu um tiro fatal à mesa do Bella Union Saloon de São Francisco em 1858 por roubar no pôquer, foi colocado um cartaz pedindo que alguém ocupasse seu lugar. Acreditava-se que dava azar embolsar lucros – neste caso 600 dólares – obtidos por fraude. Um jovem tomou o lugar do jogador morto, mas em vez de ser o otário que parecia, transformou os 600 dólares em 2.200. Quando a polícia pediu a ele 600 dólares para dar ao parente mais próximo do morto, o jovem calmamente respondeu que ele era o parente mais próximo. Ele não via seu pai havia sete anos, e por acaso estava passando em frente ao bar naquele momento.

E, finalmente, essa história muito registrada. Não seria bom se fosse verdade? Embora não, claro, para Henry Ziegland:

A BALA MAIS LENTA DO MUNDO

Uma bala disparada contra Henry Ziegland demorou vinte anos para atingi-lo e matá-lo.
Em 1893 Ziegland rompeu um relacionamento com uma na-

morada que, perturbada, cometeu suicídio. Como vingança, o irmão da garota localizou Ziegland e disparou contra ele no jardim de sua casa. O irmão, acreditando que tinha matado Ziegland, apontou a arma para si mesmo e tirou a própria vida. Mas Ziegland sobreviveu. A bala tinha apenas raspado seu rosto e se cravado em uma árvore. Em 1913 Ziegland decidiu usar dinamite para arrancar e remover a árvore, que ainda tinha a bala cravada nela. A explosão disparou a bala, que foi lançada contra a cabeça de Ziegland – matando-o instantaneamente.

A maior de todas as coincidências

Talvez nós a possamos chamar de Primeira Coincidência. Ou Última Coincidência. As duas serviriam, mas "maior de todas" se ajusta melhor ao seu significado superlativo. É a coincidência mais importante da nossa vida, da vida de todos; da vida de nosso planeta, nosso sistema solar e nosso Universo. Para começar, ela nos aproximou. É por isso que somos. E se um dia sua feliz consonância se modificar, não estaremos aqui para especular se isso foi um feliz acaso ou parte de um projeto unificado superior. Ninguém estará aqui.

Estamos falando sobre algo fundamental; as leis fundamentais da física relativas ao funcionamento cotidiano do Universo. Os físicos as chamam de constantes fundamentais – coisas como as massas das partículas atômicas, a velocidade da luz, as cargas elétricas dos elétrons, o poder da força gravitacional... Eles estão começando a se dar conta de como são delicadamente equilibradas. Uma mudança de um décimo de ponto em qualquer sentido e as coisas começariam a dar muito errado. A matéria não iria se formar, as estrelas não reluziriam, o Universo como o conhecemos não existiria e nem nós, se insistirmos em um ponto de vista egoísta diante de uma destruição tão espetacular, épica, onipotente.

A harmonia cósmica que torna a vida possível existe graças ao que perante isso parece uma chance muito improvável.

Quem ou o que decidiu, no momento do Big Bang, que o número de partículas criado seria um em um bilhão mais que o número de antipartículas, dessa forma nos resgatando por pouco da aniquilação muito antes de que nós mesmos existíssemos (já que quando a matéria e a antimatéria se encontram, elas cancelam uma à outra)? Quem ou o que decidiu que o número de partículas de matéria deixada para trás por esse exagerado jogo de trocas cósmico seria exatamente o número certo para criar uma força gravitacional que equilibrasse a força de expansão e não destruísse o Universo como um balão cheio demais? Quem decidiu que a massa do nêutron deveria ser o suficiente para tornar possível a formação dos átomos? Que a força nuclear que mantém o núcleo atômico unido diante do natural desejo eletromagnético de expulsar um ao outro deveria ser grande o bastante para produzir isso, dessa forma permitindo que o Universo se movesse além de um estado de quase puro hidrogênio?

Quem fez a carga do próton ser exatamente o necessário para que as estrelas se transformem em supernovas? Quem ajustou o nível de ressonância nuclear ao carbono em um grau tão delicado para que ele pudesse formar, tornando possível a vida, que é toda construída com base em uma cadeia de carbono?

A lista continua. Continua. E enquanto continua – enquanto cada propriedade particularmente relacionada e significativamente definida, contra todas as probabilidades e apesar de bilhões de possibilidades alternativas, combina-se perfeitamente, na exata seqüência temporal, na velocidade certa, no peso certo, na massa certa e na taxa certa, e com todas as qualidades matemáticas precisamente equivalentes a um universo estável em que a vida pode existir – isso faz surgir na mente humana uma sensação crescente, dependendo de que duas filosofias antagônicas se escolha seguir, de confiança suprema e esperançosa ou enorme terror.

A primeira filosofia diz que este padrão perfeito mostra que o Universo não é aleatório; que ele é projetado e sintonizado, a partir do átomo, por alguma inteligência superior, *especialmente* com o objetivo de sustentar a vida.

A outra diz que é uma coincidência em um trilhão.

Este livro foi composto
em Goudy Old Style, corpo 11,7/14
e impresso pela Ediouro Gráfica
sobre papel Offset 75g da Ripasa.
Foram produzidos 3.000 exemplares para a
Relume Dumará em outubro de 2005.